Eicher – Weinrich
Der gute Widerspruch

Peter Eicher – Michael Weinrich

# *Der gute Widerspruch*

Das unbegriffene Zeugnis von Karl Barth

Patmos Verlag
Neukirchener Verlag

CIP – Kurztitelaufnahme der Deutschen Bibliothek

*Eicher, Peter:*
Der gute Widerspruch: d. unbegriffene Zeugnis von Karl Barth
Peter Eicher; Michael Weinrich. –
1. Aufl. – Düsseldorf: Patmos Verlag;
Neukirchen-Vluyn: Neukirchener Verlag, 1986.
    ISBN 3-491-77644-9 (Patmos Verl.)
    ISBN 3-7887-1233-3 (Neukirchener Verl.)
NE: Weinrich, Michael


© 1986 Patmos Verlag Düsseldorf
          Neukirchener Verlag Neukirchen-Vluyn
Alle Rechte vorbehalten
1. Auflage 1986
Umschlaggestaltung: Peter J. Kahrl
Gesamtherstellung: Clausen & Bosse, Leck
3-491-77644-9 (Patmos Verlag)
3-7887-1233-3 (Neukirchener Verlag)

# Inhalt

Michael Weinrich
# DIE RELIGIÖSE VERLEGENHEIT DER KIRCHE
Religion und christliches Leben als Problem der Dogmatik

# Vorwort

Wer vom unbegriffenen Zeugnis Karl Barths spricht, der provoziert den Eindruck, daß er nun endlich Barths Theologie begriffen habe. Und ein Werk gilt dann als begriffen, wenn es sich aus seinen historischen Bedingungen erklären, in seiner Wahrheit auf den Begriff bringen und für gegenwärtige Praxis aktualisieren läßt. Aber auch ein solches Begreifen käme noch nicht zur Sache der Theologie von Karl Barth. Denn sein Werk will nicht *an sich* wichtig genommen werden, vielmehr geht es ihm allein um das Begreifen des Zeugnisses vom befreienden, richtenden und verheißungsvollen Handeln Gottes, wie es im Evangelium des Alten und Neuen Testamentes bekannt wird. Karl Barths Theologie ist ‚begriffen‘, wenn sich die christliche Gemeinde vom befreienden Zuspruch und orientierenden Anspruch des biblischen Zeugnisses selbst in Dienst nehmen läßt; dazu vermag die Theologie Barths allerdings eine überraschende und weiterführende Hilfe zu sein. Für das praktische Verstehen des Evangeliums bleibt freilich auch der Versuch einer historischen, begrifflichen und aktualisierenden Erklärung seiner Auslegung notwendig; denn auch Barths Theologie wird sowenig wie jede andere Theologie jenseits ihrer konkreten Zeit betrieben. So fehlen auch solche Hinweise in den beiden Beiträgen nicht; doch wären sie mißverstanden, wenn in ihnen die Sache selbst gesehen würde.

Diesem Buch kommt es auf die einschneidende Entdeckung des Widerspruchs zwischen dem biblisch bezeugten Wort Gottes und seiner neuzeitlichen Aneignung in und außerhalb der Kirche an.

Die letzten Zeilen Karl Barths vom Dezember 1968 verpflichten die Theologie (noch einmal) auf den bleibenden Ursprung dieses guten Widerspruchs: auf das biblische Zeugnis vom Abstieg Gottes in die Widersprüche der menschlichen Unterdrückungsgeschichte. Der erste Teil entfaltet im Prisma dieses ‚kleinen Testaments‘ von Karl Barth die Herausforderung des Exodus, wie sie durch die Theologie der Befreiung aufgenommen und durch die neuzeitlich-bürgerliche Auslegung enteignet und beerbt wird. Auch im Blick auf eine europäische

Theologie der Befreiung steht Barths Auslegung in einer kritischen Solidarität zur katholischen Theologie der Befreiung. Hier wie dort ist es das Evangelium, das auf *einen* Exodus zielt, der eben nur dann derselbe ist, wenn er sich je in seinem Kontext Gehör verschafft.

Der zweite Teil konfrontiert die Theologie Karl Barths mit dem *religiösen* Selbstbewußtsein der Kirchen, das diese zunehmend bereits als ihren *Glauben* auszugeben geneigt sind. Die Religion kommt dabei als die bleibende Verlegenheit in den Blick, welche die Kirche sowohl vor den Versuchungen selbstgemachten Glanzes und religiöser Selbstdarstellung warnen soll als auch vor allen eigenwilligen Säkularisierungen für eine scheinbar religionslos gemachte Welt. Nur indem sich die Kirche mit beiden Versuchungen auseinandersetzt, verfällt sie weder sich selbst noch der Welt, sondern sucht sie ihre jeweilige Existenz in der Welt im Flehen um den Heiligen Geist und im wahrhaft profanen, d. h. zu wirklich geschöpflicher Weltlichkeit befreiten Dienst an der Welt.

Der gute Widerspruch ist nicht die Theologie Karl Barths, sondern es ist der von der Bibel bezeugte Widerspruch, auf den sich diese Theologie einläßt. Karl Barths Kritik gilt den Theologen und der Kirche, die diesen Widerspruch zugunsten ihrer Programme und ihrer Selbstdarstellung zum Schweigen gebracht haben. Das Nein ergeht um des Ja willen, so wie das Ja des Evangeliums niemals ohne das schroffe Nein zur Gottesfeindschaft und zum Götzendienst des Menschen recht zu hören ist. Da gerade die Kirche vom Götzendienst nicht frei ist, zumal sie stets und häufig widerstandslos von der Versuchung bedrängt wird, eher sich selbst als den guten Widerspruch des Evangeliums zu verkünden, hat die Theologie die Aufgabe, nicht in erster Linie kritisch in die Welt hineinzusprechen, sondern selbstkritisch die Kirche an ihren lebendigen Grund zu erinnern. Die Kirche besitzt ihren Grund nicht und kann daher nicht ‚frei' über ihn verfügen, so wie das neuzeitliche Besitzbürgertum mit seinen Gütern hantiert. So steht sie auch dem Wunsch des Bürgertums nach einer religiösen weltanschaulichen Abrundung seines Selbstsicherungsinteresses mit leeren Händen gegenüber: Sie hat keine Werte auszuteilen, sondern kann nur ihren gekreuzigten Herrn bezeugen.

Beide Beiträge zielen auf den Dienst der Kirche an der Welt, indem sie Karl Barths Theologie von einem aktuellen neuralgischen Punkt aus gleichsam von vorn her interpretieren. Gerade Theologie, die streng ‚evangelisch', d. h. am Evangelium orientiert sein will, bleibt unausweichlich ‚katholisch'; denn sie weist weder die Kirche an sich selbst noch die Welt an die Kirche, sondern sie orientiert die Gemeinde zum freien Dienst in der Welt, für die das Evangelium von Golgota gilt.

Barths Theologie wird hier nicht nur in dem Sinne ökumenisch ausgelegt, daß ein evangelischer Beitrag auf einen katholischen folgt, sondern beide Beiträge sind Ausdruck einer langjährigen Zusammenarbeit. So stehen sie – wie ihre Autoren – freundschaftlich zusammen, miteinander verbunden nicht zuletzt durch die Ökumenizität der Theologie Karl Barths. Wir sind tatsächlich nicht ohne Hoffnung, daß die Kraft des Evangeliums auch unserem eigenen Konfessionalismus auf eine gute und wirksame Weise widerspricht.

Paderborn, 1. August 1986                                     *Peter Eicher*
*Michael Weinrich*

PETER EICHER

# Exodus
## Zu Karl Barths letztem Wort

## *1 Ein alttestamentliches Evangelium*

Das Selbstverständlichste ist, mit dem Anfang zu beginnen. Das Besondere jeder theologischen Vergewisserung liegt darin, daß ihr ein
freies, aktives und lebendiges Anfangen vorausgeht, das sie in ihrer
ganzen praktischen Reflexion niemals einholen, erschöpfen oder gar
vollständig begreifen kann. Ihr Anfang geht ihr bleibend voran. Denn
das, was eine ihres Namens würdige *Theologie* – ein menschlich reflektiertes Reden von Gottes Wort – zur Sprache zu bringen verpflichtet ist, steht in keines Menschen Verfügung: Der Ursprung, der
Inhalt und das Ziel von Theologie beruhen auf dem biblischen Zeugnis von dem Anfang, den Gott selbst mit den Menschen in ihrer Geschichte gemacht hat.

Barths Theologie kann nicht in einem Zug überlesen werden: Sie
wird nicht begriffen, wenn sie auf einen gängigen Begriff – und sei es
den der „dialektischen Theologie" – gebracht wird. Denn sie führt
den Leser immer neu vor die Frage nach seinem Verhältnis zum biblischen Zeugnis, das dem befreienden, schöpferischen und erlösenden
Handeln Gottes auf seine ganz und gar menschliche Weise selber das
Wort gibt. Es ist deshalb sachgemäß, wenn Karl Barths Theologie
nicht als selbständige Theorie, sondern als praktische Reflexion auf
den biblischen Text im Kontext seiner mannigfaltigen Auslegungen
zur Sprache kommt. Dies geschieht hier am Leitfaden jenes alttestamentlichen Evangeliums vom Exodus, das nach Karl Barths letztem
Wort[1] gerade die Kirche der Gegenwart zum Aufbrechen, zum Umkehren und zum Bekennen provoziert. Die Beschränkung auf diesen
biblischen Text hat ihre Gründe nicht nur in der Struktur von Karl
Barths reflektiertem Zeugnis selbst, sondern auch in der Dringlichkeit, mit der heute alle Kirchen dazu herausgerufen sind, noch einmal

---

[1] *K. Barth*, Aufbrechen – Umkehren – Bekennen, in: *Ders.*, Letzte Zeugnisse, Zürich 1969,
61–71; die im Folgenden nicht eigens ausgewiesenen Zitate entstammen diesem Text.

ganz von vorne nach dem Anfang der Befreiung zu fragen, die heute besonders die Kirche der Armen bewegt.

Karl Barth ging es weniger um die besondere Form seiner eigenen Theologie, als vielmehr um die elementare Erkenntnis des Beweggrundes, der das ganz besonders merkwürdige Unternehmen der Theologie notwendig macht. Denn die Theologie hat ja zu fragen, was Menschen zu provozieren, zu ermächtigen und zu befähigen vermag, *Gottes* eigenes Wort auf die Lippen zu nehmen und mit diesem Zeugnis anderen Menschen gegenüberzutreten; sie hat Rechenschaft abzulegen vom lebendigen Grund der Hoffnung, welche noch in den Kiefern des Todes die Auferweckung der Toten zu verkünden sich getraut. Karl Barth hielt die Theologie in der Tat für die bewegendste Sache der Welt, wenn sie nur dem biblisch bezeugten Geschehen selber nachdenkt: der freien *Erwählung* des in die Widersprüche der Welt zutiefst verstrickten Volkes, der *Heiligung* seiner ungerechten Lebenssphäre und der verheißenen *Befreiung* aller in der Geschichte erbarmungslos Unterdrückten. Nur von dieser ihr vorausliegenden Verheißung her kann die Kirche zu dem ihr eigenen Auftrag finden und zu dem ihr notwendigen Aufbrechen kommen. Ihre Umkehr setzt deshalb die kritische Wahrnehmung des Abgrundes voraus, der zwischen der menschlichen Befreiungsgeschichte und jener Befreiung liegt, für welche – nach dem Evangelium des Exodus – der Gott Israels selbst vom Himmel in das Elend „herabstieg", um es zu brechen. Wo die Kirche sich auf diesen ihren Anfang zurückbezieht, wird allerdings auch der Widerspruch zwischen dieser biblischen Verheißung und den schlechten Widersprüchen der Geschichte unübersehbar, die sie selbst gefangen halten. Wenn sie jedoch in die prophetische Sendung dessen hineingenommen wird, der vom Geist erfüllt war, „den Armen Evangelium zu bringen ..., zu heilen die bis ins Herz gebrochen sind, anzusagen den Gefangenen die Freiheit und anzukünden das Augenlicht den Blinden" (Jes 61,1 LXX; vgl. Lk 4,18), wenn die Gemeinden sich von diesem Evangelium des Alten und des Neuen Bundes in die Welt gesandt wissen, dann werden sie auch dazu ermächtigt, die schlechten Widersprüche in sich selbst zu erkennen und solidarisch zu sein mit dem Kampf um die Gerechtigkeit in der Gesellschaft.

Wenn im Folgenden also nicht ein neutestamentliches Zeugnis, sondern der zentrale alttestamentliche Text des Exodus zum Leitfaden für die Erschließung dessen gewählt wird, was erst durch Karl Barths Auslegung wahrgenommen werden kann, so setzen wir vorläufig die wesentliche Einheit von Altem und Neuem Testament noch ganz unausgewiesen voraus. Inwiefern die biblischen Schriften als das Zeugnis von dem *einen* Wort zu lesen sind, das in Jesus Christus Mensch geworden ist, kann nur die Entfaltung des Exodusrufes zur Freiheit selbst erhellen. Zu „beweisen" ist hier nichts, zu sehen aber alles mit den Augen, die aus dem Licht des *Evangeliums* aufgetan sind für die Erwählungsgeschichte *Israels*. Die theologische Auslegung des Exoduszeugnisses, das für Israels Ausbrechen aus dem „Sklavenhaus" so konstitutiv geblieben ist, wie es für die Kirchen heute wieder grundlegend zu werden beginnt, kann aber zweierlei zeigen: erstens die kritische Solidarität, in der *Karl Barths* Theologie faktisch zur gegenwärtigen Theologie der Befreiung steht, und zweitens ihren guten Widerspruch zur bürgerlichen Fassung des biblischen Exodus. Denn gerade im Gegenüber zur bürgerlichen Aneignung des Exodusmotivs in der Psychologie *Sigmund Freuds*, in der humanistischen Exegese *Thomas Manns* und in seiner marxistischen Beerbung durch *Ernst Bloch* kann Barths theologische Auslegung erweisen, zu welchem Aufbrechen heute der Exodus führt, der dem ihm eigenen Anfang verpflichtet bleibt. Das biblische Zeugnis reflektiert ja auf seine Weise schneidend scharf das Verhältnis zwischen dem scheiternden Versuch eines Menschen, revoltierend die Fesseln der Unterdrückung selber zu sprengen, und seiner Erwählung zum Zeugen einer Befreiung, die aus der Dialektik der Unterdrückung herausführt:

„Als Mose groß geworden war, ging er hinaus zu seinen Brüdern. Er sah ihre Fron und nahm wahr, wie ein Ägypter einen seiner Brüder, einen Hebräer, erschlug. Er spähte nach allen Seiten, und als er keinen Menschen erblickte, erschlug er den Ägypter und verscharrte ihn im Sand. Wie er am nächsten Tag hinausging, siehe, da lagen zwei Hebräer miteinander im Streit. Als er jenem, der im Unrecht war, entgegenhielt: ‚Was schlägst du deinen Nächsten?', gab dieser zurück: ‚Wer hat dich zum Aufseher oder gar zum Richter über uns gemacht? Willst du mich erschlagen, wie du den Ägypter totgeschlagen hast?' Die Sache kam vor Pharao; er trachtete, Mose zu töten. Aber Mose floh den Pharao und hielt sich im Lande Midian auf ...

Mose hütete die Schafe seines Schwiegervaters Jetro, des Priesters von Midian. Einst trieb er die Schafe über die Steppe hinaus; da kam er an den Gottesberg, den Horeb. Und der Engel des Herrn erschien ihm in der Feuerlohe aus dem Dornbusch. Und er sah einen brennenden Dornbusch – das Feuer verzehrte ihn nicht. ‚Ich will hintreten', sagte er, ‚und schauen diese große Sicht, daß der Busch nicht ausglüht'. Als aber Jahwe sah, daß er hertrat, um zu schauen, rief Elohim ihn aus dem Dornbusch: ‚Mose! Mose!' Er antwortete: ‚Hier bin ich'. Er aber sprach: ‚Nähere dich nicht! Lös deine Sandalen von den Füßen; denn der Boden, auf dem du stehst, ist heiliges Land! Ich bin der Gott deines Vaters, der Gott Abrahams, der Gott Isaaks, der Gott Jakobs'. In Furcht vor der Anschauung Elohims verhüllte Mose sein Angesicht. Und Jahwe sprach: ,Das Elend meines Volkes in Ägypten habe ich gesehen, und den Schrei über seine Unterdrücker habe ich gehört: ich kenne seine Leiden. Ich bin herabgestiegen, um es zu befreien aus der Ägypter Gewalt und es aus diesem Land zu führen in die gute und die weite Erde, in der Milch und Honig fließt, in das Gebiet der Kanaaniter, Hethiter, Amoriter, Perisiter, Hiwwiter und Jebusiter.

Nun erkenne: Israels Schrei ist zu mir gedrungen, und die Qual der Unterdrückung durch die Ägypter sehe ich. Geh hin, ich sende dich zum Pharao, damit du mein Volk, die Kinder Israels aus Ägypten führst.'

Mose aber sprach zu Elohim: ,Wer bin ich, daß ich vor den Pharao trete und die Kinder Israels aus Ägypten führe?' Er aber sprach: ,Ich werde mit dir sein.'" (Ex 2,11 – 15; 3,1 – 12)


## 2 „Das nicht genug zu bedenkende Modell"

### 2.1 Text und Kontext

Drei Monate, bevor Karl Barth am Abend vor seinem Tode seinen letzten Vortrag „Aufbrechen – Umkehren – Bekennen" unvollendet liegen lassen mußte, hatten die in Medellín versammelten Bischöfe Lateinamerikas ein entschiedenes Bekenntnis für das Aufbrechen der Kirche zum befreienden Handeln und für ihr eigenes Umkehren zu den Armen formuliert. Die Erneuerung der katholischen Kirche durch das Zweite Vatikanische Konzil fand gerade in *der* Kirche ihre erste Konkretion, welche sich der wirtschaftlichen, sozialen, politischen und auch religiösen Gefangenschaft der Bevölkerung in den unterdrückerischen Strukturen der Gegenwart bewußt geworden war. Die wachsende Einsicht in die Situation der Unterdrückung ging dabei Hand in Hand mit einer ganz neuen Erschließung des biblisch bezeugten Gottes als dem Befreier, der das Volk zur Gerechtigkeit umkehren läßt. Aus dem *Bekennen* zu dem einen Gott des Alten und des Neuen Bundes, zum Schöpfer, Befreier und Erlöser, folgte in Medellín nicht nur die verschärfte Analyse der tödlich bedrohten, unbefreiten und unerlösten Gegenwart, sondern auch die Bereitschaft zum *Umkehren* der Kirche selbst. Es ist der Gott des *Alten Bundes*, der nach diesem katholischen Bekenntnis in seiner Bundeserneuerung durch Jesus Christus befreiend wirkt:

„Er gibt dem Menschen Macht, die Welt mitverantwortlich umzugestalten und zu vervollkommnen (Gen 1,26). Es ist derselbe Gott, der in der Fülle der

Zeit seinen Sohn sandte, der Mensch wurde, um alle Menschen aus aller Knechtschaft zu befreien, in der sie die Sünde, die Unwissenheit, der Hunger, das Elend und die Unterdrückung, mit einem Wort, die Ungerechtigkeit und der Haß gefangen halten, die ihren Ursprung im menschlichen Egoismus haben."[2]

Es ist müßig, darüber zu rätseln, ob Karl Barth am Abend des 9. Dezember 1968 an diese im katholischen Raum aufbrechende Theologie der Befreiung gedacht hatte, als er in seiner unfreiwillig zu seinem theologischen Testament gewordenen Skizze für den Vortrag vor der katholischen Paulusakademie in Zürich – ohne jedes konfessionelle Ressentiment – meinte, daß sich die „besonderen Merkmale der einen Bewegung der Kirche, ihres Aufbrechens, ihres Umkehrens, ihres Bekennens *heute* . . . auffallenderweise vorläufig sichtbarer oder doch spektakulärer im Raum der ‚petrinischen' als in der ‚evangelischen' Konfession" ereigneten. Denn nicht einer vergangenen, sondern der gegenwärtigen Bewegung der Kirche sollten die katholischen und evangelischen Christen ihre Aufmerksamkeit zuwenden, und zwar nicht konfessionell getrennt, sondern „gemeinsam". Wie seine Theologie 1919 mit der entschlossenen Umkehr zu dem im Römerbrief des Paulus gerade der Gegenwart bezeugten Wort Gottes einsetzte und wie er in seiner Kampfansage an die religiösen Sozialisten vom gleichen Jahr die Gegenwart in Bewegung gesetzt sah durch die „Kraft des lebendigen Gottes, der eine neue Welt schafft",[3] so blieb später auch „Die Kirchliche Dogmatik" jener *„einen* Bewegung"* verpflichtet, die er nach seinem letzten Entwurf im Ereignis des Aufbrechens, des Umkehrens und des Bekennens der Kirche am Werk sah. Immer war es für Karl Barth die im biblischen *Text* bezeugte Geschichte Gottes mit den Menschen, welche die ganz besondere Not des jeweiligen gesellschaftlichen und kirchlichen *Kontextes* erkennen ließ und die Kirche zum Aufbruch aus dieser kritisch erfaßten Situation provozierte. Wie die Kirche Lateinamerikas nicht zufällig gerade im Lichte der alttestamentlichen Exodus-Verheißung die

---

[2] Dokumente von Medellín: Die Kirche in der gegenwärtigen Umwandlung Lateinamerikas im Lichte des Konzils. Sämtliche Beschlüsse der II. Generalversammlung des Lateinamerikanischen Episkopates, Medellín 24. 8.–6. 9. 1968, in: Die Kirche Lateinamerikas (Stimmen der Weltkirche 8, hrsg. vom Sekretariat der Deutschen Bischofskonferenz, Bonn), Dokument 1, Nr. 3, S. 23. – Zur gegenwärtigen Auseinandersetzung um die Theologie der Befreiung vgl. u. a.: *R. Frieling*, Befreiungstheologien. Studien zur Theologie in Lateinamerika, Göttingen 1984; *P. Eicher* (Hrsg.), Theologie der Befreiung im Gespräch. L. Boff, P. Eicher, H. Goldstein, G. Gutiérrez, J. Sayer, München 1985; *J. B. Metz* (Hrsg.), Die Theologie der Befreiung: Hoffnung oder Gefahr für die Kirche?, Düsseldorf 1986.

[3] *K. Barth*, Der Christ in der Gesellschaft, in: *J. Moltmann* (Hrsg.), Anfänge der dialektischen Theologie, Teil 1, München [2]1966, 3–36, 8.

Schärfe der sozialen Unterdrückung der Gegenwart erkannte und zum Aufbrechen aus den unterdrückerischen Strukturen herausgerufen wurde, so war es auch nach dem letzten Wort von Karl Barth dieser alttestamentlich bezeugte Exodus, in welchem modellhaft die Bewegung der Kirche vorgebildet wird:

„Aufbrechen als solches findet da statt, wo ein Bisheriges veraltet ist und zurückbleiben muß, indem es vergangene Nacht geworden ist, und wo an seiner Stelle ein Neues sich ankündigt, ein neuer Tag im Kommen ist. Wo beides miteinander wahr und als wahr erkannt ist, da ereignet sich Aufbruch. Die alte, die mittlere, die neue und die heutige Kirchengeschichte ist fortlaufend eine offene oder verborgene Geschichte solcher – scheinbar großer, scheinbar kleiner, scheinbar gelungener, scheinbar mißlungener – Aufbrüche. Das nicht genug zu beleuchtende und zu bedenkende Modell: der Auszug Israels aus Ägypten in das ihm verheißene Land."

Hier, im Aufbruch Israels aus dem „Sklavenhaus", sah Barth den bleibenden Ursprung der Bewegung der Kirche – und die Verheißung, die in der Auferweckung Jesu Christi von den Toten so zur Erfüllung kam, daß sie hinfort die ganze Geschichte bis zu ihrer Erlösung bewegt. Wie in der katholischen Theologie der Befreiung wird die Herrschaft Jesu Christi nicht nur auf den streng verinnerlichten Glaubensgehorsam bezogen – nicht auf die versöhnende *Rechtfertigung* der vor Gott schuldig gewordenen Menschheit allein –, sondern auf die daraus erwachsende *Neugestaltung*, auf die Heiligung aller Lebensverhältnisse aus der Kraft des auferstandenen Herrn der *Welt*. Das Neue Testament bezeugt die Geltung der alttestamentlichen Exodusverheißung für alle Völker, weil nach dem Zeugnis des Neuen Bundes der Befreier *Israels* in Jesus Christus selber Mensch wurde, um als Mitmensch *aller* Menschen Befreier zu werden: der wahre Mose der Völker. Denn das Wort, das im Feuer des Dornbuschs Mose zu seinem Zeugen berief, ist nach dem neutestamentlichen Evangelium in Jesus Christus selber Mensch geworden. Das Neue Testament expliziert nach Barths Kirchlicher Dogmatik dasselbe geschichtliche Geschehen, „das schon mit dem Auszug aus Ägypten, ja schon mit der Berufung Abrahams, ja schon mit dem Noahbund angefangen hat, dessen konkretes Ziel und dessen Totalität nun aber sichtbar wird".[4] Daß für Karl Barth wie für die Theologie der Befreiung die Botschaft Jesu Christi von der ihr eigenen Voraussetzung, vom Evangelium des Alten Bundes her erschlossen wird, ist der tiefere Grund für ihre we-

---

[4] *K. Barth*, Die Kirchliche Dogmatik, Bd. II/1, Zürich ⁴1958, 20.

sentliche Gemeinsamkeit: *für ihre kritische Stellung gegenüber dem religiösen Selbstverständnis der Neuzeit.* Denn für die Theologie Karl Barths ist es gleicherweise wie für die Theologie der Befreiung entscheidend, daß sie sich in der Auslegung des Neuen Testaments nicht von den religiösen Kriterien des neuzeitlichen Bürgertums leiten lassen, sondern dem religiösen Selbstverständnis des modernen Menschen das Gesamtzeugnis der Schrift zumuten, und zwar so, wie es sich aus dem Gefälle von Altem und Neuem Testament ergibt. Um die Tragweite des Bruches ermessen zu können, den diese Wiederentdeckung des Glaubens *Israels* für die praktische *kirchliche* Auslegung des Evangeliums bedeutet, ist hier ein knapper Hinweis auf die moderne Verdrängung des Alten Testamentes im Kontext des neuzeitlichen Glaubensverständnisses angebracht.

## 2.2 Die bürgerliche Verdrängung der Erwählung Israels

Dem europäischen Bürgertum, das sich seit dem Ende des 15. Jahrhunderts das menschliche Universum in permanent wachsender Expansion ökonomisch dienstbar zu machen wußte, lag viel daran, die Allgemeingültigkeit seines Handelns und Denkens auch religionsphilosophisch zu rechtfertigen, d. h. durch letzte Begriffe zu begründen. Die dem Bürgertum verpflichtete Theologie hatte deshalb vor allem in der evangelischen Kirche das Neue Testament von dem für die Reformation entscheidenden Verstehenshorizont des Alten Testamentes losgelöst und es vom neuzeitlichen Selbstverständnis her zu erschließen gesucht – ein Vorgang, dem auf katholischer Seite die Verdrängung des Alten Testamentes erst in der Barock-, dann in der Neuscholastik durchaus vergleichbar ist, obwohl für die mittelalterliche Scholastik die Entsprechung zwischen dem Neuen und dem Alten Testament für das Verständnis des Werkes und der Person Jesu Christi selbstverständlich war (wie auch unabhängig von jeder Theologiegeschichte schon der Blick in die Bilderwelt der romanischen und gotischen Kirchenkunst zeigt).

Das religionsphilosophische Gott-Denken der Neuzeit entwickelte sich (in seinen Anfängen bei Descartes und Spinoza, Hobbes und Herbert von Cherbury im 17. Jahrhundert besonders eindrücklich) gerade durch die kritische Unterscheidung von Vernunftglaube und Aberglaube. Im Lichte des vernünftigen Gott-Denkens erschien das Alte Testament als das historisch und politisch durchaus beschränkte Glaubensbuch eines ganz unphilosophischen Volkes: des vorderasiatischen Völkleins Israel. Weil es den Begriffen des universalen Denkens und damit den Kriterien der Allgemeingültigkeit nicht genügen konnte, erschien das Alte Testament der Aufklärung als ein Buch des Aberglaubens, welches letztlich nurmehr zur religionsgeschichtlichen Erforschung der Mythologie der Völker relevant blieb. In der liberalen (evangelischen) Theologie des 19. Jahrhunderts wurde dementsprechend das Zeugnis des Alten Bundes zu einer nurmehr religionsgeschichtlich interessanten Voraussetzung für die Auslegung des Neuen Testamentes. Erst die *vom* Alten Testament befreite Exegese konnte sich vorbehaltlos an den allgemein zur Geltung gebrachten Werten des Bürgertums orientieren: an der personalen „Liebe", der individualistisch gefaßten „Freiheit", der schöpferischen „Persönlichkeit", dem „Gottvertrauen", der ethischen „Verantwortung" oder auch schlicht an der mit dem Selbstverständnis dieses Bürgertums gleichgesetzten „Humanität".[5] Ein solchermaßen vom Alten Testament gereinigtes „Evangelium" ließ sich harmonisch mit den höchsten Werten des Bürgertums verbinden. Aber damit entzog sich das bürgerliche Glaubensverständnis auch der *konkreten* Dramatik von Gottes befreiendem, schöpferischem und versöhnendem Handeln, das nach dem biblischen Zeugnis als die freie Antwort Gottes auf den Schrei des unterdrückten Volkes und als die konkrete Antwort auf das reale Leiden der Völker begriffen wird. Mit der Zuversicht der bürgerlichen Religion in den als *allgemein* gültig ausweisbaren und deshalb vernünftigen Gehalt der Schrift verband sich dagegen notwendigerweise die Kritik an der unverfügbaren und freien Erwählung des – geschichtlich gesehen – gänzlich unbedeutenden und unterdrückten Volkes Israel. Daß nach dem biblischen Zeugnis nicht nur dieses gedrückte Volk, sondern auch dessen armer und schließlich verworfener Sohn, Jesus von Nazareth, die den Augen der Welt verborgene Geschichte Gottes mit den Menschen offenbaren sollte, das befremdete den aufgeklärten, idealistischen und wissenschaftlichen Geist der Moderne zutiefst.

---

[5] Zur Entwicklung im einzelnen vgl. *P. Eicher*, Bürgerliche Religion. Eine theologische Kritik, München 1983; *Ders.*, Neuzeitliche Theologien. Die katholische Theologie, in: *P. Eicher* (Hrsg.), Neues Handbuch theologischer Grundbegriffe, Bd. 3, München 1985, 196–236; *D. Schellong*, Neuzeitliche Theologien. Aus evangelischer Sicht: ebd., 236–250; *Ders.*, Von der bürgerlichen Gefangenschaft des christlichen Bewußtseins. Dargestellt an Beispielen aus der evangelischen Theologie, in: *G. Kehrer* (Hrsg.), Zur Religionsgeschichte der Bundesrepublik Deutschland, München 1980, 132–166; *Ders.*, Bürgertum und christliche Religion, München ²1984.

Der religiöse Mensch der Moderne entzog sich der konkreten Dramatik von Gottes Handeln letztlich deshalb, weil auch er sich *dem* Neuen verpflichtet wußte, durch welches sich die (seit dem 19. Jahrhundert) so genannte „Neu-Zeit" von allen andern Zeiten gerade unterscheidet. Und die Neuzeit unterscheidet sich von der Tradition durch ihr selbstbewußtes geschichtliches Handeln. Der moderne Mensch wirkt dadurch modern, daß er nach seinen eigenen Kriterien „*Geschichte*" entwirft und vollstreckt. Er ist Herr im eigenen Hause, Schmied seines wachsenden Glückes ebenso wie Vollstrecker seines (gleichfalls wachsenden) Unglücks, er ist selbst verantwortlich für seine Welt; er bewältigt seine Vergangenheit und entwirft seine Zukunft nach seiner eigenen „Vorsehung". Die Würde seines geschichtlichen Handelns aber liegt im Gesetz der Freiheit, das er im Entschluß zu seiner Befreiung selber anerkennen will. Daß er jedoch nicht *kann*, was er *will*, war noch für Kant das unlösbare Problem seiner konkreten Freiheit.[6] Inzwischen unterschlagen die Begründungen aufgeklärter Ethik das Problem des Abgrundes, der zwischen unserer formellen Freiheit (der denknotwendigen „transzendentalen Freiheit") und unserer konkreten Unfreiheit (in den empirischen Verhältnissen) aufgetan bleibt. Sie überbrücken diesen Abgrund von Sollen und Können durch die unwirkliche Unterstellung, daß das *jetzt* noch konkret unfreie und also unterdrückerische Handeln durch den *künftigen* Zustand einer herrschaftsfreien Geschichtszeit jederzeit zu rechtfertigen sei. Die Frage aber ist, was diese *kontrafaktischen* Unterstellungen jetzt *faktisch* bedeuten: Was bedeuten die Opfer der konkreten „Freiheitsgeschichte" für das sich durch abstrakte Begriffe selber rechtfertigende Bürgertum? Was bedeutet es für die Theologie, daß in ihm die Opfer am Rande und in den Unterschichten der „modernen" Lebenskultur gerade so in das theoretische Bewußtsein aufgenommen werden, daß sie von ihrem eigenen Elend her *nicht* zur Anerkennung kommen können? Die faktische Unterdrückung läßt nach dem konkreten Sinn der universalen Begriffe fragen, welche doch die selbstverantwortete „Geschichte" rechtfertigen sollen: nach dem konkreten Sinn der „Freiheit" nicht weniger als nach dem Sinn des angeblich endlich aufgeklärten Verständnisses von „Liebe", „Religion" und „Göttlichkeit".

---

[6] Vgl. *P. Eicher*, Die Botschaft von der Versöhnung und die Theorie des kommunikativen Handelns, in: Parabel (Schriftenreihe des Evangel. Studienwerks Villigst), Bd. 3, Münster 1986, 124–147, 154–156.

## 2.3 Die Umkehr zur biblischen Verheißung

Die Widersprüche zwischen den abstrakten Begriffen der modernen Aufklärung und ihrer konkreten Verwirklichung sind spätestens seit der fundamentalen Erschütterung des neuzeitlichen Selbstbewußtseins durch den Ersten Weltkrieg für die Theologie zum Anlaß geworden, wiederum ein Sensorium für die alttestamentliche Botschaft von der Erwählung der mit Füßen getretenen Opfer der Geschichte zu entwickeln. Es wird für immer unentscheidbar bleiben, ob Karl Barths leidenschaftliche Wiederentdeckung des biblisch bezeugten Handelns Gottes sich eher der Wahrnehmung des Zusammenbrechens aller europäischen Wertvorstellungen im Ersten Weltkrieg verdankt, oder ob umgekehrt die Wiederentdeckung des lebendigen Wortes Gottes erst das Ausmaß und die Wurzeln dieser Zerstörung erkennen ließ.[7] Daß Gott „herabsteigt" in die Not der Geschichte, daß er in der Gestalt des verworfenen Opfers diese Geschichte versöhnend annimmt und verheißungsvoll bewegt, das hatte Karl Barth seit seinem ersten dogmatischen Entwurf (von 1924) betont.[8] Denn in der Verborgenheit der Geschichte Israels offenbart sich der *eine* Gott, der in der Geschichte Jesu Christi in der Gestalt des Menschensohnes nicht nur die *Endlichkeit* der sterblichen Menschen, sondern in der Gestalt des Knechtes auch die *Schuld* der zur Freiheit erwählten, konkret aber in der Unfreiheit gefangenen Menschen annimmt:

„Darum handelt es sich: daß die Zeugen des alten Bundes *demselben Gott* gegenüberstehen wie die des neuen, nämlich *dem deus absconditus* (dem verborgenen Gott, P. E.), *der gerade als solcher der deus revelatus* (der offenbare Gott, P. E.) *ist* ... Aber nun ziehe ich allerdings die Konsequenz und sage: eben dieser Gott, der unerforschliche, gewaltige Gott des Mose, des Jeremia, des Hiob, des 39. und 139. Psalms ist auch der Gott von Galiläa, von Gethsemane, von Golgatha, der Gott, der dem Menschen begegnet in der Knechtsgestalt (Phil 2,7) ..."[9]

Hier liegt der tiefere Grund, warum Karl Barth in seinen letzten Worten zum Aufbrechen, Umkehren und Bekennen der *Kirche* keinen neutestamentlichen Text erwähnt, sondern die Bewegung der Kirche ganz von Israels Exodus her erschließt. Die Orientierung an diesem alttestamentlichen Zeugnis verbietet der Kirche die Flucht aus der

---

[7] Vgl. *D. Schellong*, Barth lesen, in: Einwürfe 3, München 1986, 5–92, 12–31.

[8] *K. Barth*, „Unterricht in der christlichen Religion", 1. Bd., Prolegomena (1924), Zürich 1985.

[9] Ebd., 179 („Knechtsgestalt" bei Barth griech.).

Geschichte, sie verbarrikadiert den Weg in die bloße Innerlichkeit und führt hinaus in den realen Kampf innerhalb der Widersprüche dieser unserer Zeit:

„Aufbrechen vollzieht sich also in einer Krisis. Entschlossener Abschied wird da genommen von einem Bekannten, jetzt noch sehr Nahen, das vielleicht (etwa in Gestalt der berühmten Fleischtöpfe Ägyptens) auch seine Vorteile hatte. Und entschlossene Zuwendung findet da statt zu einem noch Fernen, in Hoffnung Bejahten, das immerhin den Nachteil hat, in seiner herrlichen Gestalt noch reichlich unbekannt zu sein. Indem die Kirche aufbricht, hat sie gewählt, sich entschieden ... Sie hat eine weite Wanderschaft vor sich – auch Kämpfe, auch Leiden, auch Hunger und Durst. Nicht zu verkennen, sie seufzt. Aber noch weniger zu verkennen: sie freut sich. Dementsprechend denkt, redet, handelt sie. In dieser Krisis besteht das Aufbrechen der Kirche: das noch gefangene, schon befreite Volk Gottes.“

In der gegenwärtigen Auseinandersetzung um die Theologie der Befreiung in der katholischen Kirche geht es nach der Ansicht von ihr fernstehenden Beobachtern zentral um die Frage, ob sich die basiskirchliche Bewegung primär an der Befreiung aus dem wirtschaftlichen, sozialen und politischen Elend orientiert und *dazu* die biblische Botschaft gebraucht – oder ob sie nach der kirchlich ausgelegten Schrift ihr Leben so aus der Versöhnungsbotschaft des Evangeliums gestaltet, daß daraus auch eine ethische Sozialverantwortung erwächst, die zur Veränderung der ungerechten Verhältnisse das Ihre beitragen kann.[10] Leitet die sozialwissenschaftliche Theorie und der politische Wille zur Abschaffung des Elends das basiskirchliche Handeln, oder kommt die Kirche der Armut zu ihrem sozialen Engagement durch ihren kirchlichen Glauben? Für die Theologie der Befreiung stellt sich *diese* Alternative nicht:

„Wir gehen von Glauben zu Glauben, das heißt, wir kommen immer wieder in ein neues Stadium, wo unser Glaube sich anders ausdrückt, sich vertieft, der gegebenen Situation gerecht wird“ (Kard. P. E. Arns).[11]

Es ist die Botschaft der – als Einheit von Altem und Neuem Testament wiederentdeckten – Schrift, welche für die Basiskirche seit den sechziger Jahren „der gegebenen Situation gerecht wird“ *und* „den Glauben

---

[10] In dieser Alternative sehen nach dem von *J. B. Metz* herausgegebenen Tagungsbericht der Katholischen Akademie in Bayern (12./13.10.1985) europäische Beurteiler (wie *Walter Kasper* oder *Rudolf Schnackenburg*) und lateinamerikanische Kritiker (wie *Darío Castrillón Hoyos*) den Konflikt; ihnen widersprach *Kard. Paulo Evaristo Arns*; vgl. *J. B. Metz* (Hrsg.), Die Theologie der Befreiung (s. Anm. 2), 11–28, 77–98, 116–146.
[11] *P. E. Arns*, Kirche und Theologie der Befreiung: ebd., 136–146, 136.

vertieft". Die kritische Analyse der Ursachen der Unterdrückung und die Wahrnehmung der biblischen Botschaft, der soziale Kampf um Befreiung und die Orientierung des Gemeindelebens an der biblischen Verheißung durchdringen einander: Gottes Wort gibt befreiend zu tun. Wie in Karl Barths Theologie nicht zu entscheiden ist, ob ihn die Krise des Ersten Weltkrieges zur altkirchlichen und reformatorischen Rückbesinnung auf den guten Widerspruch von Gottes lebendigem Wort zu den schlechten Widersprüchen der Gegenwart führte oder ob umgekehrt dazu erst im Licht der biblisch bezeugten Offenbarung die Bodenlosigkeit der höchsten Werte des europäischen Bürgertums und seiner Religion erkennbar wurden, so wird auch niemals zu entscheiden sein, ob das seit dem Zusammenbruch aller technokratischen Entwicklungsprojekte (des sog. „desarollismo") bewußt gewordene Elend weite Teile der Kirche Lateinamerikas zur umfassenden Neuaufnahme der biblischen Befreiungsbotschaft brachte – oder ob umgekehrt dazu die neu entdeckte Bibel das Ausmaß der wirtschaftlichen, sozialen und religiösen Gefangenschaft erst erkennen ließ, in welche die Kirche seit der Kolonialisierung selbst verstrickt war. Tatsache ist, daß sich drei Jahre nach dem Konzil die katholische Kirche Lateinamerikas in Medellín feierlich in die Bewegung stellte, welche gerade von der alttestamentlichen Exodusverheißung ausging:

„So wie einstmals Israel, das erste Volk, die rettende Gegenwart Gottes erfuhr, als er es aus der Unterdrückung Ägyptens befreite, als er es das Meer durchschreiten ließ und es zum Land der Verheißung führte, so können auch wir, das neue Volk Gottes, nicht umhin, seinen rettenden Schritt zu spüren ...

Darum brauchen wir Menschen alle für unsere wirkliche Befreiung eine grundlegende Bekehrung mit dem Ziel, daß das ‚Reich der Gerechtigkeit, der Liebe und des Friedens' zu uns kommt."[12]

In der Umkehr zur Verheißung Israels wagt es die Kirche der Armen, sich dem Aufbruch anzuvertrauen, den Gottes eigenes Wort konkret in die Geschichte gebracht hat. In der Umkehr zu der Stimme aus dem brennenden Dornbusch, welche machtvoll den Weg zur Befreiung weist, öffnet sich die Kirche der Zukunft der Welt, die im Kommen des Reiches Gottes liegt. Gegen die antisemitische Verachtung des Alten Testamentes im europäischen Bürgertum und gegen die antijüdischen Verdrängungen der Zeugnisse des Alten Bundes in der evan-

---

[12] Dokumente von Medellín, Einleitung zu den Entschließungen, Nr. 6; Dok. 1, Nr. 3: S. 20 u. 23.

gelischen und katholischen Theologie der Neuzeit rückte die Kirche der Unterdrückten wiederum die biblische Verheißung in den Mittelpunkt, welche nicht den Weisen und nicht den Mächtigen dieser Erde gilt, sondern den von der herrschenden Vernunft Verachteten und von den starken Mächten an den Rand Gedrückten. Das alt- und neutestamentliche Evangelium von der Erwählung der Verworfenen rückte der Kirche der Armen wiederum ins Bewußtsein, daß die biblische Verheißung nicht *von* der Geschichte erlöst, sondern zu der durch Gottes Barmherzigkeit, Treue und Gerechtigkeit bestimmten Geschichte erlöst – und zwar durch Israels Erwählung gleichermaßen wie durch den Erwählten Israels, Jesus Christus, der die befreiende Zusage an dieses eine Volk allen Völkern eröffnet. Es ist – im Blick auf die in der europäischen Theologie und Verkündigung noch immer vorherrschenden Vergessenheit des Alten Testaments – kein unbedeutendes Ereignis, wenn die Kirche der deklassierten „Dritten" Welt zu dieser konkreten Erwählung umzukehren sucht. Ganz ungewöhnlich für den Kontext der neueren Kirchengeschichte formulierten die Bischöfe und Ordensoberen des brasilianischen Nordostens 1973 ihr Bekenntnis zu dem *einen* Herrn der Befreiung – in der Nachfolge des Mose:

„In der Nachfolge des Mose wollen wir unsere Mission als Hirten und Propheten bei Gottes Volk erfüllen. Durch Gottes Wort, das die Ereignisse der Geschichte beurteilt, sehen wir uns zum Reden genötigt. In diesem Licht versuchen wir das Stöhnen des Volkes zu interpretieren, die täglichen Erlebnisse und Ereignisse des Leidens unseres Volkes, des Leidens, das in seiner Tatsächlichkeit durch die sachliche Analyse unserer menschlichen Realität erhärtet wird ...

Christus ... lebte die Botschaft der Befreiung und stand zu ihr bis zur letzten Konsequenz ... Sein Geist, heute genau so wirksam wie gestern, gibt der Geschichte seinen Impuls und zeigt sich in der Solidarität derjenigen, die für die Freiheit kämpfen, in wahrhaft erleuchteter Liebe für die unterdrückten Brüder."[13]

## 2.4 Eine Theologie der Befreiung?

Wenn hier Karl Barths Ruf zur Umkehr der Kirche mit dem Aufbruch der Theologie der Befreiung in der ihnen gemeinsamen praktischen Auslegung der biblischen Verheißung in eine mehr als zufällige Bezie-

[13] Dokumente der Bischöfe und Ordensoberen des Brasilianischen Nordostens vom 6. Mai 1973, in: Kirche in Brasilien, hrsg. von der Arbeitsgemeinschaft der Katholischen Studenten- und Hochschulgemeinden, Bonn 1974, 8–29, 8 u. 27.

hung gesetzt wird, so läßt sich der Anschein kaum vermeiden, als sollte sein großes dogmatisches Werk nachträglich mühsam aktualisiert oder umgekehrt dazu die Theologie der Befreiung vom europäischen Standpunkt aus vereinnahmt werden. Deshalb ist es notwendig, die Gemeinsamkeit zu benennen, welche nach dem ‚Kirchenvater' der Theologie der Befreiung, dem peruanischen Theologen *Gustavo Gutiérrez*, Barths Theologie zur Theologie der Armen von ihrer Mitte her zukommt.

Gutiérrez[14] versteht die Theologie der Befreiung als „eine kritische Reflexion, die aus der historischen Praxis und über die historische Praxis im Lichte des gläubig angenommenen und gelebten Wortes Gottes getrieben wird". Daß die Theologie *„aus* der historischen Praxis" kommt, weist darauf hin, daß die solidarische Teilnahme am Kampf der ausgebeuteten Klassen, der marginalisierten Rassen und der mit Verachtung belegten Volkskulturen um grundlegend gerechtere Wirtschafts- und Sozialstrukturen „uns zum Schlüssel (wurde), um zu verstehen, was Befreiung und Offenbarung Gottes des Befreiers bedeuten". Daß die Theologie des Volkes aber *„über* die historische Praxis" im Lichte des glaubend gelebten Wortes Gottes nachdenkt, weist umgekehrt darauf hin, welcher kritische Stellenwert der in den Basisgemeinden ausgelegten Bibel für diesen alltäglich gelebten Kampf zukommt. Gutiérrez betont dabei, daß „der Exodus durch die ganze Bibel hindurch ein Kernthema und für die Theologie ganz besonders wichtig sei", keineswegs jedoch das ausschließliche Thema der Befreiungstheologie bedeuten könne (es ist deshalb hier auch nur dieses Kernthema zum Leitfaden für die Erschließung des guten Widerspruchs gewählt worden, den Barths biblische Theologie entdekken läßt).

Gutiérrez beurteilt die Theologien von Karl Barth, Rudolf Bultmann, Paul Tillich und Dietrich Bonhoeffer nach ihrem Verhältnis zur liberalen Theologie des europäischen und nordamerikanischen Bürgertums.[15] Er sieht in ihrem Werk „das Beste" von dem, was die protestantische Theologie, die nicht vor dem modernen Denken kapituliert, zu bieten hat.[16] *Tillichs* philosophische Rekonstruktion von „Religion" sieht Gutiérrez selber noch von jenem bürgerlichen Indi-

---

[14] Vgl. *G. Gutiérrez*, Die historische Macht der Armen, München 1984, 169; die beiden folg. Zit. ebd.

[15] Vgl. dazu und zum Folgenden: ebd., 139–175, 190–202.

[16] Ebd., 139.

vidualismus bestimmt, den die Theologie der Befreiung als die Wurzel des gnadenlosen ökonomischen Konkurrenzkampfes und also der strukturellen Unterdrückung freilegt. Er durchschaut aber auch, wie *Bonhoeffer* – trotz seiner zentralen Erkenntnis von der Teilnahme Gottes am Leiden der Welt – in seinen Andeutungen zu einem religionslosen Verständnis der angeblich mündig gewordenen Welt noch gefangengenommen bleibt in der Selbstbehauptung dieser modernen Welt: „Daß die Mündigkeit auf einer Welt von Armut und Ausplünderung aufbaut, dieser Gedanke liegt außerhalb seines Gesichtsfeldes."[17] Dies gilt nach Gutiérrez erst recht von *Bultmann*, der mit dem Menschen der Moderne zugleich die Botschaft des Evangeliums verkennt:

„Seine Welt ist eindeutig der Geist der Moderne, sein Umfeld das der bürgerlichen Ideologie ... Bultmann ..., der Theologe, dem es um die Schwierigkeiten des Menschen von heute geht, die Botschaft des Evangeliums zu verstehen, ignoriert die Fragen aus der Welt der Unterdrückung, obgleich diese Welt ja gerade das Werk des modernen Menschen ist, der den Ausgangspunkt bultmannscher Theologie bildet."[18]

Den über Bultmann und Bonhoeffer hinausführenden Beitrag *Karl Barths* sieht Gutiérrez dagegen gerade in seinem Exodus aus der bürgerlichen Religion. Denn auf die Herausforderungen der modernen bürgerlichen Welt läßt sich nach der biblischen Erfahrung der Kirche der Armen „nur von außen" eine Antwort geben. Gutiérrez reduziert dieses „Außen" keineswegs auf Barths klares sozialistisches Engagement, betont vielmehr, daß es gerade sein theologisches Denken von dem biblisch sich bezeugenden Gott her war, das ihn kritisch werden ließ gegenüber der individualistischen Verbürgerlichung des Evangeliums. So formuliert er im Blick auf Barth und Bultmann kategorisch:

„Der, der vom ‚Himmel' her kommt, hat ein Gespür für die, die in der Hölle dieser Welt leben, und der, der von der ‚Erde' ausgeht, übersieht, auf welch ausbeuterischer Grundlage die Erde gebaut ist ... In der Tat: Ein echter und tiefer Sinn für Gott widerstrebt nicht nur nicht der Sensibilität für die Armen und ihre Welt, sondern verwirklicht sich letztlich nirgends sonst als in ihnen."[19]

[17] Ebd., 197.
[18] Ebd., 173.
[19] Ebd.

## 3 Was heißt „Aufbrechen"?

Wie die „Summa theologiae" des Thomas von Aquin zum Gesetzbuch der Inquisition und wie Johannes Calvins „Institutio" zum himmlischen Kapital für ein Bürgertum geworden ist, das sich ganz dem irdischen Kapital verschrieb, so kann heute auch Barths Theologie zum *fait accompli*, zum Besitz einer Kirche werden, die gerade mit dieser der Bibel verpflichteten Theologie noch einmal – am biblischen Zeugnis von Gottes handelndem Wort vorbeikommt. Es ist nicht zu verkennen, daß eine klar formulierte Theologie, wird sie erst einmal selbst zum Gegenstand der Betrachtung, eine Faszination auszuüben vermag, welche die große Not des Glaubens vergessen läßt, in welche die Begegnung mit dem Feuer des biblisch bezeugten Wortes Gottes die Gemeinden und darin die Einzelnen stellt. Die biblische Auszugsverheißung führt das erwählte Volk jedoch nicht in das gelobte Land, ohne es zuvor in die Wüste zu führen: an den Ort der einsamen Begegnung mit Gottes Wort allein, an „einen Ort, wo es weder liegen noch sitzen, noch stehen, sondern unbedingt nur noch sich bewegen, wo es weder erwerben noch besitzen, noch schmausen, noch austeilen, sondern nur noch hungern und dürsten, suchen, bitten und anklopfen kann", wie Karl Barth gerade im Blick auf die Versuchung der Theologie zum Seßhaftwerden in der bürgerlichen Lebenskultur 1920 formulierte.[20]

Es gibt zu denken, daß Karl Barth auch am Ende seines Lebens ganz bewußt nicht von dem ein für allemal theologisch zu begreifenden *Aufbruch*, von der Theorie der *Umkehr* und vom reflektierten *Bekenntnis* spricht, sondern vom ständigen Ereignis des Aufbrechens, des Umkehrens und des Bekennens. Schon die Ausgangsposition seiner Theologie war ja von der doppelten Erkenntnis bestimmt, daß Theologie ein *unmögliches* und *notwendiges* Unterfangen zugleich sei. Theologie ist unmöglich, weil sie – nach der Einsicht von *Franz Overbeck*[21] – als intellektuelle Kulturleistung ihren Gegenstand, die eschatologische Botschaft von Gottes Reich, zwangsläufig den innerweltlichen Verhältnissen anpaßt und preisgibt. Notwendig bleibt die Theologie trotzdem, weil – nach dem praktischen Zeugnis von *Johann Christoph* und seinem Sohn *Christoph Blumhardt* – das Evangelium *in*

---

[20] K. Barth, Unerledigte Anfragen an die heutige Theologie, in: *K. Barth – E. Thurneysen*, Zur inneren Lage des Christentums, München 1920, 3–24, 5.

[21] Barth (a. a. O.) bezog sich 1920 auf *C. A. Bernoulli* (Hrsg.), Christentum und Kultur. Gedanken und Anmerkungen zur modernen Theologie von Franz Overbeck, Basel 1919 (jetzt: Darmstadt ³1973).

der Geschichte als ein Zeugnis zu begreifen ist von dem, „der *lebt*, von dem neue Taten, Kräfte und Erweisungen zu erwarten sind". Die Theologie habe deshalb dem praktischen „*Angriff* auf die Grundlagen der heutigen Gesellschaft, Kultur und – Kirche" zu dienen, welcher durch die alt- und neutestamentliche Botschaft selber geführt wird: dem praktischen Evangelium von der siegreichen Errettung der Menschheit, der Botschaft von der barmherzigen, treuen und gerechten Liebe Gottes zu allem Menschlichen.[22] Daß Karl Barths großes Testament, „Die Kirchliche Dogmatik" – wie des Thomas „Summa" und die ständig erweiterte „Institutio" Calvins – unvollendet blieb, könnte bei allem Vermissen ihrer letzten Ausgestaltung auch ein Zeichen dafür sein, daß sie als selbstkritische Vergewisserung von Gottes befreiendem, erlösendem und richtendem Wort gar nie fertiggestellt werden kann. Barths Hauptwerk heißt deshalb nicht „Kirchliche Dogmatik", sondern „Die Kirchliche Dogmatik" (im Folgenden nach den Bandzahlen im Text zitiert), weil sie – „in lauter Bewegungsbegriffen denkend und redend" (IV/2, 118) – im ganzen der Versuch ist, die überlieferte altkirchliche, reformatorische und auch katholische Lehre in die eine Geschichte hineinzunehmen, welche ihren ständigen Ausgangspunkt und Zielpunkt ausmacht: in die Geschichte, welche nach dem biblischen Zeugnis *Gott selber* durch sein offenbarendes Wort macht, das in Jesus Christus Mensch geworden ist.

Ich stelle im Folgenden das (nicht nur im Katholizismus sich ereignende) Aufbrechen der Kirche nach den letzten Hinweisen von Karl Barth in den größeren Kontext seiner Theologie, die im ganzen nie etwas anderes sein wollte als eine praktische Theologie. Die dabei herausgestellten *drei* Momente dieser praktischen Exodus-Reflexion können zumindest präzisieren, welche Aufgaben einer kirchlichen Theologie zuwachsen, die sich dem Kontext der Verelendung nicht entzieht, der von der Befreiungstheologie bewußtgemacht wird. Theologie wird ja nicht dadurch aktuell, daß sie sich der Aktualität verpflichtet, sondern dadurch, daß sie, was aktuell zu sagen und zu tun ist, im Lichte der befreienden Gegenwart des Wortes Gottes zu bestimmen sucht: aktuell wird sie im guten Widerspruch zu den schlechten Widersprüchen einer Zeit. Und gut wird der Widerspruch durch die Besinnung auf Gottes befreiendes, versöhnendes und Ge-

[22] Vgl. *K. Barth*, Vergangenheit und Zukunft. Friedrich Naumann und Christoph Blumhardt, in: *J. Moltmann* (Hrsg.), Anfänge der dialektischen Theologie (s. Anm. 3), 37–49, 44, 46.

27

rechtigkeit verheißendes Wort, das die unterdrückerischen, gnadenlosen und ungerechten Verhältnisse nicht nur aufdecken läßt, sondern
auch zu überwinden aufgibt.

## 3.1 Die Solidarität

Die Kirche kann die Bibel nicht für sich selber pachten, denn sie
bezeugt Gottes eigenen Zuspruch und Anspruch an die *Welt*. Die Einleitung von Barths letztem Vortrag formuliert deshalb gerade das
Verhältnis, in welches die Kirche zu den sozialen, politischen und kulturellen Erneuerungsbewegungen gestellt ist:

„Es gibt heute ja auch in der *Welt* (in der übrigens auch die Kirche und die
auch in der Kirche ist) viel Aufbruch, viel Umkehr, auch viel Bekenntnis oder
jedenfalls viel Gerede davon. Vergessen oder verachten wir auf keinen Fall,
was sich auch dort ereignet oder doch diskutiert wird! Keine Überschätzung,
aber auch keine Unterschätzung! Das Alles geht auch uns an. Aber ich bin
gewiß: ... wir handeln gerade damit im tiefsten Sinn solidarisch mit der sog.
Welt, wenn wir uns energisch mit dem Aufbrechen, dem Umkehren, dem
Bekennen der *Kirche* beschäftigen."

Eine Überschätzung wäre die Identifizierung des kirchlichen Handelns mit der sozialen, politischen und kulturellen Aktion; eine
Unterschätzung jede Trennung zwischen einem reinen Glauben
und einem ihm fremden, „profanen", „ganz anderen" Bereich des
weltlichen Tuns. Eine Überschätzung wäre der politische Messianismus; eine Unterschätzung die Zwei-Reiche-Lehre im Sinne der
Freigabe einer autonomen Welt, in welcher die „Sachzwänge" keiner theologischen Beurteilung mehr fähig oder bedürftig wären.
Die rechte Unterscheidung und die konstitutive Zusammengehörig-
keit von politischem Handeln und kirchlichem Zeugnis ergab sich
für Karl Barth von seinen ersten theologischen Ansätzen bis zu den
letzten Bänden der Kirchlichen Dogmatik nicht aus kirchenpoliti-
schem oder aus parteipolitischem Kalkül, sondern allein aus der biblisch bezeugten Herrschaft Jesu Christi über alle Mächte und Gewalten.[23]

„Wir müssen *ganz hinein* in die Erschütterung und Umkehr, in das

[23] Vgl. *D. Schellong*, Jenseits von politischer Theologie und unpolitischer Theologie. Zum
Ansatz der ‚Dialektischen Theologie', in: *J. Taubes*, Der Fürst dieser Welt. Carl Schmitt
und die Folgen, München-Paderborn 1983; *M. Weinrich*, Der Katze die Schelle umhängen.
Konflikte theologischer Zeitgenossenschaft, in: Einwürfe 3, München 1986, 140–214.

Gericht und in die Gnade, die die Gegenwart Gottes für die jetzige und jede uns vorstellbare Welt bedeutet, wenn anders wir nicht zurückbleibend *heraus* wollen aus der Wahrheit Christi, aus der Kraft seiner Auferstehung" – das war im Tambacher Vortrag von 1919 die Begründung für die aktive Mitarbeit „*innerhalb* der *Sozialdemokratie*, in der *unserer* Zeit nun einmal das Problem der Opposition gegen das Bestehende gestellt, das Gleichnis des Gottesreiches gegeben ist und an der es sich erweisen muß, ob *wir* dieses Problem in seiner absoluten und relativen Bedeutung verstanden haben".[24] Relativ blieb die Bedeutung von Barths Sozialismus zeitlebens, weil er sich über die bürgerlich-nationalistischen Verzerrungen der deutschen Sozialdemokratie so wenig Illusionen hingab wie über den bürgerlichen Bürokratismus und den zeitweiligen Staatsterror im real existierenden Kommunismus, noch weniger allerdings über die Verlogenheit des prinzipiellen Antikommunismus „christlicher", „liberaler" oder „sozialdemokratischer" Parteien. Ein Gleichnis für die Herrschaft Jesu Christi über die ihn nicht erkennende Welt war ihm der sozialistische Radikalismus trotzdem, weil er – mit Christoph Blumhardt – „im Endzielgedanken der Sozialisten das Gleichnis des Gottesreiches für unsere Zeit"[25] gegeben sah. Eine Diffamierung der neuzeitlichen Utopien kam für ihn nicht in Frage, weil die Hoffnungen der unter den bestehenden Verhältnissen Leidenden *inkognito* vom Kommen des auferstandenen Herrn der Geschichte Zeugnis geben. Der profane politische Aufbruch – „Das alles geht auch uns an" – darf deshalb als ein Gleichnis für das kommende Reich Gottes wahrgenommen werden, weil die Verheißungen Israels, die allen Völkern gelten, in der Herrschaft Jesu Christi über die *ganze* Geschichte wirksam werden. Dies zu *erkennen*, also um den Gleichnischarakter politischen Handelns zu wissen, ist nur dem Glauben, dem Glauben aber wirklich gegeben. Eine solche Erkenntnis ist freilich *theologisch* – nicht rein pragmatisch – zu begründen.

In der Kirchlichen Dogmatik begründen die Erwählungslehre (II/2) und die Versöhnungslehre (IV) das solidarische Verhältnis des Bekenntnisses zum politischen Handeln. Die Erwählungslehre zeigt (als letzter, aber wichtigster Teil der Gotteslehre), wie in der Geschichte

---

[24] Der Christ in der Gesellschaft (s. Anm. 3), 32; zum politischen Gleichnischarakter vgl. bes. *K. Barth*, Rechtfertigung und Recht (1938), Christengemeinde und Bürgergemeinde (1946), Zürich ²1979, 65–67.
[25] Vergangenheit und Zukunft, 47.

Jesu Christi offenbar wird, daß der in Freiheit liebende Gott *vor* aller Schöpfung alle Menschen zur Freiheit erwählt hat und deshalb *in* der Geschichte bis zu seiner Selbstpreisgabe am Kreuz ihre Befreiung sucht. Für einen befreiungs*theologischen* Ansatz ist – gerade auch aus katholischer Sicht – von größter Bedeutung, daß damit die politische Ethik in der Gotteslehre selbst verankert wird. Gott zeigt sich in der Geschichte Jesu Christi als der in Freiheit Liebende, der gerecht sein will und deshalb gar nicht anders kann, als die Gerechtigkeit seiner Geschöpfe zu erwarten. Die Antwort, die Gott selbst auf die Offenbarung seiner unbedingten Liebe sucht, ist deshalb das gerechte Handeln seiner Geschöpfe. Und Freiheit ist die ihnen gewährte Gnade zum Gehorsam gegenüber dieser Liebe, die dem Menschen gerecht wird. Jesus Christus ist der Mensch, der dieser Liebe vorbehaltlos treu geworden ist: Er tritt freiwillig an die Stelle der Ungerechten, von denen er sich um ihrer Befreiung willen verwerfen ließ. Die Konsequenz dieser Erwählungslehre heißt deshalb *Nachfolge* dessen, der uns befreit, Gottes Liebe und damit der menschlichen Freiheit gerecht zu werden.[26]

Begründet die Prädestinationslehre die politische Ethik in der Gotteslehre (vor aller Schöpfungslehre und Christologie im engeren Sinne), so zeigt dagegen erst die Versöhnungslehre, wie durch die Geschichte Jesu Christi die schuldig Gewordenen nicht nur zur Anerkennung von Gottes gerechter Liebe kommen (IV/1, § 61), sondern auch zum gerechten (KD IV/2, § 66) und solidarischen Handeln (IV/3, § 71).[27] Die „kritisch-komprehensive Güte", die um die Welt weiß, „wie sie durch diese Gottestat zurechtgebracht, reformiert, erneuert, wirklich ist" (IV/3, 882, 880), gilt für Barth als ein Kennzeichen der Kirche, das seinen rechten Ausdruck in der vollen Solidarität der Gemeinde mit der Welt findet. In der „vollen Verbundenheit mit ihr" und in der „rückhaltlosen Teilnahme an ihrer Situation" (ebd. 884) haben die Gemeinden für *ihre* Befreiung einzustehen. Christen sind deshalb Menschen, die „als wahrhaft Heilige sich nicht

---

[26] Zu den praktischen Konsequenzen für eine Theologie der Armut vgl. *P. Eicher*, Die Befreiung zur Nachfolge. Zur Geschichte des „reichen Jünglings", in: *K. Barth*, Der reiche Jüngling, München 1986, 13–66; *P. Eicher*, Gottes Wahl: unsere Freiheit. Karl Barths Beitrag zur Theologie der Befreiung, in: Einwürfe 3, München 1986, 215–236.

[27] Für eine katholische Entfaltung der Versöhnungslehre, die in dieser Grundintention mit Karl Barth – trotz ihrer apologetischen Vermittlung mit dem neuzeitlichen Freiheitsgedanken – übereinstimmt, vgl. *Th. Pröpper*, Erlösungsglaube und Freiheitsgeschichte. Eine Skizze zur Soteriologie, München 1985.

zu gut und zu vornehm sind, in großer Profanität ‚in die Hölle' zu gehen" (ebd. 886): Die Versöhnung heiligt den Sünder zum solidarischen Handeln.

Grundlegend „barthianisch" – aber dann in der Konsequenz doch mit einem von Barth entschieden zurückgewiesenen politischen Anspruch – formulierte 1979 diesen Bezug der Kirche zu den politischen Aufbrüchen die Lateinamerikanische Bischofskonferenz in Puebla:

„In Erfüllung des von seinem Vater erhaltenen Auftrags überantwortete sich Jesus frei dem Tod am Kreuz, dem Endpunkt seines irdischen Weges. Der Bringer der Freiheit und der Freude des Gottesreiches wollte das entscheidende Opfer der Ungerechtigkeit und des Bösen in dieser Welt sein ... er ist der gehorsame Sohn, der angesichts der erlösenden Gerechtigkeit seines Vaters den Schrei nach Befreiung und Erlösung aller Menschen Gestalt annehmen läßt.

Deswegen erweckt der Vater seinen Sohn von den Toten auf ... Er setzt ihn als Herrn der Welt und der Geschichte ein. Seine Auferstehung ist das Zeichen und Unterpfand der Auferstehung, zu der wir alle berufen sind, ebenso wie zur letztlichen Umwandlung des Universums ..."[28]

Zwar bemerkten die Bischöfe in Puebla zaghaft, daß dieses Handeln Gottes „auch im Herzen der Menschen" stattfindet, „die außerhalb des sichtbaren Bereiches der Kirche leben",[29] aber eben: nur im *Herzen* und nur *außerhalb* der sichtbaren Kirche – nicht in ihrem *ganzen* sozialen und politischen Handeln und nicht *im* profanen Herrschaftsbereich des Auferstandenen. Gestützt auf die katholische Volksreligiosität zielen die Bischöfe auf eine umfassende christliche *Lebenskultur*, in welcher die Laien zwar autonom Politik betreiben, aber doch unter der Leitung des hierarchischen Klerus, der sich selbst von jeder parteipolitischen Tätigkeit fernzuhalten hat, um so „die Politik wie Christus zu evangelisieren".[30] Eine Evangelisierung der Politik in der Form eines religiösen Sozialismus oder einer indirekten klerika-

[28] Die Evangelisierung Lateinamerikas in Gegenwart und Zukunft. Dokument der III. Generalkonferenz des Lateinamerikanischen Episkopates in Puebla, 26.1.–13.2.1979, in: Die Kirche Lateinamerikas (s. Anm. 2), Nr. 194f, S. 181f; im Folgenden zit.: *Puebla*.

[29] Ebd., Nr. 226, S. 186.

[30] Vgl. ebd., Nr. 525, S. 239: „Der Laie findet in der Soziallehre der Kirche die richtigen Maßstäbe im Lichte der christlichen Sicht des Menschen. Die Hierarchie ihrerseits unterstützt ihn mit ihrer Solidarität, fördert seine Bildung und sein geistliches Leben und regt seine Kreativität an, damit er nach ständig besseren Lösungen suche ... Im Gegensatz hierzu enthalten sich die Hirten, da ihre Sorge der Einheit gelten muß, jeglicher parteipolitischer Ideologie, die ihre Kriterien und Haltungen beeinflussen könnte. So werden sie die Freiheit haben, die Politik wie Christus zu evangelisieren ..."

len Steuerung wie im lateinamerikanischen (und auch gesamt ‚petrinischen‘) Katholizismus kam für Barth nicht in Frage. Dafür dachte er
zu groß von der freien Macht der Herrschaft Christi und zu realistisch
von der Realpolitik *und* den politischen Ambitionen der Kirchen-
leitungen. Hierin könnte Karl Barths Ruf zum Umkehren für die
politischen Ambitionen der katholischen Hierarchie durchaus ein
Aufbrechen aus den Resten feudalistischer Religion und aus den illu-
sionären Träumen von einer ‚christlichen Kultur‘ oder einem ‚christlichen Lateinamerika‘ bedeuten.

## 3.2 Das revolutionäre Zeugnis

Der biblische Text unterscheidet Mose eigenwillige Racheaktion von
seiner Sendung zur Befreiung des Volkes (Ex 2) durch die Gott eigene
Freiheit. Nach Barths letzten Zeilen:

„Als Mose jenen bösen Mann erschlug und verscharrte, da war das noch lange
nicht Israels Befreiung aus der Gefangenschaft ... Der Auszug aus Ägypten
hat damals damit angefangen, daß Mose vom Gottesberg und vom feurigen
Busch herkam, wo er Gottes Wort gehört hatte, und dann dem Volk und auch
dem Pharao etwas zu sagen wußte darüber, wohin die Reise gehen sollte."

Für das Aufbrechen der Kirche heißt dies aber, daß ihre rechte Solidarität zu den politischen und sozialen Aufbrüchen *nicht* in ihrem eigen-
mächtigen politischen Handeln liegen kann. Die Kirche kann weder
als Weltrat der Kirchen und als kirchliche Synode, weder als Papst-,
Konzils- und Bischofskirche noch als traditionelle Gemeinde, als
Pfarrei oder als Basisgemeinde *von sich selbst her* ein politisches
„Subjekt" sein oder gar einen himmlisch begründeten Staat im irdischen Staat verwirklichen wollen.[31] In nicht unwesentlicher Korrek-
tur zur reformatorischen Glaubensbestimmung[32] und in klarer Abgrenzung gegen jede rein politische Inanspruchnahme der Bibel ergab
sich für Karl Barth das Verhältnis von Gemeinde und politischer
Aktion streng aus den biblischen Glaubensbestimmungen selbst.
Denn der biblische Glaube stellt gerade als *Gottes* Werk am Menschen den *Menschen* auf seine eigenen Füße (vgl. IV/3, 1082); indem

---

[31] Vgl. bes. *K. Barth*, Rechtfertigung und Recht (s. Anm. 24), 28.
[32] Vgl. ebd. 6–9; KD II/2, 576–587, 588f; KD IV/3, 631–635; 875–887 u. ö.; zum Gesamtzusammenhang des Verhältnisses von sozialistisch wahrgenommener Revolution und reformatorischer Theologie bei Karl Barth vgl. *F.-W. Marquardt*, Theologie und Sozialismus.
Das Beispiel Karl Barths, München ³1985.

Gott ihn in seinen Bund hineinnimmt, befreit *er* ihn zu seinem eigenen Tun: *Er* gibt ihm Anteil an seiner Weltregierung, auf daß er – wie Barth in seiner Vorsehungslehre betont – „mit Gott ein Herr aller Dinge sein dürfte" (IV/3, 284). Die ‚katholische' Formulierung, daß „der Glaube *des Menschen eigenes Werk* sein muß" (ebd.), betont beides: die von Gottes Geist verliehene Befähigung zu des Menschen eigenem Gehorsam und seine Beauftragung zum Werk des Glaubens. In der ihm von Gott geschenkten Freiheit geht es um seine konkrete Befreiung (vgl. II/2, 654), und zwar um seine ganze, unteilbare Befreiung an Leib und Seele, Innerlichkeit und Gesellschaftlichkeit:

„Umkehr in einem abgesonderten Innenraum, in einer rein religiösen Sphäre etwa, oder Umkehr in bloß kultischer oder auch moralischer, bloß politischer oder kirchenpolitischer Gestalt wäre nicht die von Gott her in Bewegung gesetzte Umkehr des Menschen" (II/2, 638).

Sowenig der Sünde Tun auf das Herz beschränkt bleibt, sowenig bleibt die Versöhnung auf die Anerkennung des Sünders durch Gottes Barmherzigkeit beschränkt. Die Versöhnung befähigt den Menschen zu seinem eigenen befreienden Handeln und die Gemeinde zum „politischen Gottesdienst".[33] Aber politisch wird der Gottesdienst der Gemeinde nicht durch ihr politisch motiviertes Handeln in der Öffentlichkeit; sie wäre damit nur ein weiteres politisches Subjekt unter allen anderen Interessenverbänden, Parteien und Regierungen. Politisch wird der Gottesdienst der Gemeinde auch nicht durch ein *zusätzliches* Werk außer ihrer Verkündigung, Liturgie und Seelsorge: politisch wird er gerade *als* Gottesdienst. Diese elementare Einsicht Barths, die er durch sein ganzes Werk ständig vertiefte, bedeutet weder einen reaktionären Rückzug ins Ghetto „separatistischer" Gemeinden (vgl. IV/3, 887) oder in eine unpolitische Theologie,[34] noch meint sie eine „politische Theologie" im Sinne des antirevolutionären Traditionalismus, des antidemokratischen Denkens der Weimarer Zeit (Carl Schmitt) oder der bloßen Aufklärung der politischen Implikationen aller Theologie.[35] Politisch, und zwar politisch befreiend, ja

---

[33] So das ausdrückliche Thema von: Rechtfertigung und Recht, vgl. 5.
[34] Vgl. *H. Stoevesandt*, Was heißt „Theologische Existenz"? Über Absicht und Bedeutung von Karl Barths Schrift „Theologische Existenz heute!", in: EvTh 44 (1984), 147–177, und die kritische Richtigstellung dazu durch *D. Schellong*, Alles hat seine Zeit. Bemerkungen zur Barth-Deutung, in: EvTh 45 (1985), 61–80.
[35] Zur Präzisierung der Kategorie „politische Theologie" vgl. *B. Wacker*, Politische Theologie, in: Neues Handbuch theologischer Grundbegriffe, Bd. 3, 379–391.

revolutionär, wirkt der Gottesdienst der Gemeinde durch ihr *Zeugnis* von Gottes Handeln und durch ihren Zeugendienst in dieser Welt. Über die konkreten Bestimmungen dieser politisch befreiend wirkenden Zeugenschaft kann die Kirche nicht verfügen: sie hat sie im Gehorsam gegenüber dem Evangelium zu lernen. Denn die Sendung der Gemeinde bleibt ständig in Gottes Wort begründet, wie es in der *Geschichte Jesu Christi* ohne Vorbehalt offenbar geworden ist.

Gegen die naturrechtlich begründete Sozialethik spricht nach der reformatorischen Theologie Karl Barths nicht ihre Verankerung in der Schöpfungstheologie, sondern die unzureichende Erkenntnis des Schöpfers, der sich in der Verborgenheit des Kreuzes als der in Gerechtigkeit Liebende offenbart. Auch wenn die Gemeinde nicht tun kann, was der in der Geschichte Jesu von Nazareth handelnde Schöpfer Himmels und der Erde für diese Erde tat, „so kann, darf und soll sie ihm doch in dem, was er tut, nachfolgen" (IV/3, 891). Das politische Zeugnis der Nachfolge wird also bestimmt durch den, welcher der Kirche *vorangeht* und sie in seinen Weg mit hineinnimmt. Die Geschichte, die Jesus selber macht – und wovon die Evangelien nur inadäquat und deshalb in vielfältiger Weise erzählen –, gibt aber in allen ihren Zügen Zeugnis vom Kommen des Reiches Gottes. Karl Barth nennt Jesus *deshalb* den „königlichen Menschen" (IV/2, § 64, 3). In diesem königlichen Menschen aber nimmt Gott „Partei"; er kommt als Armer zu den Armen:

„In Gemeinschaft und Konformität mit dem in der Welt armen Gott ist der königliche Mensch Jesus selbst ein Armer und vollzieht er jene Umwertung aller Werte, bekennt er sich zu denen, die in dieser Welt, ohne darum bessere Menschen zu sein, in irgendeinem Sinn *arme* Menschen sind" (IV/2, 188).

Daß „Armut" sowohl eine Kategorie der Unterdrückung als auch der wirtschaftlichen Ungerechtigkeit bedeutet,[36] läßt Barth nicht außer acht. Deshalb stellt er in drei Schritten sehr sorgfältig das revolutionäre Handeln Jesu gegenüber den *Institutionen* (Tempel, Familie, Rabbinat und Synagoge), gegenüber den *wirtschaftlichen* Verhältnissen und den *politischen* Institutionen in ihrem inneren Zusammenhang heraus.

Den „ausgesprochen *revolutionären* Charakter seines Verhältnisses zu den in seiner Umgebung gültigen Wertordnungen und Lebensordnungen" sieht er *erstens* in der „königlichen Freiheit" Jesu allen

---

[36] Vgl. *R. de Almeida*, Armut: ebd., Bd. 1, 37–61.

diesen Ordnungen gegenüber: „Er konnte in diesen Ordnungen leben", ohne ihnen verpflichtet zu sein oder ihnen sein Vertrauen zu schenken (IV/2, 191; die folg. Zit. ebd. 193–199). Barth nennt dies den „gelassenen Konservativismus Jesu". Dieser Konservativismus wird aber *zweitens* durch „ein Krachen im Gebälk gelegentlich unmißverständlich" durchbrochen. In den einzelnen Angriffen auf die Familienbande, die Tempelordnung, das Gesetz, die Arbeits-, Erwerbs- und Wirtschaftsordnung und in den deutlichen Begrenzungen der politischen Ordnung kündigt sich die Umwälzung an, die dem Reiche Gottes eigen ist: „Aber eben: die Krisis, die in dem Menschen Jesus über die ganze menschliche Ordnungswelt hereingebrochen war, war umfassender und radikaler, als es in allen diesen einzelnen Lichtern sichtbar wurde." Die Krisis als das *Dritte* und Entscheidende in der Geschichte Jesu Christi tritt durch das mit ihm nahe gekommene Reich Gottes „in befreienden Gegensatz" zu allen institutionellen Ordnungen: „Was wären alle direkten Reform- und Umsturzversuche, an denen Jesus sich hätte beteiligen oder die er hätte anregen und führen können, neben der Revolution gewesen, die er ... vollzogen hat?" Der Tempel *wird* zerstört, die Jünger *werden* aus den Familienbindungen herausgerissen, Jesus gründet *keine* Familie, die Mammonsworte, nach denen es *unmöglich* ist, Gott und dem Mammon zu dienen, leuchten ebenso wie der Ruf zur Nachfolge der Armut [37] „gerade in die Fundamente der ökonomischen Welt" hinein; schließlich stößt auch der Ruf zur Freiheit so unversöhnlich mit der staatlichen Ordnung zusammen wie die Weisung der Feindesliebe mit dem Schwert des Staates. In der Geschichte Jesu Christi als der Offenbarung des handelnden Gottes liegt der objektive Grund für das politisch revolutionär wirkende Zeugnis der christlichen Kirche.

Daß die Kirche – nach Bonhoeffers Wort – nur „Kirche ist, wenn sie für andere da ist",[38] heißt für Karl Barth weder daß sie den „anderen" konform werden kann, noch daß sie selbst die befreiende Macht für diese „anderen" sein könnte. Weder mit der Welt konform gehen noch ihr eigener Erlöser sein, kann sie nur, wenn ihre Verkündigung und ihr praktisches Handeln Zeugnis geben von dem Dasein *des* Zeugen selbst, von dem Dasein Gottes für die andern, von dem in der Geschichte Jesu Christi menschgewordenen Worte Gottes

[37] Vgl. *K. Barth*, Der reiche Jüngling (s. Anm. 26).
[38] *D. Bonhoeffer*, Widerstand und Ergebung. Briefe und Aufzeichnungen aus der Haft, hrsg. von *E. Bethge*, München–Hamburg 1951, 193.

selbst. *Für* die Welt kann die Kirche nur dasein, solidarisch *mit* ihr kann sie nur werden, wenn sie aus dem *Geist Jesu Christi* lebt. Karl Barth hat seine Lehre vom Heiligen Geist, der real identisch ist mit Gottes eigenem Sein als dem in Freiheit Liebenden, sehr streng darauf beschränkt, eine Lehre von der praktischen Zeugenschaft Jesu Christi, von der Zeugenschaft des menschenfreundlichen Daseins Gottes in Jesus Christus zu sein: „Der Heilige Geist ist die belebende Macht, in der Jesus, der Herr, die Christenheit in der Welt auferbaut ... und so tauglich macht zur vorläufigen Darstellung der in ihm geschehenen Heiligung der ganzen Menschheit" (II/2, 695). Darstellendes, zeichenhaftes Handeln bleibt angewiesen auf den in ihm bezeugten Gegenstand. Dieser „Gegenstand" zeigt sich aber nach dem biblischen Zeugnis als der selber – im angezeigten Sinne – „revolutionär" handelnde Herr, er zeigt sich als das *wirklich* souveräne Subjekt der Geschichte, indem er sich befreiend ganz in ihre Widersprüche einläßt und ihnen seinen „überlegenen Widerspruch" entgegensetzt. *Er* macht sich durch seinen Geist ein Volk zu eigen, das diesen seinen guten Widerspruch in die unbefreiten Verhältnisse hineinzutragen hat: *Er* wählt sich ein Volk von Zeugen. Politisch wirkt deshalb die Kirche gerade nicht durch ihre weltliche Macht – durch sie bleibt sie der Welt konform –, politisch wirkt sie allein durch ihr praktisches Zeugnis von Gottes Handeln, durch ihr zeichenhaftes Handeln.[39] Die Kirche, die mit den Befreiungsprozessen solidarisch sein will, kann deshalb nur eine bekennende Kirche sein wollen. Als gehorsamer Zeuge des Wortes Gottes, das Israel befreiend erwählte und durch Israels Sohn, Jesus Christus, sich das erneuerte Israel der Kirche aus allen Völkern schuf, wirkt Israel und wirkt die Christenheit revolutionär. Den revolutionären Mose schlägt schon Pharaos Haftbefehl in die Flucht – dem befreienden Worte Gottes kann weder er noch das Volk sich auf die Dauer entziehen.

„Mose hat dessen Ausspruch gehört: er wird ihn unter schwersten Umständen dem Pharao und unter noch schwereren dem Volke Gottes selbst gegenüber zu bezeugen und wieder zu bezeugen haben. Dieser Auftrag und seine Ausführung ist das Ziel seiner Berufung" (IV/3, 663).

Die Zeloten, die zur Zeit Jesu Gottes Reich politisch revolutionär herabzwingen wollten, trugen das Ihre bei zum Untergang Jerusa-

---

[39] Dies gilt auch für die kirchliche Mitarbeit in der Friedensbewegung; vgl. *P. Eicher*, „Er ist unser Friede". Von der Sicherheitsmoral zum Friedenszeugnis, in: *Ders.* (Hrsg.), Das Evangelium des Friedens. Christen und Aufrüstung, München 1982, 42–103, 99–103.

lems; das Zeichen des „neuen Jerusalem" (Offb 21,2), das Jesus durch seine Selbsthingabe bis zum Verbrechertod aufrichtete, bleibt die „gefährliche Erinnerung" an das kommende Reich.[40]

Gegen den wie Opium des Volkes illusionär wirkenden Gebrauch des Wortes „Revolution"[41] muß gerade hier auf die äußerste Unansehnlichkeit hingewiesen werden, die dem praktischen Zeugnis von Gottes Handeln eigen ist. Denn wie die souveräne Macht von Gottes Liebe sich gerade darin erweist, daß er das schwächste Glied der Kette wird, das den Teufelskreis von Befreiung und neuer Unterdrükkung bricht, so wird auch das zeichenhafte Handeln der Gemeinde in jene Umwertung aller Werte geführt, die am Kreuz offenbar geworden ist. Gottes Handeln wirkt revolutionär gerade durch die Erwählung des *unansehnlichen* Volkes, die Anerkennung der *schuldigen* Menschen und die Befreiung der realiter *Armen*. Das heißt für Karl Barth konkret, daß die besondere Solidarität der Gemeinde, daß ihre – für den klassischen Revolutionsbegriff befremdliche – Befreiungsarbeit die „Diakonie" und die „Caritas" nicht nur nicht scheut, sondern gerade sucht:

„Kranke, gebrechliche und dann wohl auch geistig verkümmerte oder doch bedrohte Menschen pflegen, verwahrloster Kinder sich annehmen, Gefangene betreuen, Flüchtlingen eine neue Heimat verschaffen …, das sind … ihrem Wesen nach glanzlose Unternehmungen, die gerade nur als reiner selbstloser, anspruchsloser Dienst in Angriff genommen und durchgeführt werden können, bei denen alles auch nur beiläufige Dominieren nur eben hinderlich sein und alles verderben könnte. Hier hat die Gemeinde die einzigartige Chance, ihr Zeugnis eindeutig eben als Zeugen*dienst* zu vollziehen und sichtbar zu machen … Ohne die tätige Solidarität mit jenen Geringsten, ohne dieses konkrete Zeugnis von Jesus Christus dem Gekreuzigten, der als solcher der verlorenen Menschen Nächster ist, würde ihr Zeugnis, und wäre es anderweitig noch so rein und völlig, in seiner Ganzheit nichtig sein" (IV/3, 1021f).

Die Theologie der Befreiung unterscheidet sich von der Theologie der Revolution grundlegend durch ihr Wissen um den „sakramentalen" Sinn allen kirchlichen Handelns. Sakramentales Handeln meint – besonders für *Leonardo Boff*[42] – mehr als den Vollzug der kirchlichen Sakramente. Es bedeutet gerade das alltägliche Handeln, insofern es

---

[40] Vgl. *J. B. Metz,* Glaube in Geschichte und Gesellschaft. Studien zu einer praktischen Fundamentaltheologie, Mainz [2]1978.

[41] Vgl. die Kritik des Revolutionsbegriffs für das technologische Zeitalter bei *S. Weil,* Unterdrückung und Freiheit. Politische Schriften, München 1975, 169–177, 251–257.

[42] Vgl. *L. Boff,* Kleine Sakramentenlehre, Düsseldorf [8]1986; Erfahrung von Gnade. Entwurf einer Gnadenlehre, Düsseldorf [2]1985, 177–181.

zeichenhaft das Ursakrament der Kirche darstellt: Jesus Christus, insofern er „die Bestimmung aller Dinge" offenbarte, „Reich Gottes zu werden".[43] Das ganz und gar mit den Befreiungsbewegungen solidarische, aber darin auch ganz und gar zeichenhafte Handeln der befreiungstheologisch geprägten Basiskirche ist deshalb – entgegen den Verdächtigungen durch die römische Kongregation für die Glaubenslehre von 1984[44] – nicht ein revolutionärer Klassenkampf, sondern praktisches Zeugnis des in der Tat von Grund auf revolutionären Handelns Gottes, wie es in der Geschichte Jesu Christi offenbar wird.

Wenn die Basiskirche nicht im politischen Sinne revolutionäres Subjekt sein kann, so kann auch die lehramtliche Kirche nicht den Anspruch erheben, nun ihrerseits die befreiende Instanz selbst zu sein. Daß das Aufbrechen der Kirche ihre Umkehr zu Gottes eigenem Wort und also das tätige Zeugnis von seinem befreienden Handeln bedeutet, stellt deshalb auch eine entscheidende Frage an die offizielle bischöfliche Theologie, wie sie in Puebla (1979) zur Präzisierung der Entscheidungen von Medellín formuliert wurde. Denn obwohl in Puebla mit aller wünschenswerten Klarheit gesagt wurde, „daß die Kirche die Sendung erhalten hat, das Reich anzukündigen", wird die katholische Kirche Lateinamerikas dann doch auch als sichtbares Zeichen des Reiches selbst mit der befreienden Botschaft, ja selbst mit dem Evangelium identifiziert: „Ihre ... Gegenwart ist die Frohe Botschaft."[45] Diese Gleichsetzung wäre in Wahrheit das Ende der Frohen Botschaft. Auch wenn die Kirche im besten Fall zur „Evangelistin" (Jes 40,9), zur Freudenbotin für das Kommen des Reiches der Gerechtigkeit würde, so änderte diese ihre Unterschiedenheit zu anderen gesellschaftlichen Institutionen doch nichts daran, daß sie durch ihre Botschaft (so wenig wie andere historische Mächte) selber zu so etwas wie Gottes Reich werden könnte. Kirche hat vielmehr gerade jene geschichtliche Institution zu sein, die aus der Differenz ihres Handelns zum versöhnenden und befreienden Handeln Gottes lebt und also um ihre Schuldigkeit weiß. Ihre Botschaft von der Versöhnung ermöglicht die befreiende Anerkennung der geschichtlichen Schuld – aus dieser ihrer Anerkennung kann ein befreiendes Handeln erwachsen, das nicht unversöhnlich neue Feindschaft und neue Unterdrückung schafft.

---

[43] Erfahrung von Gnade, 178.
[44] Vgl. die Instruktion der Kongregation für die Glaubenslehre über einige Aspekte der „Theologie der Befreiung", VIII–X, in: *J. B. Metz* (Hrsg.), Die Theologie der Befreiung (s. Anm. 2), 175–183.
[45] *Puebla,* Nr. 227 u. 229, S. 187.

## 3.3 Von der Sozialethik zur Nachfolge

Der letzte Hinweis zum glaubenden Handeln nach der befreienden Stimme, die aus dem Buche „Exodus" unsere Gegenwart in die Umkehr ruft, gilt im kleinen Testament von Karl Barth der darin gegebenen „Thora", dem Gebot, der Ordnung des Zusammenlebens im gemeinsamen Aufbrechen:

„Der echte und rechte Aufbruch der Kirche wird sich in *Ordnung* vollziehen."

Dies scheint allerdings eine ganz unvereinbare Zusammenstellung, ein ganz unmögliches Zusammenbringen von Gegensätzen zu sein. Zerbricht nicht gerade das Aufbrechen aus den gewohnten sozialen, politischen, wirtschaftlichen und religiösen Strukturen die altgewohnte Ordnung? Wird nicht die Aufrichtung einer neuen Ordnung, die Etablierung eines neuen Gesetzes, den Aufbruch beenden und so nur die eine Ordnung durch eine andere, womöglich noch drückendere ersetzen? Allen Revolutionären wird von den Traditionalisten und Konservativen gerade dies warnend oder drohend entgegengehalten: Sie ersetzen eine alte drückende Ordnung durch eine neue, womöglich noch unterdrückerischere. Schon das Buch „Exodus" gibt ja der resignativen Stimme derer, die Ägyptens Lebensordnung für ersprießlicher hielten als den Irrweg durch die Wüste, ebenso beredten Ausdruck wie der konservativen Erwartung jener, welche im gelobten Land eine Art Ägypten unter der Vorherrschaft des israelitischen Kult- und Sozialgesetzes aufzurichten gedachten. Soll der Aufbruch zur Befreiung damit sein Bewenden haben, daß er eine neue Kult- und Sozialordnung an die Stelle der alten zu setzen erlaubt?

Nun spricht aber Karl Barth sehr präzise nicht von einem Aufbruch *zur* Ordnung, nicht von einem Weg *zum* Gesetz und nicht von der Etablierung neuer Strukturen, welche dann endlich das gelobte Land als das Reich einer ethisch verfaßten Lebensordnung zum eigenen *Besitz* machen könnten. In diesem Sinne würde das Gesetz in der Tat zum Fluch, zum bloßen Sachsenspiegel der Juden, d. h. zum politischen Ordnungsinstrument, das durch seine religiöse Legitimierung totalitären Charakter annehmen müßte: Gottes Gebot würde zum Gefängnis einer ganz und gar zeitbedingten Gesellschaftsordnung, einer „Thora", von der uns die Nachfolge Jesu nur befreien könnte. Wäre Israels Ordnung, wären die in den „zehn Worten" verdichteten Weisungen nichts anderes als die zeitbedingten Inhalte von Geboten und Verboten, die als ein göttliches Recht ausgegeben werden, dann müßte in der Tat das Evangelium gegen das Gesetz gestellt werden, der neue Bund gegen den alten, die Nachfolge Jesu gegen die gesetzliche Selbstrechtfertigung der Besitzer von Gottes Recht. Karl Barth hält jedoch das einander scheinbar Widerstrebende zusammen: das Aufbrechen nach Gottes eigenem Wort und die Ordnung *in* diesem Aufbrechen einerseits, Israels Gesetz und die Nachfolge Jesu Christi andererseits. Wie ist das zu verstehen, und was bedeutet es für den Exodus der Kirche aus ihrer Befangenheit in einer Soziallehre, die in ihrem Versuch, Befreiung durch ethisch begründete Sozialnormen zu ermöglichen, gerade dem Bedürfnis des neuzeitlichen Bürgertums nach der *ethischen* Rechtfertigung seines Handelns so sehr entgegenkommt?

Wie das Aufbrechen und die Ordnung nach dem Neuen und dem Alten Bund zusammengehören, erschließt sich für Karl Barth allein – aus Gottes eigenem Wort:

„Ohne sein Wort ist uns Gottes Wille verborgener als das Verborgenste, was es sonst geben mag. Darum hat Jesus seine Jünger beten gelehrt: ‚Dein Wille geschehe wie im Himmel also auch auf Erden.‘“[46]

Dieser Wille, der den Alten Bund trägt, offenbart sich nach dem Neuen Testament vorbehaltlos in der Geschichte Jesu Christi, in seinem Leben, seiner Verkündigung, in seiner Selbsthingabe in das Leiden und den Tod, in seiner Auferweckung und seiner im Glauben verborgen offenbaren Herrschaft über die Geschichte. In dieser Geschichte spricht alles von Gottes Erwählung *und* von seinem Willen, von seiner Selbsthingabe *und* der darin dem Menschen gewährten Auf-Gabe, von seinem barmherzigen Handeln *und* dem Ruf in die Nachfolge. Diese christologische Erschließung des ethischen Gehalts von Gottes Wort, das im Alten und im Neuen Testament in je anderer Gestalt dasselbe will, formulierte Barth – kompliziert aber präzise – mit dem Grundsatz:

„Das Gesetz ist nichts anderes als die notwendige *Form des Evangeliums,* dessen Inhalt die Gnade ist.“[47]

Das heißt zuerst schlicht, daß die gute Nachricht von Gottes befreiendem Kommen in Jesus Christus keine schlechte Nachricht für das Gesetz ist. Die Erscheinung von Gottes Gnade, die Jesus in seiner Geschichte ist, tritt ja nicht außerhalb des Gesetzes: Jesus hält nicht äußerlich nur die Gebote und er geht als einer, der sich vom Gesetz

[46] *K. Barth,* Gottes Wille und unsere Wünsche, München 1934, 18.
[47] *K. Barth,* Evangelium und Gesetz, München 1935, 11.

selber richten läßt, nicht notgedrungen in den Tod, vielmehr verkörpert er – als Richter, der sich richten läßt[48] – in souveräner Freiheit selbst das Gesetz, dem er ganz gehorsam ist. Er selbst, welcher der ganze Inhalt des Evangeliums ist, lebt nach der Form des Gesetzes. Das heißt umgekehrt nun auch, daß Israels Gesetz so gut wie seine Auslegung durch die Bergpredigt, durch das ganze Sein, das ganze Handeln und die Verkündigung Jesu Christi in seinem *Inhalt* nichts als Gnade ist. Diese Gnade zeigt sich in der Geschichte Jesu Christi so, wie Gottes Erwählung und Verheißung in seinem „Abstieg" zu Israels Not; denn die Erwählung Israels, die Proklamation des befreienden Gnadenbundes ergeht selber schon, *indem* das Gesetz proklamiert wird.[49] Der Grund zu dieser Identität von Gnade und Gesetz im Neuen *und* im Alten Testament liegt eben darin, daß das befreiende, das versöhnende und das Orientierung gebende Wort Gottes nichts anderes bezeugt als den Willen Gottes, wie er in der Geschichte Jesu Christi erfüllt wurde. Wie das „neue" Gebot nur die Liebe will, die in der Nachfolge Jesu Gott und den Mitmenschen gerecht wird, so will das „alte" Gebot nur die Liebe zum einzigen Herrn, dem Israel anhängen soll (Dtn 4,4–6).

Jesu Ruf in die Nachfolge fügt deshalb den „zehn Geboten" kein elftes oder zwölftes Gebot hinzu, vielmehr ermöglicht sein Vorangehen im vollständigen Gehorsam zu dem in Israel offenbar gewordenen Willen des lebendigen Gottes gerade das Freiwerden für diesen Willen, das Freiwerden *von* den ethischen Selbstüberforderungen und das Freiwerden *für* ein Handeln, das aus Gottes Erwählung der Bedürftigkeit der Mitmenschen gerecht wird. Jesus bringt keine andere Gnade als die Gnade, die Israel dadurch erfuhr, daß ihm der Wille des befreienden Gottes erschlossen wurde. Zum Dekalog gehört *zuerst* die Erwählung: „Ich bin der Herr dein Gott, der dich aus dem Ägypterland, dem Sklavenhaus herausgeführt hat: keine anderen Götter mir ins Angesicht!" (Ex 20,2). Was es heißt, diesem Befreier, dem Einzigen, keine anderen Götter ins Angesicht zu stellen, das zeigen alle sozialen Bestimmungen des Dekalogs. Die „zweite Tafel" des Gesetzes (Ex 20,7–17; Dtn 5,12–21) erschließt, was die erste meint, und die erste begründet die zweite. Das Volk

---

[48] Vgl. dazu *B. Klappert*, Die Auferweckung des Gekreuzigten. Der Ansatz der Christologie Karl Barths im Zusammenhang der Christologie der Gegenwart, Neukirchen-Vluyn 1971, 194–225.

[49] Vgl. *K. Barth*, Evangelium und Gesetz, 10.

kann jetzt wählen zwischen der vergötzten Arbeit und der souveränen Sabbatfreiheit für alle Mitglieder der Gesellschaft (unter Einschluß der Fremdarbeiter und des Viehs); es kann jetzt wählen zwischen der permanenten Selbstunterdrückung durch die eigene Produktion und einer Lebensweise, die Zeit läßt für den Schöpfer (Ex 20,14) und Befreier (Dtn 5,15) Israels. Es kann wählen zwischen der Vergötzung der eigenen jugendlichen Stärke, welche die alt gewordenen Eltern vom Leben ausschließt, und der Solidarität mit der früheren Generation. Es hat sich zu entscheiden zwischen der tödlichen Verfügung über Leben und Tod und der Achtung vor dem Recht allen Lebens, auch gerade des schuldigen Lebens. Die Männer des Volkes sind in die Wahl gestellt zwischen ihrer Unterwerfung unter den vergötzten Trieb zum Raub der begehrten Frau und ihrer Achtung vor den im Zusammenleben frei Gebundenen, zwischen ihrer Unterwerfung unter die Macht des Mammon und der Anerkennung dessen, was die anderen zum Leben brauchen. Das Volk kann sich dem versklavenden Besitz- und Aneignungstrieb unterwerfen oder aber zur gerechten und hilfreichen Anerkennung dessen kommen, was zum freien Leben aller gehört: das Volk muß wählen zwischen dem Gesetz der Freiheit und der Unterwerfung unter den Götzen des eigenen Herrschaftstriebes. Die Anerkennung Gottes als des einzigen Befreiers befreit zur Anerkennung des Gesetzes der von Gott gewährten Freiheit im Leben des Volkes.

Wenn sich das Aufbrechen der Kirche gerade im kräftigen Ja zu dieser verheißungsvollen Ordnung Israels vollziehen soll, an der Jesus Christus in seinem Gehorsam allen Völkern Anteil gab, dann kann sie ihr Vertrauen nicht in die Sozialethik als solche setzen, dann ist sie vielmehr eingeladen, von der Sozialethik zur Nachfolge zu kommen. Es gibt nichts, was decouvrierender wäre für die Stellung der reichen Kirchen gegenüber der Kirche der Armen, als die Bekämpfung der Theologie der Befreiung im Namen der kirchlichen Soziallehre.[50] Die Kirche der Reichen entzieht sich damit dem Ruf in die Nachfolge der Armut wie der reiche Jüngling, der alle Gebote kannte und von Jugend an *gehalten* hatte. Er tritt nicht in die Nachfolge des selber in Jesus Christus arm gewordenen

---

[50] Vgl. bes. *J. Kard. Höffner,* Soziallehre der Kirche oder Theologie der Befreiung?, hrsg. vom Sekretariat der Deutschen Bischofskonferenz, Bonn 1984; *Ders.*, Das Verhältnis der Theologien der Befreiung zur katholischen Soziallehre, in: *J. Em – M. Spangenberger,* Theologien der Befreiung. Herausforderung an Kirche, Gesellschaft und Wirtschaft, Köln 1985, 9–34.

Herrn der Geschichte, „denn er hatte viele Güter" (Mk 10,22). Die katholische Soziallehre, die ihre naturrechtliche Begründung – „allein sozialphilosophisch und ohne Bezug zur Offenbarung"[51] – nicht verschleiert, versteht sich durchaus als eine Theorie *für* die Armen, als eine ökonomische, politische und soziale Ordnungslehre *für* die Wirtschaft, die Politik, die gesellschaftlichen Kräfte. Sie muß deshalb an den Konsens jener appellieren, die „ohne Bezug zur Offenbarung" wirtschaften und politische Verhältnisse gestalten. Das erlaubt die Beurteilung der Systeme innerhalb dieser Systeme selbst (faktisch die von unversöhnlichem Antikommunismus geprägte Verurteilung marxistisch orientierter Praxis) und die Rechtfertigung des „eigenen" Systems (faktisch einer sozialen Marktwirtschaft). Gleichzeitig verhindert diese Sozialethik der Reichen *für* die Armen jedoch, was den Kontext der Theologie der Befreiung auszeichnet: das Leben aus dem Evangelium *mit* den Armen.

Der Ruf in die Nachfolge führt zum Inhalt des Gesetzes: zu Gott, der in seiner freien Liebe das real arm existierende Volk zur Befreiung aus seinem Elend erwählte, zu seiner Gnade, die in der Geschichte Jesu Christi nicht im abstrakten Sinne Mensch geworden ist, sondern ein konkret armer Mensch. Daß das Aufbrechen der Kirche wie der Aufbruch Israels nicht in anarchischem Tumult, sondern „in Ordnung" zu geschehen hat, das liegt also zuerst und zuletzt darin begründet, daß der Schöpfer und der Herr der Kirche das Gesetz der Freiheit nicht nur selber erfüllte, sondern in reinem Gehorsam zu dem in Freiheit liebenden Sein des Vaters die Verkörperung des Willens Gottes selber ist:

Wir können nur auf *ihn* schauen, um unsere Befreiung zu sehen ... Außer ihm und ohne ihn, abgesehen von dem sich über uns neigenden Erbarmen Gottes, das er selber ist, bleiben wir verschlossen unter den Ungehorsam, betrogene Betrüger, in Verdammnis und Todesschatten nach wie vor. Er ist unsere Freiheit ..."[52]

In Karl Barths Auslegung der Schrift wird wie in der Theologie der Befreiung das Universum der bürgerlichen „Freiheitsgeschichte" so gesprengt, daß die Opfer dieser Geschichte nicht mehr als die bloßen Objekte der sozialethischen Zuwendung erscheinen, sondern als jene, denen die Verheißung der Befreiung selber zukommt. Wenn ich im Folgenden dagegen das bürgerliche und das sozialistische Ver-

[51] *F. Klüber,* Soziallehre, in: LThK[2], Bd. 9, 1964, 917.
[52] *K. Barth,* Evangelium und Gesetz, 29 f.

ständnis des mosaischen Aufbrechens nach den großen Auslegungen von Sigmund Freud, Thomas Mann und Ernst Bloch zu umreißen versuche, so liegt dem die apologetische Absicht fern. Der biblisch bezeugte Befreier *kann* nur für sich selber sprechen, wenn wir durch das menschliche Zeugnis wirklich *seine* Stimme vernehmen. Aber die „Gegenprobe" an der bürgerlichen und sozialistischen Auslegung, die ganz andere Stimmen aus den Texten heraushört, läßt ermessen, was ein Exodus der Kirche aus der Gefangenschaft der bürgerlichen Religion überhaupt bedeuten könnte. Die Inanspruchnahme des biblischen Mose für die Sache des liberalen und des sozialistischen Bürgertums fordert die europäische Kirche zur Entscheidung vor dem Anspruch des biblisch bezeugten Wortes heraus, des Wortes, das die Gefangengenommenen in die Freiheit des Gehorsams Jesu Christi entläßt.

## 4 Der Mose des liberalen und des sozialistischen Bürgertums

### 4.1 Die große Persönlichkeit
   (Sigmund Freud)

In einem Brief an Max Brod bemerkte Franz Kafka über Freud, der wie Spinoza, Marx, Heine, Börner, Horkheimer und Bloch aus dem eigenen Judentum auszog:

„Weg vom Judentum ... wollten die meisten, die deutsch zu schreiben anfingen, sie wollten es, aber mit den Hinterbeinchen klebten sie noch am Judentum des Vaters, und mit den Vorderbeinchen fanden sie keinen neuen Boden. Die Verzweiflung darüber war ihre Inspiration."[53]

Den Exodus aus dem Judentum schaffte „Schlomo" (Salomo), wie Freud bis zu seiner eigenen germanischen Namensgebung (Sigmund) hieß, nicht ohne seine Identifikation mit Mose zu suchen und in seiner lebenslangen psychischen Arbeit dann auch endlich zu finden. Da in der theologischen Freud-Literatur dieser Vorgang entweder stillschweigend übergangen oder als nebensächliche Merkwürdigkeit dargestellt wird,[54] will ich hier nicht einmal mehr die bekannte Religions-

---

[53] *F. Kafka,* Briefe 1902–1924, Frankfurt a. M. 1958, 337.

[54] Keiner Erwähnung wert findet Freuds lebenslange Auseinandersetzung mit Mose beispielsweise die apologetische Darstellung von *K. H. Weger,* Der Mensch vor dem Angesicht Gottes. Glaubensbegründung in einer agnostischen Welt, Freiburg–Basel–Wien 1979, aber

kritik ausbreiten, sondern Freuds Überwältigung des jüdischen Mose in ihrem – für die bürgerliche Auslegung des biblischen Exodus signi-fikanten – Grundzug benennen. Freud selbst empfand seine Aufklä-rung der Religion als durchaus „revolutionär" (wie er in einem Brief an Binswanger betonte); [55] das kulturell revolutionäre Wirkenwollen ist dem liberalen Bürgertum in der Tat so zu eigen, wie sein wirtschaft-lich global revolutionäres Handeln.

„Ich habe von keinem Bildwerk je stärkere Wirkung erfahren", bekannte Freud, [56] nachdem er von seinem 45. bis 57. Lebensjahr sich in zwanghafter Faszination immer neu von der Mosestatue Michel-angelos in der römischen Kirche S. Pietro in Vincoli angezogen fühlte. Michelangelo interpretiert Exodus 32 („Das goldene Kalb") aus dem dramatischen Moment heraus, da Mose mit den Tafeln vom Berge kommend dem Götzenkult des Volkes begegnet. Freud fühlte sich lange Zeit im Bann der Zornesgewalt dieses Gesetzgebers, „als ge-hörte ich selbst zu dem Gesindel, auf das sein Auge gerichtet ist, das keine Überzeugung festhalten kann, das nicht warten kann und nicht vertrauen will und jubelt, wenn es die Illusion des Götzenbildes wie-der bekommen hat". [57] In langen, komplizierten Überlegungen, Skiz-zen und Analysen windet sich Freud von dieser Übermacht des Thora-Verkündigers los, um in Michelangelos mächtiger Figur selbst einen „anderen Moses" zu entdecken, „welcher dem historischen oder traditionellen Moses überlegen ist". Wie seine den Bart zurück-haltende Hand verrate, halte der vom Berg gekommene Mose die Dekalogtafeln zurück, „denn gerade ihretwegen hat er seinen Zorn bezwungen, zu ihrer Rettung seine Leidenschaft beherrscht ... Er gedachte seiner Mission und verzichtete für sie auf die Befriedigung seines Affekts."

auch nicht die feinsinnige Darstellung von *M. Battke,* Das Böse bei Sigmund Freud und C. G. Jung, Düsseldorf 1978; zurückhaltend gegenüber Freuds Bibelinterpretation bleibt auch *J. Scharfenberg,* Sigmund Freud und seine Religionskritik als Herausforderung für den christlichen Glauben, Göttingen ³1971, 64–66, 152–154, und *P. Ricoeur,* Die Interpreta-tion. Ein Versuch über Freud, Frankfurt a. M. 1969 (franz. 1965), 252–256. Zu den nicht-theologischen Interpretationen des Mose-Komplexes von Freud vgl. *M. Robert,* Sigmund Freud – zwischen Moses und Ödipus. Die jüdischen Wurzeln der Psychoanalyse, München 1975; *E. Wiesenhütter,* Echnaton, Mose, Christus, Freud, Gütersloh 1977; *E. Simon,* Freud und Moses, in: Entscheidung zum Judentum. Essays und Vorträge, Frankfurt a. M. 1980, 196–211.

[55] *S. Freud,* Briefe 1873–1939, Frankfurt a. M. ²1968, 470.

[56] *S. Freud,* Der Mose des Michelangelo (1914), in: Studienausgabe, Bd. 10, Frankfurt a. M. 1969, 195–222, 199.

[57] Ebd., 199; die drei folg. Zitate: ebd., 217, 214, 217.

Während der traditionelle, biblische Mose mit der Zerschlagung der Tafeln Gottes Zorn vollstreckt, gewinnt Freud aus der Anschauung des Moses von Michelangelo seine „überlegene" Auffassung: die „kraftstrotzende Muskulatur der Gestalt wird nun zum leiblichen Ausdrucksmittel für die höchste psychische Leistung, die einem Menschen möglich ist, für das Niederringen der eigenen Leidenschaft zugunsten und im Auftrage einer Bestimmung, der man sich geweiht hat". Mose wird groß durch seinen Triebverzicht zugunsten seines Auftrags; der Triebverzicht rettet das Gesetz für die Menschheit. Mit diesem Mose hat sich Freud schließlich selbst identifizieren können, wobei die Psychoanalyse zur Thora wurde, um deren Rettung für die Menschheit es nun ging.

Durch Judenverfolgung und Krankheit gequält, hat Freud die fünf letzten Jahre seines Lebens in immer neuen Überarbeitungen die Frage nach dem Ursprung der Überlebenskraft des jüdischen Volkes dadurch zu klären gesucht, daß er noch einmal ganz von vorne – Moses zu verstehen suchte. Solange er diese „verhaltene Weisheit" seines Alters, die aus drei Abhandlungen bestehende und dann unter dem Obertitel „Der Mann Moses und die monotheistische Religion" zusammengefaßte Studie, nicht veröffentlicht hatte, „quälte sie mich, wie ein unerlöster Geist".[58] Das Erlösende seiner Einsicht lag für ihn darin, daß er Mose, den Schöpfer des Judentums, als Vaterfigur dieses Volkes interpretieren konnte:

„Es ist die Sehnsucht nach dem Vater, die jedem von seiner Kindheit her innewohnt . . . Und nun mag uns die Erkenntnis dämmern, daß alle Züge, mit denen wir den großen Mann ausstatteten, Vaterzüge sind, daß in dieser Übereinstimmung das von uns vergeblich gesuchte Wesen des großen Mannes besteht. Die Entschiedenheit der Gedanken, die Stärke des Willens, die Wucht der Taten gehören dem Vaterbilde zu, vor allem aber die Selbständigkeit und Unabhängigkeit des großen Mannes, seine göttliche Unbekümmertheit, die sich zur Rücksichtslosigkeit steigern darf . . . Unzweifelhaft war es ein gewaltiges Vatervorbild, das sich in der Person des Mose zu den armen jüdischen Fronarbeitern herabließ, um ihnen zu versichern, daß sie seine lieben Kinder seien."[59]

Die Gestalt des großen Mannes und „Führers" ist nun – wie Freud bemerkt – „ins Göttliche gewachsen". Die Größe seiner Botschaft verdankt Mose der ägyptischen Aton-Religion, dem ethischen Mo-

---

[58] *S. Freud,* Der Mann Moses und die monotheistische Religion: Drei Abhandlungen (1939), in: Studienausgabe, Bd. 9, Frankfurt a. M. 1969, 550.
[59] Ebd., 556; die folg. Zit.: 469 u. ö., 524, 494, 500.

notheismus; dessen einziger Gott spiegelt wiederum „den ein großes Weltreich unumschränkt beherrschenden Pharao", so daß des Mose Botschaft vom einen Gott als eine „Nebenwirkung des Imperialismus" erscheint: wie der Herrscher, so der Gott. Der Exodus Israels aus Ägypten bedeutet also den Auszug des Volkes aus seiner Abhängigkeit von Jahwe, der ein „roher, engherziger Lokalgott, gewalttätig und blutdürstig" gewesen sei; das Aufbrechen Israels bedeutet, kurz gesagt, „den Endsieg des mosaischen Gottes über Jahwe", genauer: der vergöttlichten Vaterfigur Mose über den biblisch rohen Gott.

Wenn wir von den religionsgeschichtlich verrückten Konstruktionen der Ermordung des Mose (der Ermordung des Hordenvaters) und der darauffolgenden Schuldgefühle, welche die Prophetie Israels erklären sollen, ganz absehen, sind zwei Gesichtspunkte für diese Auslegung des Aufbrechens Israels entscheidend: erstens das bürgerliche Vertrauen auf die große *Persönlichkeit,* die bei Freud durch den Vaterkomplex eine in sich schlüssige Deutung erhält; und zweitens die Hochschätzung des *Triebverzichts,* welchen zuerst die Führerpersönlichkeit und dann durch seine Autorität die von ihm Geführten zu leisten haben: „Nur durch den Einfluß vorbildlicher Individuen, die sie als Führer anerkennen, sind sie zu den Arbeitsleistungen und Entsagungen zu bewegen, auf welche der Bestand der Kultur angewiesen ist."[60] Die psychoanalytische Kulturtheorie liest das Buch Exodus so, daß darin das Aufbrechen zum Gesetz des Triebverzichts proklamiert wird, den der Volksführer Mose schlechthin vorbildlich leistete. Notwendig für unsere Kultur erscheint der Triebverzicht wegen der von ihm allein ermöglichten Arbeitsleistung. Mose wird zur Vaterfigur der bürgerlichen Lebenskultur, deren nur privat gesehene Verhältnisse um jeden Preis zu erhalten sind. Die von Freud als tragisch charakterisierte Unvernunft dieses bürgerlichen Universums hat er nur im liberalen, d. h. selber noch individualistischen Sinne kritisch analysiert (E. Fromm);[61] zu einer die gesellschaftliche Destruktivität erfassenden Analyse ist er als „radikaler bürgerlicher Denker" (Th. W. Adorno)[62] nicht gelangt. Seine biblische Exegese spiegelt die Illusio-

[60] Ebd., 141.
[61] Vgl. *E. Fromm,* Philosophische Anthropologie und Psychoanalyse. Das Menschenbild Sigmund Freuds, in: *R. v. Rocek – O. Schatz* (Hrsg.), Philosophische Anthropologie heute, München 1972, 84–102.
[62] *Th. W. Adorno,* Zum Verhältnis von Psychoanalyse und Gesellschaftskritik, in: Psyche 6 (1952/53), 1–18, 5; vgl. *B. W. Reimann,* Psychoanalyse und Gesellschaftstheorie, Darmstadt–Neuwied 1973; vgl. *M. Battke,* Das Böse (s. Anm. 54), 89.

nen des Bürgertums, ohne sie zu transzendieren. Ob dieser Ausbruch aus den Verheerungen der bürgerlichen Gesellschaft innerhalb seines ethischen Selbstverständnisses überhaupt denkbar ist, wird zu einer Frage, die sich auch an die humanistische Exegese des bürgerlichen Dichters par excellence, an Thomas Manns Zeichnung des Mose richtet.

## 4.2 Bildung zum Menschenanstand
   (Thomas Mann)

„Vom Herzen" kam Thomas Mann 1943 der Fluch gegen „die Elenden, denen in unseren Tagen Macht gegeben war", die mosaischen Weisungen vom Sinai zu schänden.[63] Seine Erzählung „Das Gesetz", die er unmittelbar nach dem Abschluß des Joseph-Romans als eine Paraphrase zum biblischen Buche Exodus improvisierte,[64] endet mit dem prophetischen Weheruf von Mose über den Verächter der Gesetzestafeln:

> „... Fluch dem Menschen, der da aufsteht und spricht: ‚Sie gelten nicht mehr.' Fluch ihm, der euch lehrt: ‚Auf, und seid ihrer ledig! Lügt, mordet und raubt, hurt, schändet und liefert Vater und Mutter ans Messer, denn so steht's dem Menschen an, und sollt meinen Namen preisen, weil ich euch Freiheit verkündete.'"[65]

Der Kampf, um den es nach Thomas Manns novellistischer Chronik im Exodus geht, wird um das geführt, „was dem Menschen ansteht". Was ihm *nicht* ansteht, lag 1943 vor aller Augen: Nach zehnjähriger Naziherrschaft – Roosevelt hatte vor dem Kongreß seine zuversichtliche Rede zur Invasion Europas gehalten – war Thomas Mann gebeten worden, einen einführenden Essay für einen Sammelband zu „Hitler's War against the Moral Code"[66] (Hitlers Krieg gegen das moralische Gesetz) zu verfassen. Seiner dichterischen Exegese des Exodus gab er den Titel „Das Gesetz", weil „damit nicht sowohl der

---

[63] *Th. Mann,* Die Entstehung des Doktor Faustus, in: Rede und Antwort. Gesammelte Werke in Einzelbänden, Frankfurt a. M. 1984, 130–287, 140.

[64] *Th. Mann,* Das Gesetz, in: Die Erzählungen, 2. Bd. (Das erzählerische Werk, Taschenbuchausgabe in 12 Bdn., Bd. 12), Frankfurt a. M. 1975, 621–672. Zu der hier leitenden Interpretation vgl. *K. Hamburger,* Thomas Manns biblisches Werk. Der Joseph-Roman, Die Moses-Erzählung „Das Gesetz", München 1981.

[65] Das Gesetz, a. a. O., 672.

[66] *H. Rauschning* (Hrsg.), The Ten Commandments. Ten Short Novels of Hitler's War against the Moral Code, New York 1943; in der engl. Fassung gab Thomas Mann seiner Erzählung noch den Titel „Thou shalt have not other gods before me".

Dekalog, als das Sittengesetz überhaupt, die menschliche Zivilisation selbst bezeichnet werden sollte".[67] Zivilisation, Sittengesetz und Dekalog werden gegen die faschistische Barbarei zu einem einzigen Humanum zusammengezogen, nicht weil es um die Rettung des Judentums als solchen oder um das Leben aus dem ersten Gebot ginge, sondern weil mit Hitlers erklärter „Schlacht für die Befreiung der Menschheit vom Fluch des Berges Sinai"[68] das menschliche Ethos überhaupt in Frage stand. Im Lichte dessen, was im biblischen Exodus als „die Quintessenz des Menschenanstands"[69] zum Vorschein kommt, wird der unerbittliche Fluch über den faschistischen „Luderreigen" von Mose wie von einem biblischen Roosevelt vollzogen:

„. . . Blut wird in Strömen fließen um seiner schwarzen Dummheit willen, Blut, daß die Röte weicht aus den Wangen der Menschheit, aber sie kann nicht anders, gefällt muß der Schurke sein . . . Daß die Erde wieder die Erde sei, ein Tal der Notdurft, aber doch keine Luderwiese. Sagt alle Amen dazu!' Und alles Volk sagte Amen."

Obwohl Thomas Manns Exodus-Interpretation auch der intensiven Lektüre von Freuds „Mose" entsprang, zielt sie doch weniger auf die große Führerpersönlichkeit mit ihrer psychischen (Vater-)Autorität, als vielmehr auf die ästhetisch herauszubildende Form der Sittlichkeit, d. h. der aufgeklärten Humanität. Diese Verschiebung gegenüber Freud läßt sich eindrücklich schon daran erkennen, daß nun Mose nicht mehr in der Gestalt der Michelangelo-Plastik gezeichnet wird, vielmehr den mächtigen Steinmetz selbst bezeichnet, den Renaissance-Bildhauer, der aus der unförmigen und starren Masse sein Werk heraushaut. Wie Freuds Mose den Gesetzgeber der Psychoanalyse selbst darstellt, so Thomas Manns Mose den Bildner der Humanität, den Künstler der elementaren Menschlichkeit. Die humanistische Exegese kann den biblischen Text zur Erläuterung eines Selbstverständnisses gebrauchen, welches auch ohne die Schrift feststeht, sie kann ihn von Fall zu Fall auch zur Rechtfertigung des eigenen öffentlichen Wirkens in Anspruch nehmen: das biblische Vorverständnis wird in jedem Fall – einmal gegen die Schrift und einmal mit ihr – auf das Niveau der eigenen Vernunft gebracht, um der eigenen Sache zu dienen.

[67] Die Entstehung des Doktor Faustus, a. a. O., 139.
[68] Hitler in einem von H. Rauschning mitgeteilten Gespräch mit Goebbels (The Ten Commandments, XIII); vgl. *K. Hamburger*, Thomas Manns biblisches Werk, 239.
[69] Das Gesetz, a. a. O., 663; die folg. Zit.: 672, 630, 651, 656.

Es wäre zu wenig, hier von „Funktionalisierung" zu reden, weil sich erstens ohnehin keine Auslegung von ihrem Interessenhorizont präzise trennen läßt, in der hier vorgestellten bürgerlichen Auslegung zweitens aber auch keine biblische „Sache" mehr erscheint, die von ihrem humanistischen Gebrauch noch zu trennen wäre. Der biblisch fundamentale Gottesglaube ist längst zur Metapher für den Glauben an die eigene Sache geworden. So wird bei Thomas Mann „Gottes Gnadenwahl und Bundesgewißheit" gänzlich eingeschmolzen in die sittliche „Bildnerlust" von Mose als dem Steinmetz der Humanität. Mose will das Volk abgesondert in der Wüste haben, um es als den Gegenstand seiner Bildungslust in völliger Freiheit für seine Sache bearbeiten zu können: ein Künstlerideal, wie es höher nicht gedacht werden kann. Das Volk wird zum bloßen „Rohstoff ... aus Fleisch und Blut", dem der große Menschenbildhauer seine sittliche Idee einprägt:

„... ein gewaltiges Stück Arbeit war es, dessen er sich da unterwunden: aus dem Gehudel dem Herrn ein heiliges Volk aufzurichten, eine reine Gestalt, die da bestände vorm Unsichtbaren. Im Schweiß seines Angesichtes werkte er daran zu Kadesch, seiner Werkstatt, indem er seine weitstehenden Augen überall hatte, – metzte, sprengte, formte und ebnete an dem unwilligen Klotz mit zäher Geduld, mit wiederholter Nachsicht und öfterem Verzeihen, mit loderndem Zorn und strafender Unerbittlichkeit, und wollte doch oft verzagen, wenn sich das Fleisch, in dem er arbeitete, so widerspenstig und vergeßlich-rückfällig erwies ..."

Das gewaltige Stück Arbeit, das für Thomas Mann auch nach dieser Erzählung in der Not der Zeit zu leisten war, galt einer Ästhetik, welche nicht mehr nur den Daseinsmöglichkeiten einer individualistisch gefaßten Humanität ihren Ausdruck verschafft, sondern dem öffentlichen Rechtsempfinden durchaus militant die Pflicht einzuprägen sucht, sich gegen die Todfeinde von Freiheit und Sittlichkeit zur Wehr zu setzen.[70] Daß sein Mose konkrete Züge Roosevelts im Kampf gegen die faschistische Barbarei annahm, mag zum zeitgeschichtlichen Kolorit seiner Exodus-Paraphrase gehören; der Kampf gilt aber der Erhaltung und der Ausbildung einer allgemeinen bürgerlichen Humanität, die mit dem Bildungsgut der europäischen Aufklärung gleichgesetzt wird.

Das Motiv, den biblischen Mittler des Sinaibundes als den Stein-

---

[70] Vgl. *A. Mádl*, Thomas Manns Humanismus. Werden und Wandel einer Welt- und Menschenauffassung, Berlin 1980.

metzen des Volkes zu zeichnen, verdankt Thomas Mann zwar *Heinrich Heine,* für den „Moses, trotz seiner Befeindung der Kunst, dennoch selber ein großer Künstler war und den wahren Künstlergeist besaß",[71] aber bei Heine verschwamm Israels eigener Auftrag noch nicht gänzlich mit der bürgerlichen Menschheitspflicht, er wurde gerade in seiner Eigenheit zum Vorbild der Völker noch festgehalten. Und so blieb bei Heine Mose gerade um der Menschheit willen der Bildner eines konkreten Volkes Gottes:

„... nicht wie die Egypter formirte er seine Kunstwerke aus Backstein und Granit, sondern er baute Menschenpyramiden, er meißelte Menschen-Obelisken, er nahm einen armen Hirtenstamm und schuf daraus ein Volk, das ebenfalls den Jahrhunderten trotzen sollte, ein großes, ewiges, heiliges Volk, ein Volk Gottes, das allen andern Völkern als Muster, ja der ganzen Menschheit als Prototyp dienen konnte: er schuf Israel!"

Thomas Mann geht es auch im Angesicht der Auslöschung des jüdischen Volkes nicht eigentlich um Israel, sondern um die europäische Humanität, nicht um die Rettung „eines Volkes Gottes", sondern um die Wahrung des Menschenanstands, den der merkwürdige Humanist vom Sinai seinem Volk vergeblich einzuprägen suchte. So lassen sich denn auch die *drei Grundzüge* von Thomas Manns Exodus-Auslegung trotz ihres eigenen Kolorits aus jener bürgerlichen Exegese des biblischen Aufbrechens zum Sinai verstehen, welche in der europäischen Neuzeit ihren humanistischen Gestaltungswillen mit einem latenten Antijudaismus verband (daß der Antijudaismus von Aufklärung, Klassik und Romantik den Antisemitismus ungewollt mit vorbereitete, heißt nicht, daß er in seiner humanistischen Intention nicht entschieden gegen ihn stand und steht). Die drei Grundzüge zeigen allerdings auch, worin die Herausforderungen der bürgerlichen Neuzeit für eine Theologie liegen, die den biblischen Exodus als ein Aufbrechen gerade auch aus *diesem* humanistischen Erbe versteht:

1. Das biblische Drama zwischen Jahwe, dem Mittler Mose und dem widerspenstigen Volk erscheint im Lichte des militanten Humanismus, dem sich Thomas Mann verpflichtet wußte, zuerst als der Kampf zwischen Geist und Trieb, zwischen Ethos und Chaos, zwischen Vernunft und Aberglauben. Es ist das *allgemeine* Verhältnis zwischen der unsichtbaren Macht von Gewissen, Recht und Freiheit

---

[71] *H. Heine,* Geständnisse, in: Historisch-kritische Gesamtausgabe der Werke, Bd. 15, Hamburg 1982, 9–58, 41; das folg. Zit.: ebd.

einerseits, der sichtbaren Wirklichkeit von Sittenzerfall, Unrecht und Despotie anderseits, dem der konkrete biblische Exodus dienstbar gemacht wird. Mose Witterung und Vorliebe für das Unsichtbare zeichnet ihn als geistlichen Aufklärer und als Erzieher des Menschengeschlechts im Sinne Lessings aus.

*Friedrich Schiller* hat – in seiner historischen Schrift „Die Sendung Moses" von 1790[72] – das Geheimnis dieser bürgerlichen Aufhebung des biblischen Zeugnisses offen ausgesprochen. Mose gibt den Hebräern nicht nur „seine bessere Idee von dem höchsten Wesen", um sie aus der Ägypter Hand zu befreien, er gibt ihnen auch einen „reinen Deismus", eine „Vernunftreligion" in populärer Form, um den neuen Staatskörper im gelobten Land zusammenzuhalten: „Als ein Priester und Staatsmann aber weiß er, daß die stärkste und unentbehrlichste Stütze aller Verfassung Religion ist." Der besondere Stand der Priester hat gerade für die „Einrichtung der bürgerlichen Gesellschaft ... die Sorge für göttliche Dinge" zu tragen, wobei die Besorgung des Göttlichen nicht nur der Innerlichkeit und der Moral dient, sondern auch der verinnerlichten Annahme der bürgerlichen Staatsverfassung. Die bürgerliche Gesellschaft kann auf die bürgerliche Religion nicht verzichten.[73] Immerhin: Thomas Mann insistiert wie Schiller noch auf einem begrifflichen Gehalt, auf der vernünftigen Gottesidee, welche die Herausführung des Menschengeschlechts aus der Barbarei bewirken soll, während Freud wie schon Goethe in seiner Note zu „Israel in der Wüste" nur der „Persönlichkeit Mosis ...", der durch seine Natur zum Größten getrieben ist",[74] die Kraft zur Rettung des Volkes zutraute. Wie bei Freud kam aber auch bei Goethe diese Persönlichkeit nur dadurch zum Vorschein, daß im biblischen Text das Allgemein-Menschliche dieses Charakters von seinem spezifischen Glauben und von Israels Erwählung unter allen Völkern getrennt wird. Dies führt zur zweiten Beobachtung.

2. Wie die antike römische Kultur, so versteht sich auch die neuzeitliche Vernunft des europäischen Bürgertums als eine universale.

---

[72] *F. Schiller,* Die Sendung Moses, in: Schillers Werke (Nationalausgabe, Bd. 17), Historische Schriften. 1. Teil, Weimar 1970, 377–397; die folg. Zit.: 392, 387, 396, 383.

[73] Zum neuzeitlichen Zusammenhang vgl. *P. Eicher,* Bürgerliche Religion. Eine theologische Kritik, München 1983.

[74] *J. W. Goethe,* Israel in der Wüste, in: Noten und Abhandlungen zum besseren Verständnis des West-östlichen Divans, in: Sämtliche Werke, Bd. 3, Zürich–München 1977 (Artemis-Gedenkausgabe), 504–523, 524.

Deshalb erträgt sie ganz allgemein die Herausforderungen durch ihr fremde Lebenskulturen schlecht. Sie sucht sie in ihr Allgemeines aufzuheben. Zur Auslegung der Bibel in ihrem universalen Sinn gehört deshalb ihre Abstoßung des jüdischen Erwählungsglaubens. Wie kann aus dem jüdischen Glauben das allgemeine Gute kommen? Und umgekehrt: Wo das allgemein Vernünftige in der jüdischen Schrift gefunden wird, da kann es nicht *vom* Judentum kommen. So erklärt sich die merkwürdige *Kulturverschiebung,* die für Thomas Manns „Gesetz" nicht weniger charakteristisch ist als für die bürgerliche Exegese und Literatur (die Dichter beziehen sie jeweils aus der liberalen Exegese ihrer Zeit). Schon in Herders Notizen „Über Moses" soll dieser nach seiner ägyptischen Erziehung der Form nach ägyptisch, und nur der Materie nach hebräisch gedacht haben,[75] während „der Ruf des Gottes der Urväter ... in einer reinen Persischen Feuerflamme" erschien. Bei Schiller sind es die als Freimaurer gezeichneten ägyptischen Priestereliten, denen Mose die Fackel seiner Vernunft verdankt (er war als ägyptischer Freimaurer immerhin „zu dem letzten höchsten Grad der Anschauung gekommen"),[76] während Goethe die Midianiter als das Kulturvolk bevorzugt, dem Mose seine allerdings sehr beschränkte Weisheit zu verdanken hätte. Thomas Mann kombinierte beides: Als ein unerwünschter Sprößling aus der kurzen Liebeslust der zweiten Pharaonentochter mit einem hebräischen Sklaven verdankt Mose seine gute Bildung der Erziehung im ägyptischen Internat von Theben (was wäre das Bildungsbürgertum ohne Internat?); den Sinn für die Organisation des in Ägypten erworbenen Rechtsbewußtseins (aus dem Kodex Hammurabi) brachte ihm dagegen erst Jethro bei, der Fürst der Midianiter. Hier soll ihm (nach der Keniterhypothese) auch der Name Jahwes zugewachsen sein, ein Name, der für Schiller und Freud wiederum nur ägyptisch zu verstehen war ...

Sosehr sich die europäische Vernunft auf dem Niveau der (idealisierten) alten Kulturvölker weiß, sosehr verachtet sie im Gegenzug das jüdische Volk, dem biblisch doch der Bund gegolten hatte.[77] Nur „unwissend" war das jüdische Volk für Herder, aber mit der

[75] *J. G. Herder,* Über Moses, in: Sämmtliche Werke, hrsg. von *B. Suphan,* Bd. 32, Berlin 1899, 203–211, 203; das folg. Zit.: 207.

[76] *F. Schiller,* Die Sendung Moses, a. a. O., 388.

[77] Zur kritischen Aufarbeitung der christlichen Wurzeln und der theologischen Konsequenzen dieser am Holocaust mitverantwortlichen Tradition vgl. *B. Klappert – H. Starck* (Hrsg.), Umkehr und Erinnerung, Neukirchen-Vluyn 1980.

„Volkskrankheit des Aussatzes" geschlagen dann doch schon für Schiller: [78]

„Das roheste, das bößartigste, das verworfenste Volk der Erde, durch eine 300jährige Vernachläßigung verwildert, durch einen so langen knechtischen Druck verzagt gemacht und erbittert, durch eine erblich auf ihm haftende Infamie vor sich selbst erniedrigt, entnervt und gelähmt zu allen heroischen Entschlüßen; durch eine solange anhaltende Dummheit endlich fast bis zum Tier herunter gestoßen. Wie sollte aus einer so verwahrloßten Menschenrasse ein freier Mann, ein erleuchteter Kopf, ein Held oder Staatsmann hervorgehen? Wo sollte sich ein Mann unter ihnen finden, der einem so tief verachteten Sklavenpöbel Ansehen, einem so lang gedrückten Volke Gefühl seiner selbst, einem so unwissenden rohen Hirtenhaufen Überlegenheit über seine verfeinerten Unterdrücker verschaffte? Unter den damaligen Ebräern konnte eben so wenig als unter der verworfenen Kaste der Parias unter den Hindu, ein kühner und heldenmüthiger Geist entstehen."

Dem aussätzigen Volk kann nur die Vernunftreligion des ägyptischen Freimaurers Mose Befreiung von sich selber bringen. Thomas Mann vermeidet zwar Schillers Sprache der Ächtung, aber seine ironische Zeichnung der „Pöbelei" und des „Gehudels", das „von gestaltloser Seele, ohne sichere Lehre und schwankenden Geistes war", [79] vergleicht dann eben doch fatal das Unvergleichliche: das faschistische Gehudel und seine Opfer ...

3. Für den humanistischen Feinsinn Thomas Manns ist der *dritte Grundzug* so selbstverständlich, wie der bürgerlichen Aufklärung allgemein. Die Erwählung des gedrückten Volkes durch den in Freiheit liebenden Gott wird von der Aufklärung als ein *fiktives Bild* interpretiert, als eine *Metapher* für den aufgeklärten Absolutismus selbst: für die ethisch motivierte Güte der ihrer sozialen Verantwortung bewußten Führer *für* das unmündige Volk. Mose, der Knecht, von dem biblisch Jahwe bekennt, daß er mit ihm von Mund zu Mund offen redet (Num 12,7f), wird aufgeklärt zum großen Mann, der seinen Gott der Freiheit *nach seinem eigenen Bilde* schafft. Nicht nur spöttisch, sondern auch betroffen hatte noch Heinrich Heine das Verhältnis von Mose zu seinem Gott – offengelassen:

„Wie klein erscheint der Sinai, wenn der Moses darauf steht! Dieser Berg ist nur das Postament, worauf die Füße des Mannes stehen, dessen Haupt in den Himmel hineinragt, wo er mit Gott spricht – Gott verzeih mir die Sünde,

[78] *J. G. Herder,* Über Moses, a. a. O., 208; *F. Schiller,* Die Sendung Moses, a. a. O., 379; das folg. Zit.: 380f.
[79] Das Gesetz, a. a. O., 651, 625.

manchmal wollte es mich bedünken, als sey dieser mosaische Gott nur der zurückgestrahlte Lichtglanz des Moses selbst, dem er so ähnlich sieht, ähnlich in Zorn und Liebe – Es wäre eine große Sünde, es wäre Anthropomorphismus, wenn man eine solche Identität des Gottes und seines Propheten annähme – aber die Aehnlichkeit ist frappant."[80]

Was nach Heines Geständnissen Anthropomorphismus *wäre,* das *ist* (nach Spinozas Aufklärung der jüdischen Religion[81] als einer politischen Fiktion für das halsstarrige Volk im Politisch-Theologischen Traktat von 1670) wie für Schiller und Goethe so auch für Thomas Mann als religiöse Fiktion längst durchschaut. Allerdings berührt es sonderbar, daß Thomas Mann kaum eine Gelegenheit ausläßt, nun doch die religiöse Bildungskraft des geistlichen Mannes aus seiner psychologischen Situation (als des Bastards aus ägyptischem Herrscherhaus und unterdrücktem Sklavenvolk) eingehend zu erklären, die Dornbusch-Theophanie als das nach Außen geworfene Bild einer starken Innerlichkeit, den Empfang der großen Weisung als Resultat besessener Arbeit, die Plagen und die Wunder als Naturphänomene oder heimliche Gewalttaten Josuas geradezu lehrhaft noch einmal aus allem zu deduzieren, was uns ohnehin schon bekannt ist. Kurz: Es muß offenbar das biblische Zeugnis von dem Gott, der sich als Stifter der Befreiung gerade der Unterdrückten selbst zur Sprache bringt, in der bürgerlichen Literatur immer neu zum Zeugnis des eigenen Geistes gemacht werden. Es versteht sich von selbst, daß hier die dem Exodus folgende Theologie die Frage nicht unterdrücken kann, um welchen Preis und im Interesse welcher Befreiung diese längst erschöpfte Rationalisierung weitergeführt wird. Die parodistische Schwebe, in der Thomas Mann die Frage hält, ob nun nicht doch Mose vielleicht selbst der Gott Israels wäre, wirkt befremdlich in dem Jahr, in dem das Gas von Auschwitz die Stimme der Befragten verstummen ließ. Sie wirkt befremdlich für jene, die in der Hölle dieser Welt nicht einen aufgeklärten Mose erwarten, sondern aus der von ihm vernommenen Stimme ihre Hoffnung schöpfen.

[80] *H. Heine,* Geständnisse, a. a. O., 41.
[81] Vgl. *P. Eicher,* Bürgerliche Religion, 34–75.

## 4.3 Exodus aus Jahwe selbst
   (Ernst Bloch)

Konträr steht auf den ersten Blick Ernst Blochs sozialistische Beerbung der „Religion des Exodus und des Reichs"[82] nicht nur gegen Sigmund Freuds pharaonenhafte Mosespersönlichkeit und Thomas Manns ästhetisches Erziehungsideal, sondern auch gegen Karl Barths Gottes-Bund mit Mose. Gegen Freuds träumerische Wunscherfüllungen und reale Verzichtsforderungen werden die unerfüllten Tagträume der Unterdrückten stark gemacht und gegen Thomas Manns Erziehung von Oben die Aufstände von Unten gesetzt. Aber gegen Barths „Transzendenz ohne allen Spaß" werden erst recht und ganz ausdrücklich die bitteren Notwendigkeiten der immanenten Befreiungsarbeit ins Feld geführt: „Es wird den Menschen nichts geschenkt, sie müssen sich alle Güter erst erarbeiten, es ist ihnen kein auch nur halbwegs fertiger Tisch gedeckt."[83] Wo aber nichts geschenkt wird, da kommt für die Unterdrückten alles darauf an, die Geschichte in die eigene Hand zu nehmen; der biblische Exodus führt nach Bloch gerade diesen subversiven Zug in die Geschichte ein:

„Ein versklavtes Volk, das ist hier die Not, die beten lehrt. Und ein Stifter erscheint, der damit beginnt, daß er einen Fronvogt erschlägt. So stehen hier *Leid* und *Empörung* am Anfang, sie machen zum vornherein den Glauben zu einem Weg ins Freie. Der Sinaigott ... blieb durch Moses nicht der Lokalgott eines Vulkans, er wurde zum *Geist des Exodus* ... Statt des *fertigen Ziels erscheint nun ein verheißenes, das erst erworben werden muß;* statt des *sichtbaren Naturgotts erscheint ein unsichtbarer der Gerechtigkeit und des Reichs der Gerechtigkeit* ... Der Impuls Mose hält das gesamte Alte Testament zusammen, einschließlich des spät auftretenden, vielmehr: spät ausgesprochenen Messianismus."

Man kann es mit einem einzigen Satz sagen: Blochs Mose ist und *bleibt* der Rächer seiner geschlagenen Brüder, *bevor* er an den Horeb kam, der Rebell, der Antipharao schlechthin, *„der erste namengebende Urheber einer Religion als sich entgegensetzender"*. Während biblisch dem selber revolutionären Mose als Kontrast der aus dem Dornbusch erwählte „Knecht Gottes" entgegengestellt wird, bringt Bloch den späteren Jahweverehrer und Knecht Gottes in den Kon-

[82] *E. Bloch,* Atheismus im Christentum. Zur Religion des Exodus und des Reichs, Frankfurt a. M. 1968, 77; das folg. Zit.: 79.
[83] *E. Bloch,* Das Prinzip Hoffnung, Frankfurt a. M. 1973, 1572f; die folg. Zit.: 1453–1456.

trast zum selber aufbrechenden Mose. Ausgeschlossen wird darin allerdings beides: jede Möglichkeit einer Begegnung mit der erwählenden Freiheit Gottes selbst und jede vulgärmarxistische Fixierung auf eine materialistische Revolutionsgeschichte. Denn seit seinem mystisch-expressionistischen Erstlingswerk „Geist der Utopie", das 1919 gleichzeitig mit Barths prophetisch-expressionistischem Erstling, dem „Römerbrief", erschien, suchte Bloch beide Seiten höchst kritisch und ganz pragmatisch miteinander zu vermitteln. Marxistisch waren Judentum und Christentum darüber aufzuklären, daß der Gott oberhalb seiner selbst und der erhoffte Himmel nur als Vorstellung dessen human zu verantworten sind, was wir selber werden und was wir selber herzustellen haben, um ins Reich der wahren Menschensöhne zu kommen; biblisch aber war dem herkömmlichen Marxismus das utopische Licht anzuzünden, daß der Mensch nicht vom Brot allein lebt:

„... schließlich ist es in diesen Tagen, wo es schon genügend dunkel geworden ist, wo das verzweifelte Abendrot Gottes in allen Dingen steht, und weder Atlas noch Christus ihren Himmel tragen, kein besonderes philosophisches Verdienst, wenn der Marxismus atheistisch konsequent bleibt, um der Menschenseele nichts anderes als einen mehr oder minder eudämonistisch eingerichteten ‚Himmel' auf Erden ohne die Musik zu geben, die aus diesem mühelos funktionierenden Mechanismus der Ökonomie und des Soziallebens zu ertönen hätte".[84]

Als tragenden Kontrapunkt dieser Musik hat Bloch im amerikanischen Exil (im „Prinzip Hoffnung") gerade die Exodus-Verheißung herausgestellt. Der marxistisch-biblische Realitätssinn verbietet ihm – angesichts der nationalsozialistischen Vernichtung des Judentums erst recht – die Erhebung des Mose zum Vater des Triebverzichts (Freud), die Auflösung von Mose und Exodus in archaische Archetypen (Jung), in allgemein-menschliche Erziehungsweisheit (Mann) oder in bloße Chiffern für ein konturenloses Unbedingtes (Jaspers). Das reale Leiden eines realen Volkes und der reale Stifter einer realen Befreiung werden als geschichtlicher Stoff gegen die irrealen Wunscherfüllungen der privaten Nachtträume und gegen die öffentliche Herrschaft von herrschenden Freiheitsideen stark gemacht. Das verbindet Blochs Verständnis der Bibel gegen ihre bürgerliche Spiritualisierung erst einmal elementar nicht nur mit Barths Aufmerksamkeit

---

[84] *E. Bloch,* Geist der Utopie, Frankfurt a. M. 1977 (Repr. d. Ausg. München–Leipzig 1918), 407.

auf die von Gottes Wort in Anspruch genommene Realgeschichte, sondern auch mit dem materialistischen Gehalt der basiskirchlichen Theologie der Befreiung. Denn es hat „noch kein Volk ohne geschichtlich-realen Grund, sozusagen freiwillig, von Tagen seiner Knechtschaft und Entwürdigung erzählt. Dabei hat noch kein Volk Einzelheiten seiner Befreiung und Führung aus dieser Knechtschaft gänzlich aus dem Nichts heraus fabuliert".[85]

So wird auch die Stimme aus dem Dornbusch nicht als Illusion verworfen, sie formuliert vielmehr die reale Intention der Geschundenen, deren Befreiungstendenz die Verkündigung Mose den schlechthin utopischen Ausdruck verschafft: „Die Frohbotschaft des Alten Testaments läuft gegen Pharao und schärft an diesem Gegensatz ihre ständige Utopie der Befreiung." Die Frohbotschaft aber heißt: „Eh'je ascher eh'je" – „Ich werde sein, der ich sein werde" (Ex 3,14). Im Gott „Hoffnung", im *Deus spes,* der die Intention des Mose völlig unvergeßlich formuliert, legt das unterdrückte Volk sein Göttliches, worauf ihm alles ankommt, ins Aufbrechen nach vorn, in die Verheißung des Landes und in das „Ende der Tage mit Futurum als Seinsbeschaffenheit". Auch wenn mit der bürgerlichen Religionskritik als ‚fait accompli' unbefragt feststeht, daß „Gott" nur formuliert, was der Geschichte als ihr Eigenstes zugehört, so wird hier der Geschichte der Unterdrückten gegen ihre bürgerliche Inanspruchnahme doch zumindest die Kraft radikalen Aufbrechens aus den schlechten Verhältnissen, ein prinzipiell offenes Transzendieren nach vorn zugetraut. Und deshalb wird auch die Spannweite der Exodus-Verheißung vom jüdisch-sozialistischen Erzketzer nicht billig umgemünzt zur bloßen Antriebskraft der Internationalen, Bloch legt in ihr – schärfer sehend als viele latent antijüdisch eingeschulten Theologen – gerade den messianischen Keim frei, den innergeschichtlichen, versteht sich.[86]

Denn dem Exodusgott – hier trifft sich Blochs Exegese mit dem zentralen Gedanken von Barths letztem Wort – genügt nicht das Aufbrechen aus den schlechten Zuständen, vielmehr wird dieser große Aufbruch erst möglich, weil der Geist dieses Gottes das schlechthin Neue, das messianische Reich der Gerechtigkeit und des Friedens verheißt. Auch wenn der jüdische Messianismus, der aus dem Dornbusch kommt, tausend Jahre älter ist als der Messiasglaube, so enthält

[85] Das Prinzip Hoffnung, a. a. O., 1451; folg. Zit.: 1464, 1457 f.
[86] Vgl. *J. Ebach*, Apokalypse. Zum Ursprung einer Stimmung, in: Einwürfe 2, München 1985, 5–61.

er doch schon in nuce die Wunschmysterien, die der Menschensohn nach seiner Tötung freigesetzt hat: seine *Überwindung des Todes* als der „härteste(n) Anti-Utopie", die uns gesetzt ist,[87] seine *Himmelfahrt* als das Durchbrechen des verschlossenen Oben und seine *Wiederkehr*, die „nur für die Mühseligen und Beladenen, Erniedrigten und Beleidigten sanft" ist; „streng aber kam er bereits den Lauen, auszuspeien aus seinem Munde, ... und wie erst den Bedrückern".

Eine *Theologie* ist daraus durchaus nicht zu machen, auch keine Theologie der *Befreiung*. Im Gegenteil: Der Exodus aus der Knechtschaft und die ihn tragende Verheißung des Reichs trägt nach Blochs Bibellektüre „mit den Augen des kommunistischen Manifests" gerade die Abschaffung jeder Theologie in sich, also auch der Theologie der Befreiung, die ja in der Tat jeder säkularen Theologie der Revolution sich entgegenstemmt. Für Bloch muß das Aufbrechen aus der Knechtschaft auf Dauer – Hiob steht ihm dafür – zum Aufbruch aus der Knechtschaft des Schöpfergotts, des Priestergotts, des immer von oben handelnden Gottes führen, weil der in seiner Hoheit thronende Himmelsherr doch allen Unterdrückern als ein allzu hilfreicher Herr der Heerscharen zur Verfügung stünde. Die Verheißung des Reiches aber enthält für Bloch die stärkste biblische Verheißung: „Ihr werdet sein wie Gott" (Gen 3,5); sie erfüllt sich im Auszug aus der Herrschaft Gottes selbst. Mit dem Selbsteinsatz des Galiläers zum „zweiten Gott"[88] beginnt diese Verheißung wahr zu werden. Diese Erfüllung allerdings zerreißt auch bei Bloch den Zusammenhang der messianischen Hoffnung mit der Verheißung Israels, den Zusammenhang zwischen dem Erlöser-Mensch und dem befreienden Schöpfer Israels, die Beziehung Gottes zu den Menschen. Der Protest gegen den „hypostasiert Oberen, worin der Mensch nicht vorkommt", wird deshalb auch nirgends stärkeres Gehör finden als in der Theologie, welche die Befreiung der sich selbst unterdrückenden Menschen in dem biblisch bezeugten Gott findet, welcher von Anfang an *kein* menschenloser Gott war und sich deshalb gerade in der Erhöhung des Menschensohnes als der offenbart, „worin der Mensch ewig vorkommt". Nicht nur für diese Theologie Karl Barths, sondern für jede Theologie der Befreiung steht das Verhältnis des eigenen Glaubens zur Verheißung Israels im Mittelpunkt der Umkehr zum Weg der Befreiung. Ihr kommt in der Tat alles darauf an, daß Gott in seiner biblisch bezeug-

[87] Atheismus im Christentum, a. a. O., 225; die folg. Zit.: 229, 98.
[88] Das Prinzip Hoffnung, a. a. O., 1460 u. ö.

ten Menschlichkeit den Menschen nicht zur Gottgleichheit, sondern zu sich selbst als dem für den Mitmenschen freien Menschen bestimmt.

Blochs Hoffnung aber ist – nach der treffenden Formulierung von Gerhard Marcel Martin –, „daß Gott verschwindet, wenn er kommt".[89] Aus dem Flehen der Gemeinde: „Würdige uns, daß wir es wagen ... zu sprechen: Unser Vater im Himmel ... Es komme dein Reich" ist der „menschliche Reichtum" erstanden, der nach dem letzten Wort vom ‚Prinzip Hoffnung' „der arbeitende, schaffende, die Gegebenheiten umbildende und überholende Mensch" ist.[90] *Darin* stimmen – zuletzt doch tiefer geblickt – der bürgerliche Seelenarzt, der humanistische Literat und der sozialistische Geschichtsmetaphysiker überein. Die bürgerliche Selbstmächtigkeit, die auf Mose zurückgehen soll, erhält in der marxistischen Verheißung allerdings die Züge des konkreten Kampfes um Gerechtigkeit, weil sie nicht mehr nur auf den Triebverzicht der Elite und die Durchsetzung des bildungsbürgerlichen Ethos setzt, sondern auf die Befreiungsarbeit des Volkes selbst. Die sozialistische Beerbung der Religion macht erst recht fest, was schon die bürgerliche Religion und deren quasi-religiöse Beerbungen auszeichnet. Ihre Hoffnung gilt allein der geschichtlichen Kraft des Menschen – wenn nun auch nicht mehr der Kraft der Herrschenden, so doch der Kraft der Unterdrückten.

## 5 Der verheißungsvolle Widerspruch

### 5.1 Die Vergötzung Gottes

Die europäische Theologie geht in der Gegenwart im wesentlichen zwei Wege, um ihren kirchlichen Glauben vor der bürgerlichen und sozialistischen Inanspruchnahme der biblischen Verheißung zu *rechtfertigen*. Entweder traut sie sich den Mut des säkularen Menschen zu, die religiöse Hoffnung als das Werk der eigenen Geschichte zu verstehen und also eine ganz natürliche Theologie zu treiben, oder sie akzeptiert ihren Offenbarungsglauben unerschrocken vom Standpunkt

[89] *G. M. Martin,* Die Hilfe des veränderten Zeichens. Zu Blochs atheistischer Provokation gegenüber der Theologie, in: Ernst Blochs Wirkung. Ein Arbeitsbuch zum 90. Geburtstag, Frankfurt a. M. 1979, 425.
[90] Das Prinzip Hoffnung, a. a. O., 1504.

des nun einmal erreichten Selbstbewußtseins aus. Sie wird in diesem zweiten Fall den biblisch bezeugten Ruf der Befreiung gerade als die sachgemäße Begründung des neuzeitlichen Freiheitsbewußtseins zu verteidigen wissen. Beide Wege der Apologetik kamen für Karl Barth nicht in Frage, weil gerade sie das biblisch ermöglichte Aufbrechen, Umkehren und Bekennen am erfolgreichsten – zu vermeiden wissen.

Den *ersten Fall*, die fröhliche Verwandlung der Theologie in Anthropologie, hielt Barth für harmlos, weil diese ganz natürliche Theologie in ihren säkularen Interessen nicht nur leicht zu durchschauen ist, sondern weil sie auch ein schlechter Anwalt für die Selbstbehauptung des Menschen bliebe:

„Da könnte der Mensch ja noch immer überraschend von der wirklichen, der nicht absorbierten, nicht domestizierten Offenbarung Gottes überfallen werden wie von einem gewappneten Mann und wer weiß, ob er ihr dann gewachsen wäre?" (II/1, 156).

Dazu müßte ihm allerdings die wirkliche, nicht absorbierte und nicht domestizierte Offenbarung bekanntgemacht werden. Gerade dies vermeidet die defensive Apologetik, die nicht wahrnehmen kann, was die bürgerliche Aneignung der biblischen Botschaft, die „Gott" mit der Tiefe ihres eigenen Wesens verwechselt, für das glaubende Handeln der Kirche bedeutet.

Es ist im Zusammenhang der Exodusauslegung lehrreich, Karl Barths Kritik an der apologetischen Theologie in seiner theologischen *Annahme* von Ludwig Feuerbachs Herausforderung, diesem „Pfahl im Fleisch der neueren Theologie",[91] wahrzunehmen, weil sie von der Atheismuskritik zur Kritik der real existierenden Götzen fortschreitet. Denn Barth machte sich – auch hier *avant la lettre* – schon aus seiner frühen Erfahrung als Pfarrer in dem kleinen Industriedorf Safenwil (1911–1921)[92] längst den Grundsatz zu eigen, der heute von der Theologie der Befreiung prägnant formuliert wird: „In einer *unterdrückten* Welt muß sich die Evangelisierung grundsätzlich mit dem *Götzendienst* und nicht mit dem *Atheismus* auseinandersetzen" (P. Richard).[93] Wie die Theologie der Befreiung stellte Karl Barth aus der

---

[91] *K. Barth*, Ludwig Feuerbach, in: *E. Thies* (Hrsg.), Ludwig Feuerbach, Darmstadt 1976, 1–34, 17.

[92] Neben der grundlegenden Arbeit von *F.-W. Marquardt*, Theologie und Sozialismus (s. Anm. 32), vgl. *Ders.*, Der Aktuar. Aus Barths Pfarramt, in: Einwürfe 3, München 1986, 93–139.

[93] *P. Richard*, Unser Kampf richtet sich gegen die Götzen. Biblische Theologie, in: *H. Assmann u. a.*, Die Götzen der Unterdrückung und der befreiende Gott, Münster 1984, 11–38,11.

Erfahrung der real existierenden Verstrickung der Kirche in die real existierenden Unterdrückungsverhältnisse ihre selbstgerechte Verteidigung gegen den neuzeitlichen Atheismus in Frage:

„Wie verkrümelte man sich – auch da schon zu spät! – in dem Rückzugsgefecht gegen die bürgerliche Aufklärung, während bereits ganz anders reale Nöte, Fragen und Hoffnungen im Anzug waren ... Hätte die Kirche früher als Marx sagen *und betätigen* müssen und können, daß gerade *Gottes*erkenntnis die Befreiung von allen Hypostasen und Götzenbildern automatisch kräftig in sich schließe und aus sich erzeuge? ... Wer will das beantworten? Aber das ist sicher, daß ... auch der ‚Gott‘, den die Kirche verkündigte ... bei breiten und immer breiter werdenden Massen in den Verdacht geriet, ein schöner Traum nicht nur, sondern eine zur Dämpfung jenes Befreiungskampfes sehr absichtlich unterhaltene Vorspiegelung falscher Tatsachen zu sein ... – ein Vorgang, dem gegenüber man im Namen der Wahrheit nur noch die Empörung, die Abwendung von der Kirche, den Kampf gegen sie für angemessen halten konnte. War und ist etwa die Gottlosigkeit der Sozialdemokratie ein Menetekel für die Kirche, angesichts dessen sie nicht sowohl pharisäisch sich entrüsten, als vielmehr Buße tun sollte? ... Ruhe wird sie vor der Feuerbach'schen Frage erst dann haben, wenn ihre Ethik von dem Kultus alter *und* neuer Hypostasen und Ideologien grundsätzlich geschieden sein wird. Dann wird man es ihr wieder glauben, daß auch ihr Gott keine Illusion ist. Vorher nimmermehr."[94]

Die apologetische Theologie vertritt einen Zuschauerstandpunkt, von dem aus sie weder sich selbst noch ihre Gegner ganz ernst nimmt. Ihre Gegner nicht, weil sie weder den Entschluß ihrer Freiheit noch ihren Kampf um Humanität das sein läßt, was sie sind: des Menschen Werk; sich selbst nicht, weil sie die Kirche vor der Wahrheit der Kritik bewahrt, die ihr zeigt, was auch in ihr des Menschen Werk ist. Die Theologie dient noch nicht dem Evangelium, wenn sie den kirchlichen Glauben durch den Aufweis der Selbstwidersprüchlichkeit der Nicht-Glaubenden rechtfertigt, ohne sich unter das Gericht der befreienden Botschaft zu stellen, die der Kirche und der Theologie ihren eigenen Götzendienst offenbart. Vergötzt wird der wahre Gott aber gerade dadurch, daß durch seine Anerkennung die real existierenden Unterdrückungsverhältnisse verschleiert, gerechtfertigt oder gar geschaffen werden.

Den *zweiten* Fall, die heimliche Apologetik, die mit der Stimme des lebendigen Gottes gut zurecht kommt, weil sie sich durch sie in ihrem eigenen Anliegen gerechtfertigt weiß, ihn hielt Barth für die wirkliche, die tödliche Gefahr der Kirche. Denn wo sich der religiöse

[94] *K. Barth*, Ludwig Feuerbach, a. a. O., 20 f.

Mensch[95]getraut, der Offenbarung von seinem Selbstbewußtsein her recht zu geben, ja sie von seinem religiös längst schon aufgeklärten Bewußtsein her stark zu machen, um ihr einen Platz in seiner Geschichte anzuweisen, da bestimmt er von sich her Gottes eigene Freiheit, da greift er nach dem wahren Gott und macht ihn zum Götzen seiner selbst.

Das Buch Exodus bleibt auch darin lehrreich, daß es zeigt, wie und warum das erwählte Volk und sein aaronitisches Priestertum den befreienden Gott vergötzen. Das Volk sehnt sich nicht nur nach jener Unterdrückung zurück, die mit der Unfreiheit doch auch die elementare Versorgung sicherstellte, sondern es bringt vor allem die Geduld nicht auf, Gottes Wort zu erwarten. *Deshalb* fertigt es aus seinem eigenen Gold jenes Stierbild, das nicht einen *fremden* Gott darstellt, sondern das Podest für Jahwe, den Befreier selbst:

„Und sie riefen: ‚Das ist dein Gott, Israel, der dich aus Ägypten herausgeführt! Und wie Aaron dies schaute, da baute er vor ihm einen Altar, und Aaron rief es aus: ‚Morgen ist ein Fest für Jahwe‘‘‘ (Ex 32, 4f).

Das Volk, das auf die befreiende Gegenwärtigkeit seines Gottes nicht warten kann, zwingt ihn herbei – eine Tat, die wie keine andere das Volk berauscht. Die Unterwerfung unter das aus dem eigenen Gold produzierte Standbild für den endlich herbeizuzwingenden Gott macht das Spiegelbild seiner Herrschsucht aus: Die Unterwerfungssucht zeigt sich als die andere Seite der Herrschsucht über den eigenen Gott. Beide gründen in der Angst um das Ausbleiben der göttlichen Führung, im hoffnungslosen Mißtrauen gegen Gottes Treue und also im Verlust der Erwartung, die aus der Verheißung erwächst. Schon daß Mose noch nicht vom Berge kommt, daß die große Weisung noch auf sich warten läßt, bringt das Volk in die Verzweiflung, aus der heraus es sich nun dem selber gegenwärtig gesetzten Gott, dem vergötzten Gott zu unterwerfen sich anschickt.

Das Alte Bundesbuch des Exodus und die Evangelien des Neuen Bundes widersprechen nach Karl Barth gerade der religiösen Beherrschung von Gottes Kommen am schärfsten. Strukturell wird der Widerspruch der neutestamentlichen Eschatologie, die ganz an der Erwartung des gekommenen Jesus Christus hängt, in der mosaischen Bundesschließung schon vorgezeichnet. Die Hoffnungen, die dem kommenden Herrn der Geschichte selber seinen Platz anweisen, blei-

---

[95] Zur Bestimmung der „Religion" bei *Karl Barth* vgl. den folgenden Beitrag von *M. Weinrich*.

ben ein Ausdruck der menschlichen *Möglichkeiten* – die Verheißung, die Gott für das von ihm erwählte Volk selber ist, bringt dagegen die *Wirklichkeit* von Gottes Kommen nahe:

„Wer im Sinne des ‚Alten Testaments‘ hofft, der wartet nicht auf die Erfüllung seiner eigenen tröstlichen oder trostlosen Prognosen und Träume ... Er blickt aus nach dem, was der *Gott* Israels laut seiner Selbstkundgebung in dessen Geschichte für dieses Volk ... *sein*, bedeuten und tun *wird*. Dieser Gott ist der Herr seiner Zukunft, wie er auch der Herr seiner Herkunft und Gegenwart ist ... Wir haben damit in den Grundlinien bereits auch das beschrieben was *mutatis mutandis* als die Hoffnung des *neutestamentlichen* Menschen erkennbar ist. Man bemerke: schlicht konkrete Erwartung eines *neuen Seins* und *Tuns* Gottes" (IV/3, 1043).

Gott selbst unterscheidet sich nach dem biblischen Zeugnis von den Götzen gerade dadurch, daß er in seiner Treue dem Volk Zeit gewährt, um aus seinem Kommen leben zu lernen. Durch seine verheißungsvolle Gegenwart will er die Geschichte nicht beherrschen, sondern von den Mächten gerade befreien, welche die Zeit des Menschen vollständig für sich beanspruchen. Sein befreiendes Wort löst sein Volk aus der Fixierung an die Macht der Gegenwart: es wirkt verheißungsvoll. Der Gegenwart verpflichtet war aber für Karl Barth gerade jene Offenbarungstheologie der Neuzeit, welche das biblische Zeugnis von seiner Zeitgemäßheit her zu rechtfertigen und auszulegen unternahm (vgl. I/2, § 17). In dieser aktuellen Platzanweisung für Gottes Kommen im bürgerlichen Neuprotestantismus und im noch halb feudalen Katholizismus ereignete sich nach Karl Barth gerade die Vergötzung des wahren Gottes, welche schon den Abfall des erwählten Volkes auszeichnete: der Grundwiderspruch des Volkes Gottes zu seinem Erwähltsein. Es sind unzählige Formen, in denen gerade die Theologie das Verhältnis von Erwähltsein und Wahl des Menschen, von Offenbarung und natürlicher Theologie, von Verheißung und menschenmöglicher Hoffnung verkennt und in ihr Gegenteil verkehrt, unzählige Begründungszusammenhänge, in denen der *Mensch* Gott recht gibt, der *Sünder* Gottes Gnade rechtfertigt, die nach dem Sein *Fragenden* und nach *Sinn* Suchenden Gott die Möglichkeit seines Kommens offenhalten. In allen diesen Formen zeigt sich der Grundwille, der im neuzeitlichen Bürgertum dominant geworden ist: sich dem Gott zu unterwerfen, den man selber beherrscht, ihm jene Zukunft zu geben, die man selber zu schaffen sucht, ihn durch sich selbst zu rechtfertigen. In dieser kirchlichen Aneignung des alt- und neutestamentlichen Evangeliums sah Barth den eigentlichen

Abfall des Christentums von Gott, der sich seinem Volk durch sein Wort verheißungsvoll erschloß:

„Den *so* gerüsteten Menschen wird kein Feind mehr erschrecken. Er ist mit dessen eigenen Waffen gerüstet. Er weiß Alles auch schon, er kann Alles auch sagen, was eine Theologie der Offenbarung zu sagen haben mag. Er hat Alles, was ihm von dorther entgegengehalten werden könnte: jede Rede von Gott, Gottes Wort, Sünde, Gnade, Vergebung, Wunder längst schon gehört, hat sich daran gewöhnt, hat es als bewegend, ja aufregend, aber letztlich auch harmlos durchschaut ... als eine Sache, die man überblickt, die man sich gefallen lassen kann, der man aber grundsätzlich Meister ist und die einem keine Ungelegenheiten bereitet, ja, in deren Besitz man nun doppelt gesichert, gerechtfertigt und reich ist.

Ich brauche nicht zu sagen, daß mit dem Allem ... sehr schlicht das beschrieben ist, was mit dem Evangelium in der Kirche jeden Augenblick geschehen kann und zu geschehen droht und tatsächlich geschieht, wo es ... aus einer Gabe Gottes zu einem Element ... des Lebens des Volkes, des Gemeinwesens, der Familie, der allgemeinen Bildung wird. Der als Absorbierung und Domestizierung der Offenbarung beschriebene Triumph der natürlichen Theologie im Raum der Kirche ist sehr schlicht der Prozeß der *Verbürgerlichung* des Evangeliums ... Was ist aller offene Unglaube – wie hoffnungsvoll nimmt sich der offene Unglaube aus neben einem ‚Sieg des Glaubens‘, in welchem in Wirklichkeit der Mensch über den Glauben gesiegt hat, indem er neben Allem, was er sonst ist, ... nun auch noch das Evangelium zu einem Mittel seiner Selbsterhaltung und Selbstverteidigung macht ... Wo immer das Evangelium verkündigt wird ... da steht es in dieser Gefahr, nein: schon in dieser Not der Verbürgerlichung ... Der eigentliche Held dieses Vorgangs ist aber immer der Mensch, der eben darin der typisch bürgerliche Mensch ist, daß er sich gegen die Gnade zu behaupten gedenkt, und der wohl weiß, daß er dabei am sichersten fährt, wenn er ihrer Verkündigung nicht etwa widerspricht, sondern sich mit ihr in ein ordentliches Verhältnis setzt, wenn er sie ... so bejaht, daß sie ihm nicht gefährlich werden kann“ (II/1, 156f).

Ungefährlich ist der vom religiösen Menschen erwählte Gott – gefährlich wird dem religiösen Menschen der ihn selbst erwählende Gott; ungefährlich ist der für die eigene Befreiung verwendete Gott – gefährlich der die Befreier selbst in Anspruch nehmende Herr der Geschichte. Ungefährlich bleibt der bürgerliche Gott – gefährlich wird der Gott Israels, zu dem umzukehren heißt, aufzubrechen aus seiner kirchlichen Gefangennahme und *sein* Kommen zu bekennen.

## 5.2 „Nähere dich nicht!"

Karl Barth hat die Theologie auf die Bibel verpflichtet. Nicht im autoritären Sinn des Fundamentalismus, der die Worte der Schrift für göttliche Diktate hält, und nicht im liberalen Sinn jener historischen Kritik, welche die Rekonstruktion der biblischen Textgeschichte im Ereigniszusammenhang der Alten Welt schon für ihre wesentliche Aufgabe hält. Dem Biblizismus, dem papierenen Papst, und der liberalen Kritik, dem alles relativierenden Professorentum, hielt er das Zeugnis der Schrift selbst entgegen: dem Biblizismus die *menschliche* Art, mit der die Bibel auf indirekte Weise Gottes eigenes Wort bezeugt, der historischen Kritik den von der Schrift bezeugten *Gegenstand*, Gott selbst in seinem offenbarenden Handeln. Der Biblizismus mißachtet die *Verborgenheit*, in der sich Gott schon „zur Zeit der Väter" offenbarte; die historische Kritik verkennt die *Offenbarkeit*, in der sich Gott durch sein damals bezeugtes Handeln der Gegenwart erschließt: als auf sie zukommender Befreier und Versöhner, Schöpfer und Herr. Beide Extreme berühren sich merkwürdigerweise darin, daß ihre Auslegungen in Distanz bleiben zum „politischen Gottesdienst", d. h. zum praktischen Zeugnis im Dienst an der Welt. Fundamentalistisch wird die Schrift in der Kirche verschlossen, weil sie Gottes Wort in ihren Besitz nimmt, und historisch-kritisch wird sie zum Objekt jener akademischen Welt, die alles aus der Distanz von Zuschauern beurteilt.

Daß die Theologie ganz der Bibel verpflichtet zu sein hat, das hieß für Karl Barth (seit seinen ersten Prolegomena von 1924)[96] gerade nicht, daß der menschliche Verstand einem vergötzten Text oder umgekehrt dazu der Bibeltext irgendwelchen vergötzten Methoden des Verstandes zu unterwerfen sei. Der Bibel kann nur *die* Theologie verpflichtet sein, die von *beidem* ganz bestimmt wird: vom historisch Zufälligen und also menschlich Zweideutigen ihrer Zeugnisse *und* von dem in solcher Menschlichkeit sich selber indirekt bezeugenden Worte Gottes. Die Bibel verlangt den Gehorsam des Denkens und des Handelns gegenüber der Menschlichkeit des Wortes Gottes. Beides, die Menschlichkeit der Zeugenschaft und Gottes Wort, das sich darin indirekt offenbart, wird in Karl Barths Theologie gleichermaßen betont, weil beides nach der Schrift nicht voneinander zu trennen ist. Die „Sache" der Schrift, der die „Sachlichkeit" der Theologie zu

---

[96] Vgl. *K. Barth*, „Unterricht in der christlichen Religion", 1. Bd. (s. Anm. 8).

entsprechen hat, zeigt sich in der Bibel als Gottes indirekte Offenbarung: durch seine eigene „Vergegenständlichung" läßt sich Gott in seinem Handeln glaubend erfahren.[97]

Durch sein offenbarendes Handeln gibt Gottes Wort aber den von ihm angesprochenen Menschen nicht nur zu denken, sondern gleicherweise zu tun. Karl Barths Auslegung der Schrift ist nicht nur deshalb praktisch, weil sie sich auf die kirchliche und gesellschaftliche Praxis bezieht; praktisch ist sie im theologischen Sinn: im Sinn der *Offenbarung*, der sie verpflichtet ist. Es ist aufschlußreich, daß seine theologischen Überlegungen zum Vollzug der menschlichen Gotteserkenntnis gerade dem „Inbegriff ... des Handelns Gottes" in der Geschichte Israels verpflichtet sind: dem Exodus (II/2, 1–67, hier: 19). Ich weise abschließend auf drei Grundbestimmungen dieser theologischen Reflexion hin, weil sie nicht nur Karl Barths Begründung für den Zusammenhang zwischen der Verheißung und der Verkündigung der Kirche anhand seiner Auslegung präzisieren lassen, sondern abschließend auch noch einmal den pragmatischen Sinn dieser kirchlichen Theologie im Verhältnis zur Theologie der Befreiung einerseits, zur liberalen und sozialistischen Aufnahme des Exodusmotivs andererseits verdeutlichen können.

1. Die erste Bestimmung liegt in der *unbegreiflichen Gegenständlichkeit* von Gottes Selbstkundgabe nach dem biblischen Zeugnis:

„Mose sieht den Engel Jahves und so, in dieser Gestalt, Jahve selber. Die Gestalt ist aber die eines brennenden und doch nicht verbrennenden Dornbuschs: Fressendes Feuer, das doch nicht verzehrt, lebende, erhaltene Kreatur und mitten in ihr die Gegenwart dessen, der ihre Grenze und Aufhebung ist, sakramentale Wirklichkeit (Ex 3,2). Dieses unbegreifliche Geschehen ist Jahves Offenbarung" (a. a. O.,65).

Was offenbarend wirkt, erscheint Mose erst einmal nur unbegreiflich: ein Geschehen in Raum und Zeit, das der Aufklärung widersteht. Unbegreiflich für den Menschen ist ja nicht Gottes transzendente Göttlichkeit, sondern die biblisch bezeugte Gegenständlichkeit, in der er in den Raum der Anschauung und des Begreifens tritt wie andere Gegenstände auch: „Der biblische Glaube lebt von der Gegenständlichkeit Gottes" (a. a. O.,13). Sie führt den Menschen in die Versuchung, sich dieser sonderbaren Gegenständlichkeit zu nähern, sich ihrer zu bemächtigen ohne darin seinen Engel, seine verborgene Gegenwärtigkeit wahrzunehmen. Aber Gott entzieht sich auch in sei-

[97] Vgl. a. a. O., 262–264, mit KD II/2, § 25.

ner Vergegenständlichung der Annäherung und weist die Schau der Neugier zurück: sein Ort kann nicht betreten werden. Die im verzehrenden und doch nicht verbrennenden Feuer verborgene Gegenwart nimmt den Menschen in Beschlag; sie ruft Mose bei seinem menschlichen Namen: „Der Anruf ist eine Warnung" (a. a. O.). Denn indem Gott sich dem Menschen verbindet, unterscheidet er sich von ihm, indem er ihn anruft, wird ihm der Abgrund offenbar, der ihn von Gott trennt. Gottes Erwählung offenbart dem Menschen die Unmöglichkeit seiner eigenen Wahl Gottes, so wie die Versöhnung ihm erst seine Schuld enthüllt. Die Befreiung durch Gottes Weisung bringt erst die ganze Last und Ausweglosigkeit der menschlichen Unterdrückung an den Tag, so wie die Verheißung erst das Ausmaß der Hoffnungslosigkeit ermessen läßt. Es ist nicht die Jenseitigkeit Gottes, sondern seine Selbstvermittlung in Raum und Zeit, die dem Menschen erst seine wahre, von ihm schlechthin nicht mehr zu überbrückende Differenz zu Gott offenbart.

2. Die Bestimmung der „Offenbarung", welche Barth an der Berufung des Mose expliziert, ist bekanntlich kein biblisches Grundwort und auch kein theologischer Grundbegriff der alten und der mittelalterlichen Kirche. Der Begriff der „Offenbarung" ist erst in der Situation der Neuzeit zum Schlüsselbegriff geworden.[98] Die apologetische Theologie hat seit dem Spätmittelalter den Begriff der Offenbarung gegenüber den Ansprüchen des sich von der Kirche emanzipierenden Bürgertums als *Prädikat* von kirchlich ausgelegten biblischen Sätzen verstanden („die kirchlich gelehrten Wahrheiten sind geoffenbart"). Obwohl die defensive Theologie die sich selbst begründende Vernunft der neuzeitlichen Aufklärer kritisch zu begrenzen suchte, brachte sie doch auch die Kirche in immer größere Distanz zum biblisch bezeugten Offenbarungsgeschehen: Der Glaube hatte sich primär auf die durch ihren göttlichen Ursprung legitimierten Sätze der Kirche zu beziehen, nicht auf den sich selber offenbarenden Gott. Die Aufklärung des 18. Jahrhunderts, deren Kritik sich die bürgerlichen Auslegungen des Exodus verdanken, bestand demgegenüber auf der unbedingten Grenze allen vernünftigen Verstehens auch von Glaubenssätzen: Selbst wenn Gott gesprochen hätte, wüßten wir dies nur durch

---

[98] Vgl. *P. Eicher*, Offenbarung – Prinzip neuzeitlicher Theologie, Münschen 1977; *Ders.*, „Offenbarungsreligion". Zum soziokulturellen Stellenwert eines theologischen Grundkonzepts, in: *Ders.* (Hrsg.), Gottesvorstellung und Gesellschaftsentwicklung, München 1979, 109–127.

menschliche Sätze und also auf unsere endliche Weise. Nach allen Seiten hin hat die defensive Theologie (spekulativ ebenso reich wie praktisch vergeblich) versucht, diese prinzipielle Grenze von den religiösen Möglichkeiten der Vernunft her zu sprengen.

Karl Barth nahm die Aufklärung und deren Erben dagegen wiederum so, wie sie sich selbst verstanden – und die Bibel so, wie sich Gott durch sie in menschlicher Indirektheit bezeugt. Gegenüber der nun einmal erkannten Kontingenz der menschlichen Vernunft suchte er nicht nach religiösen *Möglichkeiten*, Gott zu vernehmen, vielmehr fand er es vor allem notwendig, dem Faktum nachzudenken, daß nach dem Zeugnis der Schrift Gott selbst durch seine Vergegenständlichung den Menschen zur *Wirklichkeit* seiner Anerkenntnis führt. „Offenbarung" heißt deshalb für Karl Barth nicht mehr ein Prädikat von Sätzen, sondern Gott als freies Subjekt seiner eigenen geschichtlichen Selbstvermittlung. „Offenbarung" meint Gott in der ewigen Wahl seiner Liebe, welcher die Erwählung des Menschen entspricht. In dieser Entsprechung wird dem Menschen sein eigener Widerspruch zu Gottes Erwählung, Barmherzigkeit und Treue offenbar. Das Evangelium von der Erwählung Israels zeigt so gut wie das Evangelium von Gottes Selbsthingabe bis zum Kreuz, daß Gott dem aufgedeckten Widerspruch der von ihm Erwählten nicht fremd und nicht *von außen* gegenübertritt: Er macht ihn sich zu eigen, um stellvertretend[99] für sein Geschöpf ihn aufzuheben. Es hängt nicht viel daran, ob man Karl Barths Theologie, die von diesem guten Widerspruch ein reflektiertes Zeugnis gibt, eine „Theologie der Offenbarung"[100], eine „theologische Freiheitslehre"[101] oder gar selbst eine „Theologie der Befreiung"[102] nennt; nur eine akademische Lehre von der widerspruchslosen Entsprechung zwischen Gottes Offenbarung und dem dadurch in seiner Wahrheit offenbar werdenden Menschen[103] war sie nie. Denn Gottes Annahme unserer Widersprüche enthüllt gerade diese Widersprüche in ihrer Überwindung.

---

[99] Zu Barths Stellvertretungsbegriff (auch gegenüber der zu kurz greifenden Kritik von D. Sölle) vgl. *B. Klappert*, Die Auferweckung (s. Anm. 48), 204–209.

[100] Vgl. *P. Eicher*, Offenbarung, 165–260.

[101] Als solche versteht sie vor allem *H. J. Kraus*, Systematische Theologie im Kontext biblischer Geschichte und Eschatologie, Neukirchen–Vluyn 1983.

[102] So *P. Winzeler*, Der Gott Israels als Freund und Bundesgenosse im Kampf gegen das Nichtige. Zum Verhältnis von Dogmatik und Ethik im Werk Karl Barths, in: Zeitschrift für dialektische Theologie 1 (1985), 57–74.

[103] Mit dieser Akzentuierung scheinen mir die Barth-Interpretationen von *E. Jüngel* die Barth eigene Widerspruchslehre zu entschärfen.

Mose wird ein Glaubender, indem er Gottes indirekte Gegenwärtigkeit anerkennt: Er verhüllt sein Angesicht. Denn jetzt hat er erkannt, mit *welcher* Gegenständlichkeit er es zu tun bekommen hat: mit Gott, der Israel heiligt, der dieses gewöhnliche Volk verzehrt, indem er es erhält, und es erhält, indem er es verzehrt. Was biblisch „Glauben" heißt, entspricht deshalb nach Karl Barth der durch Offenbarung bezeichneten Wirklichkeit Gottes selber:

„Glaube an Gott ereignet sich in der Bibel ausnahmsweise: nämlich so, daß Gott sowohl sich selbst als auch den glaubenden Menschen ‚ausnimmt': so daß Gott ... sich als von allen anderen Gegenständen abgesondert bemerkbar macht und eben damit auch den Menschen in seiner Beziehung zu ihm heiligt, d. h. in einen abgesonderten Stand versetzt. Israel wird aus den Völkern herausgenommen und die Existenz der Kirche ist nichts anderes als die umfassende Fortsetzung dieses Vorganges in Gestalt der nunmehr quer durch alle Völker hindurchgehende Herausnahme von Menschen ... Was durch das Wort Gottes geschieht, ist die Geschichte dieser Wahl und Heiligung" (II/2, 15).

Die Geschichte dieser Wahl und Heiligung ist Israel und der Kirche nicht zu ihrem Selbstbesitz, sondern zum befreienden Zeugnis gegeben. Mose war darin groß im Glauben, daß er seine Erwählung ganz als Dienst an seinem Volk verstand: Er weiß, „daß der, den er betrachten und verstehen wollte, ihn selbst so angeht, wie er die Völker anging ... sein Tun, das Verzehren und Erhalten, das Erhalten und Verzehren, soll durch seinen Dienst in der künftigen Geschichte Israels weitergehen ..." (a. a. O., 65). Dieses Verzehren ergreift um des Menschen willen auch die Vorstellung von einem von Oben herrschenden Gott – darin hat sich Bloch nicht getäuscht. Aber seiner Kritik an Barths Offenbarungsbegriff darf auch das alt- und neutestamentliche Evangelium von Gottes eigener Menschlichkeit entgegengestellt werden, welche gerade mit diesem Begriff bezeichnet wird. Weil Gott sich *selbst* offenbarend nicht nur Mensch wurde, sondern „unser Fluch" geworden ist (Gal 3,13), der darin liegt, daß die Menschen in reinem Selbstwiderspruch wie *Gott* sein wollen, gerade darum sind die in solcher Unmenschlichkeit Befangenen durch Gottes Wort dazu berufen, von ihm befreite *Menschen* zu werden und es als der Leib des erhöhten Menschensohnes auch – zu bleiben. In Barths Worten: „Gott wird Mensch, damit der Mensch – nicht Gott werde, aber zu Gott komme" (IV/2, 118). Die Offenbarung von Gottes Menschlichkeit bringt den Menschen zu sich, indem sie ihn zu Gott bringt.

3. Der in dieser Auslegung der Schrift streng theologisch interpretierte Geschichtsbegriff widerspricht dem bürgerlichen Selbstverständnis auf gute Weise – am härtesten. Denn im Zeugnis vom Horeb begegnet – nach Karl Barths Exegese – dem gänzlich auf die Subjektwürde seines eigenen Handelns bedachten Bürger der Neuzeit Gott selbst als souveränes Subjekt seines freien Handelns. Aber er begegnet ihm auf seine Weise: indem er sich durch seine Vergegenständlichung in der Verbogenheit der von ihm provozierten Geschichte Israels bis zur Verborgenheit seiner Geschichte am Kreuz Anerkennung, d. h. Glauben verschafft. Karl Barth hat wie kein anderer Theologe durch sein ganzes Werk der Versuchung widerstanden, den neuzeitlichen Geschichtsbegriff als die grundlegende Beschreibung der menschlichen Wirklichkeit überhaupt zu akzeptieren. „Geschichte" im eigentlichen Sinn kommt gerade dem zu, der in voller Freiheit zu handeln vermag und in der Welt gehandelt hat – Gott als dem Subjekt der Erwählung des Menschen. An Israel handelt er so, wie er in der Geschichte Jesu Christi sich zeigt, in *der* Geschichte, die für Karl Barth – wie für *Thomas von Aquin* – real identisch ist mit Gottes eigener Geschichte.[104] Diese Geschichte ist nach dem Zeugnis der Schrift die „*Tat* Gottes, in welcher er sich selbst erniedrigt, um den Menschen zu erhöhen. *Das Subjekt Jesus Christus ist diese Geschichte*. Sie ist der Inhalt des ewigen göttlichen Willens und Dekrets. Indem sie geschieht, geschieht die Versöhnung der Welt mit Gott ... Sie ist des Menschen Rechtfertigung, sie seine Heiligung, sie seine Berufung zum Reiche Gottes" (IV/2, 118).

Diese Geschichte Jesu Christi schließt nicht Israel und schließt auch die Welt nicht aus: sie schließt sie in seine Versöhnung, seine Heiligung und sein befreiendes Kommen ein. Aber sie schließt sie nicht ein, ohne sie *frei* anzurufen und auf die *eigenen* Füße zu stellen, damit die von ihm Erkannten im Dienst der Versöhnung, der Gerechtigkeit und der Befreiung leben. Die Kirche unterscheidet sich deshalb von der Welt auch nur dadurch, daß sie in diesen Dienst gestellt ist.[105] Und so kommt zuletzt die Kirche zu ihrem wahren Aufbrechen „in der Nachfolge des Mose" durch ihr Zeugnis von der Befreiung (vgl. IV/3, 663). Durch dieses Zeugnis tritt der Dienst der Kirche nach der

---

[104] Vgl. *Thomas von Aquin*, Summa contra gentiles IV, c. IX (Marietti, no. 3466); Quaestiones Disputatae, I, q. 4.

[105] Vgl. *P. Eicher*, „Doch was geht uns die Kirche an". Eine katholische Besinnung nach Karl Barth, in: Theologische Zeitschrift 41 (1986), 313–331.

Theologie von Karl Barth in eine solidarische Nähe zur Theologie der Befreiung und in den bleibenden Widerspruch zur bürgerlichen Freiheitsgeschichte.

## 5.3 Das Kommen des Reiches und der Kampf um menschliche Gerechtigkeit

Genosse seines Bundes, Zeuge seiner Befreiung zu sein, dazu hat Gott in seinem Wort Mose und durch Mose Israel erwählt. Das Mensch gewordene Wort hat diese Erwählung Israels vollzogen: Jesus Christus ist in seiner Geschichte der Menschen Befreiung. Aufzubrechen, um sie handelnd zu bezeugen, ist nach dem letzten Wort von Karl Barth das rechte Jasagen zur Zukunft der Welt. Denn die Zukunft der Welt liegt nach dem Zeugnis des erneuerten Bundes im Kommen des Reiches, das Jesus Christus nahe gebracht hat. Und so wird der biblische Exodus, der Aufstand gegen die Mächte der Ungerechtigkeit, gerade provoziert von der Hoffnung auf das kommende Reich „der Gerechtigkeit und des Friedens" (Röm 14,17). Die sachliche Nähe zur Theologie der Befreiung und die kritische Distanz zur liberalen Ethik der Freiheit ergibt sich für Karl Barths Begründung der christlichen Ethik, wie sie insbesondere im letzten – posthum veröffentlichten – Band der Kirchlichen Dogmatik [106] gefaßt wird, gerade aus der *Bitte* um das Kommen des Reiches. Denn diese Bitte kann im biblischen Sinne nicht ausgesprochen werden, ohne daß ihr der *Kampf* um die menschliche Gerechtigkeit entspricht. Während die bürgerliche und darin auch sozialistische Ethik auf das künftige Reich der Gerechtigkeit nur bauen kann, insofern sie es selber tatkräftig befördert, werden die Glaubenden zum Kampf um die Gerechtigkeit ermächtigt, weil sie dazu befreit sind, um das Kommen des Reiches zu bitten. Die Bescheidenheit dieser Position macht ihre Stärke – und ihren kritischen Stachel aus.

Wie die Erwartung von Gottes Reich und das gebotene christliche Handeln, wie Gottes Kommen und das Aufbrechen der Kirche, wie Eschatologie und Exodus in Karl Barths Theologie zusammenhängen, zeigen in komprimierter Klarheit seine Formulierungen des Schuldbekenntnisses für den Bruderrat der Evangelischen Kirche von 1947 (sein Vorentwurf zum Darmstädter Wort):

---

[106] *K. Barth*, Das christliche Leben. Die Kirchliche Dogmatik IV/4, Fragmente aus dem Nachlaß, Vorlesungen 1959–1961, hrsg. von *H.-A. Drewes* – *E. Jüngel*, Zürich ²1979; zit.: KD IV/4.

„Wir sind in die Irre gegangen, indem wir es übersahen, daß der ökonomische Materialismus der marxistischen Lehre ein von der Kirche weithin vergessenes wichtiges Element biblischer Wahrheit (Auferstehung des Fleisches) neu ans Licht gestellt hat, indem wir ihm ein unbiblisch spiritualistisches Christentum gegenüberstellten und indem wir es in dieser falschen Kampffront unterließen, die Sache der Armen im überlegenen Licht des Evangeliums von Gottes kommendem Reich zur Sache der Kirche zu machen.“[107]

Bescheiden wird in diesem Schuldbekenntnis das Verhältnis von Reich-Gottes-Erwartung und christlichem Handeln in zweifacher Hinsicht formuliert. Erstens wird der Weg der Kirche im Blick auf ihre Beteiligung an der verhängnisvollen Entwicklung der Weimarer Zeit nicht verteidigt, sondern als ein politischer Irrweg bekannt („falsche Kampffront“). Denn nicht nur, daß die Kirche – was offensichtlich war – durch ihre Stützung des Feindbildes „Marxismus“ und „Bolschewismus“ den Faschismus indirekt förderte, hat Barth beklagt, sondern daß die Kirche ihre eigene politische Ethik verloren hatte, indem sie das „Element biblischer Wahrheit“ in sich verdrängte, welches gerade vom *ökonomischen* Materialismus der marxistischen Lehre neu zur Sprache gebracht wurde. Die Andeutung – „Auferstehung des Fleisches“ – zeigt, daß es in der Kritik der politischen Ökonomie zugunsten radikaler sozialer Gerechtigkeit für Karl Barth nicht um eine bloß mögliche Konsequenz christlicher Botschaft, sondern um deren Kern, um ihre zentrale eschatologische Verheißung ging. Die wirtschaftliche Gerechtigkeit hat mit der Auferstehung des *Fleisches* zu tun, weil ein passives Ertragen der Ungerechtigkeit, welche zum Hunger und zum Tod des menschlichen Körpers führt, der betenden Hoffnung auf die Auferstehung des Leibes unmöglich entsprechen kann. Aber weit entfernt davon, daß von der Theologie selbst die Lösung der ökonomischen Probleme zu erwarten gewesen wäre – was hätte eine solche weltanschauliche Ökonomie anderes als Illusionen schaffen können? –, sah Karl Barth der Christen Schuld gerade darin, aber darin wirklich, daß sie die kritischen Analysen der politischen Ökonomie selbst *übersahen* und von daher

[107] Vorentwurf zur 4. These, zit. in: *B. Klappert*, Die ökumenische Bedeutung des Darmstädter Wortes, in: Richte unsere Füße auf den Weg des Friedens. Helmut Gollwitzer zum 70. Geburtstag, München 1979, 629–656, 634; zu dem vom Bruderrat verabschiedeten und von Barths Entwurf leicht abweichenden Text vgl. *D. Schellong*, Versöhnung und Politik. Zur Aktualität des Darmstädter Wortes, in: *K. G. Steck – D. Schellong*, Umstrittene Versöhnung (Theologische Existenz heute, Nr. 196), München 1977, 35–65.

nicht solidarisch werden konnten mit dem Kampf um Befreiung aus der wirtschaftlich strukturierten Ungerechtigkeit.

In die Bescheidung führte das Schuldbekenntnis aber zweitens auch, weil es die Erkenntnis dessen, was zu tun ist, nicht im Lichte sozialethischer Prinzipien, sondern im „überlegenen Licht des Evangeliums von Gottes kommendem Reich" zu gewinnen suchte. Offenbar braucht die Kirche neben der sozialwissenschaftlichen Analyse – dem „ökonomischen Materialismus" – nicht noch eine eigene spezielle Ethik, um zur rechten Aufklärung der ungerechten Verhältnisse zu kommen: Das Wissen um die Ferne des in Jesus Christus verheißenen Reiches Gottes macht die Unerlöstheit der Verhältnisse unübersehbar und befreit sie gerade vom Zwang zu ihrer religiösen Verklärung. Und eine religiöse Verschleierung bliebe jede naturrechtlich fundierte Sozialethik für Karl Barth allemal; setzte sie doch wiederum die apologetische Theologie mit ihrer Vergötzung des geschichtlich Geltenden voraus. Die eschatologische Erwartung fordert die sozialwissenschaftliche Analyse der wirtschaftlichen Unrechtsstrukturen so selbstverständlich heraus wie das Flehen um das Kommen des Reiches den Kampf um die menschliche Gerechtigkeit. Die Bitte um das Kommen des Reiches dispensiert die Christen „also nicht davon, vorläufig: in ihren eigenen menschlichen Gedanken, Worten und Werken, gegen die Unordnung aufzustehen und in Kampf zu treten" (KD IV/4, 362). Aber das Bitten um das Kommen des Reiches unterscheidet das christliche Handeln auch am signifikantesten von der bürgerlichen Ethik. Denn die zweite Vater-Unser-Bitte wird für die Christen aus der Dankbarkeit gegenüber dem Nahekommen des Reiches gesprochen, wie es im Abstieg des Gottes Israels offenbar und in Jesu Verkündigung, Existenz und verheißungsvoller Auferstehung Ereignis geworden ist. Aus Dankbarkeit und im Flehen um das Kommen des Reiches zu kämpfen, das unterscheidet Barths letzte Fassung der Ethik (KD IV/4, 354–363) vom humanistischen Ethos des Kampfes gegen die Feinde der Menschlichkeit, und zwar in einer dreifachen Gebrochenheit: durch die bleibende Angewiesenheit auf Versöhnung, durch die Aufhebung der Freund-Feind Beziehung und durch die Selbstverständlichkeit des Kampfes gegen die menschliche Not, welche allein der unbedingt zu bekämpfende Feind bleibt. Das Handeln in dieser Gebrochenheit von Dankbarkeit und Bitten entspricht Gottes eigenem Handeln in Jesus Christus. Es ist deshalb das zwar den „Menschen, nicht aber bei Gott unmögliche" Tun (Mk 10,27).

Daß die Sache der Armen *nicht* die Sache der Kirche war, zeigte für

Karl Barth, wie fremd die Kirche der von ihr erflehten Nähe Gottes geworden war. Diese Entfremdung von Gottes Nähe führte die Kirche damals in die Gefangenschaft der nur zu nahen Mächte von „Nation", „Geschichte", „Wende", „Fortschritt" und „Führung". Mögen diese Bestimmungen im einzelnen heute auch als historisch vergangene erscheinen, so gibt es doch zu denken, daß Barths damaliges Schuldbekenntnis heute von der Theologie der Befreiung in scheinbar doch ganz anderer Situation ohne Veränderung mitgesprochen wird. Denn offenbar entscheidet sich die Frage nach der Freiheit der Kirche zu ihrem Aufbrechen immer an der Frage, wen sie als ihren Bundespartner anerkennt. Karl Barth formulierte damals als den Irrtum der evangelischen Kirche, was die katholische Theologie der Befreiung auch in ihrer lehramtlichen Form heute als die historische Schuld der Kirche erkennt:

„Wir sind in die Irre gegangen, indem wir uns als Kirche mit den konservativen Mächten (Monarchie, Adel, Armee, Großgrundbesitz, Großindustrie) verbündeten, indem wir die christliche Freiheit preisgaben, Lebensformen zu ändern, wenn das Leben der Menschen sie zu ändern fordert, indem wir das Recht zur Revolution ablehnten, die Entwicklung zur militärischen Diktatur aber duldeten und guthießen."[108]

---

[108] Vorentwurf zur 3. These, in: *B. Klappert*, Die ökumenische Bedeutung, a. a. O., 634.

MICHAEL WEINRICH

# Die religiöse Verlegenheit der Kirche

Religion und christliches Leben als Problem der Dogmatik
bei Karl Barth *

## 1 Karl Barths Frage an uns

Trotz aller äußerer Monumentalität ist Karl Barths Theologie stets
mehr Frage als Antwort geblieben. Auch wenn Barth der Theologie
wieder entschieden Dogmatik zumutet – im Widerspruch zur an der
menschlichen Subjektivität orientierten neuzeitlichen Theologie –, so
versteht er unter Dogmatik ja nicht die Fixierung unumstößlicher
Lehre, sondern er weiß, wie vorläufig und unbeholfen all unser Reden
bleibt. Vielmehr stellt Barth gerade wegen dieser Vorläufigkeit und
Unbeholfenheit aller menschlichen Rede von Gott der Kirche die
Frage, ob sie nicht längst ihre Zeitlichkeit und Relativität aus den
Augen verloren hat und nun sich selbst als die besondere Verheißung
an die Welt ansieht. Setzt die Kirche nicht vor allem auf *ihre* Mög-
lichkeiten und *ihre* so menschlich und allzu menschlich verwaltete
Stärke anstatt auf die Wirklichkeit *Gottes* und *sein* verheißenes
Reich?

Barths Theologie will die Kirche in all ihren zweifellos begründba-
ren Geschäftigkeiten an den Grund und die Quelle ihrer ‚theologischen Existenz heute‘ erinnern. Da gehören stets alle drei Stich-
worte unauflöslich zusammen: Theologie, Existenz und Heute. Es ist
zweifellos problematisch, wenn die Kirche die tatsächliche Existenz
und das Heute ausklammerte. Doch das ist heute und war für Barth
seinerzeit weniger die Gefahr, vor der es zu warnen galt, denn die
neuzeitlichen Theologen und Kirchen haben auf den Druck hin zu
einer zeitgemäßen und kooperativen Theologie ohnehin weithin mit
entgegenkommender Beeindruckbarkeit reagiert. Vielmehr sah

---

\* Diesen Ausführungen liegt ein Vortrag zugrunde, den ich auf Einladung des Fachbereichs
  Theologie am 8.11.1984 in Göttingen gehalten habe; die Thesen dieser Studie wurden später in unterschiedlicher Gestalt in Pastoralkollegs (Villigst, Juist), auf einer Pfarrkonferenz
  (Siegen) und auf Akademietagungen (Arnoldshain, Mülheim) im Rahmen des Gedenkens
  an den 100. Geburtstag Karl Barths vorgetragen; für die Veröffentlichung wurde die Mate-
  rialbasis erheblich erweitert.

Barth – und das bleibt auch seine Frage an uns –, daß bei aller tätiger Solidarität mit den jeweils bestimmenden historischen Umständen und bei aller flexibler Aktualität sehr schnell die Kriterien ins Wanken geraten, mit denen sich zeigen läßt, inwiefern das alles etwas zu tun hat mit Gott und seinem Willen, mit und für uns Menschen zu sein, wie er ihn in der dramatischen Geschichte Jesu Christi angezeigt hat und anzeigt. Das ist doch die entscheidende Frage, die niemals ungestellt bleiben darf. Mit dieser eher unbequemen Frage nach dem Leiden Gottes an unserer Existenz heute erinnert uns Barth an das biblische Zeugnis von der lebendigen Geschichte Gottes mit dem Menschen als dem Grund und der Quelle auch schon unseres Fragens und Suchens, ohne je ‚Existenz‘ und ‚Heute‘ hintanstellen zu wollen.

Barths Theologie ist *kirchliche Theologie*, aber keine *Kirchentheologie*. Sie *dient* der Kirche, gerade indem sie diese immer wieder zu kritischer Rechenschaft über ihr Reden und Tun nötigt. Dabei verfügt sie über keine besseren Einsichten oder gar über ein wissenschaftliches Instrumentarium, mit dessen Hilfe sie nun objektive Gültigkeiten aus dem Dunkel ans Licht befördern könnte, sondern sie bleibt stets der verlegene Versuch, die jeweilige historische Wirklichkeit im Lichte der biblisch bezeugten Wahrheit zu betrachten. Sie *hat* niemals die Wahrheit, aber sie gibt sich auch niemals mit der flügellahmen Unterstandsweisheit zufrieden, daß doch alles relativ sei. Insofern vermag sie zwar niemals objektive Feststellungen zu treffen, aber noch energischer tritt sie gegen die verbreitete Lebensanschauung auf, die allein der Subjektivität das Wort redet.

Wenn es ernsthaft um die Wahrheit geht, dann können nicht unsere Eindrücke, unsere noch so sensiblen Impressionen oder die stets nur historisch-kontextuell interpretierten subjektiven Erfahrungen das Siegel sein. Es kann nicht darum gehen, all das, was ohnehin da ist, unsere Freuden und Ängste, die Nöte und das Leiden der Welt nun zu theologisieren, um sie auf ein höheres Niveau zu bringen. Vielmehr geht es darum, daß wir nicht bei uns selbst bleiben, d. h. nicht allein auf unsere Worte, sondern – natürlich mit all unseren Erfahrungen usw. – auf das Wort Gottes hören. Der Glaube hat seine Kraft nicht aufgrund unserer Erfahrungen, sondern *trotz* all unserer Erfahrungen und eben darin erweist er seine Stärke (im übrigen brauchte man sonst nicht mehr zwischen Glaube und Erfahrung unterscheiden)! Das ist ein Grundimpuls der theologischen Arbeit Barths, daß er der neuzeitlichen Theologie vorwirft, daß sie mit der Subjektivierung ihres Redens und der Subjektivität des Glaubens *zu früh* kommt, ohne überhaupt erst recht angefragt und ausgehalten zu haben, daß sich der Inhalt und die Wirklichkeit des Glaubens nicht in erster Linie auf die individuelle Lebensbegleitung bezieht, sondern auf *Gottes* Eintreten für uns und die Verheißung *seines* Reiches, um dessen Kommen wir in jedem Gottesdienst im Vaterunser beten. Wenn Barth hervorhebt, daß die subjektive Komponente nicht zu früh bestimmend werden soll, so ist damit ja nicht einer steilen Orthodoxie das Wort geredet, so als dürfe da nie und nirgends von unserer Subjektivität und unseren individuellen Erfahrungen die Rede sein. Allerdings sind die Erfahrungen nicht die Bedingung des Redens und Denkens und stehen daher nicht am Anfang des theologischen Gedankens, sondern sie finden ihren Platz in seinem Vollzug, d. h. im Nachdenken der Bestimmungen, die Gottes eigenes Handeln unserer Wirklichkeit und unserem Leben gibt.

Damit sind wir mitten im Thema, denn es sollen im Folgenden einige Grundbestimmungen der Kirche bedacht werden. Da wo Kirche ist, ist sie auch sichtbar, – darauf soll die besondere Aufmerksamkeit unserer Überlegungen liegen. Zwar geht die Kirche niemals in ihrer Sichtbarkeit auf, aber sie läßt sich ebensowenig einfach von ihrer Sichtbarkeit abheben. Niemals ist die Kirche in dem Sinne Glaubensgegenstand, daß wir an die Kirche glauben sollen, sondern allein in dem Sinne, daß wir bekennen, daß *Gott* sich seine Gemeinde beruft, so wie es auch allein *Gott* ist, der den Glauben an die Versöhnung der Welt stiftet und erhält. So sehr die Kirche auf der einen Seite die Gemeinschaft der Glaubenden ist, die sich als solche nicht vor Augen führen läßt, so sehr ist sie auf der anderen Seite gleichzeitig eine irdisch-geschichtliche Gemeinschaft von Menschen, die in durchaus eigenartiger Weise äußerlich in Erscheinung tritt. Die Kirche hat stets auch *menschliche* Gestalt. Das ist nicht etwa eine geringschätzige Außensicht von Unbeteiligten, die sich auf diese Weise die Bahn freiräumen wollen für ihre unablässigen Nörgeleien, sondern dies gehört mit zum *Wesen* der Kirche als der zusammengerufenen Gemeinde, daß sie eine Gemeinde von konkreten Menschen einer konkreten Zeit ist, die sich bemühen, dem Grund ihres Zusammenseins eine angemessene Form zu geben. Damit stellt sich das Problem der *Weltlichkeit* der Kirche, das zunächst schlicht darin besteht, daß die Kirche ein Stück dieser zeitlichen und endlichen Welt ist. Sie ist nicht der Himmel auf Erden oder ein Stück Ewigkeit in der Zeit, ebensowenig wie sie der Hort der Gerechten im Kontrast zur wilden Herde der Ungerechten ist. Auch tut sie nicht Wunder oder könnte sich zu Recht in der Rolle des Weltreformers präsentieren, sondern sie selbst bleibt vierfacher Acker (Lk 8,4–15), auf dem die Saat ebenso unterschiedlich gedeiht wie auch sonst, denn auch die übrige Welt ist nicht einfach unfruchtbarer Fels. Christus ist nicht für die Kirche gestorben, sondern um die *Welt* mit Gott zu versöhnen.

Folgen wir dieser angedeuteten Linie der Weltlichkeit der Kirche, so steht hier die Weltlichkeit synonym für die konkrete menschliche *Zuständigkeit* für die Kirche und ihre Gestalt. Es geht um die *Menschlichkeit* der Kirche; nicht in dem Sinne, daß ihre äußere Gestalt ja nur menschlich und deshalb unvollkommen, gleichsam prinzipiell zu vernachlässigen sei, sondern genau umgekehrt in dem Sinne, daß hier im Unterschied zum Evangelium und zum Glauben die Gemeinde als die Gemeinschaft lebendiger Menschen auf ihre Zuständigkeit hin angesprochen wird. Nicht für unseren Glauben und den der anderen sind wir zuständig, wohl aber für die Sorge um die möglichst angemessene Form der Verkündigung, um die möglichst angemessene Form des gemeindlichen Miteinanders und auch um die organisatorische und institutionelle Gestalt der Kirche. Wie leicht neigen wir dazu, umgekehrt zu verfahren, indem wir das für gleichgültig erklären, was in unsere tatsächliche Zuständigkeit fällt, und uns zu Regisseuren, Dramaturgen und Choreographen des Glaubens machen, den wir dann allzumeist gegen den Unglauben ins Feld zu schicken geneigt sind, ohne noch recht zu erkennen, daß der strenge und harte Gegensatz von Glaube und Unglaube quer durch uns selbst verläuft. Und so wird deutlich, daß hier nicht Belangloses verhandelt wird, sondern daß es um das Ganze geht: sowohl ob wir etwas verstanden haben von dem Geschenk der Gnade Gottes, das wir Glauben zu nennen gewohnt sind, als auch ob wir etwas verstanden haben davon, daß wir durch den Glauben der alten Adamswelt und ihrer Probleme weder entnommen noch ihr gegenübergestellt sind. Daraus folgen nun zwei Fragen, die für die folgenden Überlegungen zentral bleiben: 1. Welche Bedeutung hat die sichtbare Gestalt der Kirche einschließlich ihrer Theologie und der sogenannten Spiritualität für das Verständnis der Kirche? 2. Wie ist das Verhältnis der Kirche zur säkularen bzw. profanen Welt zu gestalten, d. h. zu dem Teil der Welt, der sich nicht zum Gott der jüdisch-christlichen Tradition – dem Schöpfer, Versöhner und Erlöser – bekennt? Beide Fragen zielen auf die Weltlichkeit der Kirche, einmal im Blick auf das unvermeidliche Faktum, daß die Kirche als eine Gestalt von *Religion*, d. h. als eine Religionsgemeinschaft in Erscheinung tritt, und zum anderen im Blick auf ihren Dienst in der Welt und für die Welt. Die Frage nach dem theologischen Ort der konkreten Kirche in der Welt weist uns einmal auf das Religionsproblem und zum anderen auf eine theologische Erfassung der *Profanität*.

## 2 Aspekte

Eine reine Theologie gibt es nicht. Sie hat stets einen konkreten Kontext, auf den sie direkt, zumindest aber indirekt Bezug nimmt. Diese Kontextualität war für Barth stets eine Selbstverständlichkeit.[1] Nun haben sich die geschichtlichen Umstände, in denen wir heute über Religion und Kirche nachdenken, gegenüber Barth deutlich verändert. Deshalb sollen zunächst einige durchaus verschiedenartige, aber dennoch zusammenhängende Aspekte aufgereiht werden, die den gegenwärtigen Kontext veranschaulichen sollen, in dem sich das Gewicht der Frage nach der Religion erahnen läßt.

### 2.1 Eine religionslose Welt war angesagt

Es war nicht nur ein religionsloses Christentum, sondern überhaupt eine religionslose Welt angesagt.[2] Ebenso stand das Stichwort der Säkularisierung hoch im Kurs,[3] wohl um anzuzeigen, daß auch diese religionslose Welt nicht einfach ohne Zuhilfenahme der christlichen Tradition interpretiert werden könne. Das Christentum sei in die Latenz – Karl Rahner spricht von einem ,anonymen Christentum'[4] – getreten, und lasse sich immer weniger von der modernen emanzipierten Gesellschaft unterscheiden. Dies war weithin die Prognose

[1] Vgl. dazu *M. Weinrich*, Der Katze die Schelle umhängen. Konflikte theologischer Zeitgenossenschaft: Anregungen aus der theologischen Biographie Karl Barths, in: Einwürfe 3, München 1986, 140–214.

[2] Meist im freien Anschluß an *D. Bonhoeffer*, Widerstand und Ergebung (vgl. Neuausgabe, München 1970, 305 ff, 357 ff, 392 ff).

[3] Vgl. u. a. *Fr. Gogarten*, Verhängnis und Hoffnung der Neuzeit. Die Säkularisierung als theologisches Problem, Stuttgart 1953; *Ders.*, Der Mensch zwischen Gott und Welt, Stuttgart 1956; *P. M. v. Buren*, Reden von Gott – in der Sprache der Welt, Zürich–Stuttgart 1965; *T. Rendtorff*, Säkularisierung als theologisches Problem, in: Neue Zeitschrift für systematische Theologie 4 (1962), 318–339; *H. Cox*, Stirb nicht im Warteraum der Zukunft, Stuttgart 1968; *Ders.*, Stadt ohne Gott, Stuttgart 1971; *J. B. Metz*, Zur Theologie der Welt, Mainz 1968; *T. Rendtorff*, Theorie des Christentums, Gütersloh 1972.

[4] Vgl. dazu die Diskussion mit ausführlichen Literaturhinweisen: *E. Klinger* (Hrsg.), Christentum innerhalb und außerhalb der Kirche (Quaestiones Disputatae, Bd. 73), Freiburg 1976.

der 60er Jahre für uns heute. Freilich sind ‚Religionslosigkeit' und ‚Säkularisierung' höchst unscharfe Begriffe geblieben, die die unterschiedlichsten Assoziationen wecken. Sieht man einmal von der apologetischen Tendenz dieser neuen Variante einer Kulturtheologie ab,[5] so lag ihr unausgesprochenes Interesse wohl zunächst darin, daß sie einen weiteren Fortschritt in der Aufklärung der Menschheit anzeigen wollte, hinter den man heute nicht mehr zurück dürfe; vielmehr sei es dringend geboten, sich möglichst weitgehend mit ihm zu arrangieren. Der aufgeklärte, das meint der allseits aufgeschlossene moderne Mensch, der sich zu eigener Mündigkeit emanzipiert hat, sei nicht mehr religiös. Und einige der Theologen, die bei solchen Trendwenden leicht dazu neigen, in ihrem Eifer um unanfechtbare Aktualität noch übers Ziel hinaus zu schießen und sich wie der Igel im Wettlauf mit dem Hasen gebärden, erklärten gleich Gott für tot, ohne nun aber von der Theologie lassen zu wollen.[6] Vielmehr propagierten sie ein atheistisches Christentum, dem es nun von der Geschichte auferlegt sei, auch atheistisch an Gott zu glauben,[7] was eben nur gelingen kann, wenn wir in uns selbst den Stellvertreter Gottes entdecken und die in uns liegenden Fähigkeiten und Kräfte zur Herstellung von Gerechtigkeit und Frieden sichtbar ins Werk setzen.

Das moderne, d. h. das zeitgemäße Christentum sollte sich über die praktische Beteiligung des Menschen in der ihm auferlegten Reich-Gottes-Arbeit definieren. *Orthopraxie* war das Stichwort, das die der Orthodoxie verdächtigte dogmatische Tradition und die theistische Theologie beerben sollte. Die Beteiligung am Kampf um menschenwürdige Verhältnisse wurde für viele keineswegs nur kirchenferne Christen – jenseits vom Streit um die Wahrheit des Bekenntnisses – zum entscheidenden Kriterium für ein zeitgemäßes christliches Gegenwartsbewußtsein. Der Glaube wurde so eng mit der eigenen Praxis verknüpft, daß beide nicht mehr voneinander unterschieden werden konnten. Das ganze Geschick der Welt glaubte man in seinen Händen, von denen man im übrigen zu denken geneigt war, daß sie

---

[5] Vgl. *J. B. Metz*, Umwege zu einer praktischen Fundamentaltheologie, in: *Ders.*, Glaube in Geschichte und Gesellschaft, Mainz 1977, bes. 22–25.

[6] Vgl. zur allgemeinen Orientierung mit einschlägigen Literaturhinweisen *S. M. Daecke*, Welcher Gott ist tot? Redaktionsartikel in: Evangelische Kommentare 2 (1969), 127–132.

[7] Vgl. *D. Sölle*, Atheistisch an Gott glauben, Olten–Freiburg 1968. Viel beachtet wurde in diesem Zusammenhang das emphatisch geschriebene Buch von *E. Bloch*, Atheismus im Christentum, Frankfurt 1968, mit seinem dialektischen Programmwort: „Nur ein Atheist kann ein guter Christ sein, nur ein Christ kann ein guter Atheist sein."

die einzigen Hände Gottes seien. Die Vorrangstellung der Praxis negierte nicht nur alle traditionellen Orientierungen, sondern verdrängte vor allem jede Hemmung durch eine bereits von Gott vollzogene Praxis und hob damit zugleich alle eschatologischen Vorbehalte auf, in denen das entscheidende Erlösungshandeln nicht vom Menschen, sondern von Gott erwartet wird.

## 2.2 Es ist ganz anders gekommen

Die Prognose einer religionslosen Welt hat sich nicht erfüllt. Der Trend vermochte sich nicht durchzusetzen. Vielmehr hat seit Anfang der 70er Jahre eine breitflächige Rehabilitierung der Religion stattgefunden und findet wohl immer noch statt, selbst wenn man sich gewarnt sein läßt, nun in jeder bewußt gepflegten oder gesellschaftlich propagierten Emotionalität eine religiöse Bewegung erkennen zu wollen.[8] Es sind keineswegs an erster Stelle die Theologie und die Kirche, die die Religiosität wieder für sich entdeckt haben, vielmehr folgen diese wieder nur dem Trend und lassen sich vom neuen Klima der Religiosität mittragen. Es fällt auch in diese Zeit, daß von seiten des Marxismus neue Erwartungen an die Religion laut werden.[9] Die Zeit der radikalen Religionskritik ist endgültig und allseitig vorbei – auch im Blick auf die Psychologie und die Soziologie.[10] Religion wird weit über die Grenzen von Theologie und Kirche hinaus wieder öffentlich inszeniert im Schutz von den unterschiedlichsten Koalitionspartnern. Auch die Avantgarde des kritisch-politischen Christentums, die explizit oder implizit einer Form der Gott-ist-tot-Theologie zuneigt, ist in ihrem außerparlamentarischen und institutionenkritischen Kampf für Gerechtigkeit und Frieden längst wieder von der religiösen Feier eingeholt worden.[11] Sieht man sich etwa die Friedensbewegung an, so läßt sich unschwer zeigen, daß der von der unbestreitbaren Explosivität der gegenwärtigen Situation bewegte Phantasiereichtum in den zahlreichen – gerade in ihrer faktischen Hilflosigkeit meist sehr beeindruckenden – Aktionen häufig eine religiöse, ja bisweilen rituelle Komponente trägt. Das ‚politische Nachtgebet‘ hat seine Versammlungsräume verlassen und feiert nun seine (ökumenischen) Gottes-

[8] Vgl. *Th. Pröpper*, Erlösungsglaube und Freiheitsgeschichte, München 1985, 19f.
[9] Vgl. u. a. *M. Machovec, V. Gardavský, L. Kolakowski.*
[10] Vgl. in diesem Beitrag Abs. 2.4.
[11] Vgl. beispielhaft *D. Sölle*, Die Hinreise, Stuttgart 1975.

dienste auf den Zufahrtswegen von Mutlangen, auf der Startbahn West, in der Republik ‚Freies Wendland‘, der ‚freien Republik Wakkerland‘ oder auf der Hofgartenwiese in Bonn, in singenden Menschenketten, im Selbsterfahrungstraining zum gewaltfreien Widerstand, in der öffentlichen Meditation oder auch nur im Tragen christlicher Farben und Symbole.[12]

Zunächst interessiert nur das Phänomen. Eine kritische Einschätzung soll damit nicht abgegeben werden, zumal der Protest wahrlich nicht grundlos und im Blick auf die demonstrative Wirkung gar nicht expressiv genug sein kann. Wohl aber mögen einige Fragen gestellt werden, die auch in den weiteren Überlegungen eine Rolle spielen werden. Welche Rolle kommt hier im Zusammenhang mit dem zweifellos notwendigen Engagement der Religion zu? Ist es hier das Übermaß an Bedrohung und die geringe Chance auf grundlegende Änderung, die hier die Religion auf den Plan ruft? Ist sie hier die Antwort oder stellt sie von sich aus die widerständigen Fragen? Anders formuliert: Ist die Religion hier eine Reaktion, oder ist sie die kritische Initiative? Was ist das eigentlich für ein Phänomen, daß man gerade in ausweglos erscheinenden Situationen die Religion wiederentdeckt, ja, je gigantomachischer die Bedrohung, um so rasanter die religiöse Konjunktur? Ist das nicht eher eine klassische Situation, die nach allseitiger Religionskritik schreit, damit man sich nur nichts selbst vormacht? Diese religionskritischen Rückfragen werden nicht von der Theologie gestellt. Vielmehr gehören sie heute stets zum Phänomen der Religion dazu. Die Religionskritik hat uns einen naiven Umgang mit der Religion verstellt und nötigt uns stets erneut zur Rechenschaftsablage darüber, welche Kräfte in der jeweils aktuellen Gestalt der Religion zum Zuge kommen. Davon sind auch Theologie und Kirche nicht enthoben, auch wenn damit ihre spezifischen Aufgaben noch nicht eingelöst sind.

---

[12] Außer in zahlreichen kleinen Artikeln etwa in der Jungen Kirche hat sich dies bisher literarisch nur wenig niedergeschlagen. Aus dem Umfeld wären zu nennen: *H.-E. Bahr*, Versöhnung und Widerstand. Religiöse und politische Spielregeln gewaltfreien Handelns, München-Mainz 1983; *Ders. – D. Sölle*, Wie den Menschen Flügel wachsen. Über Umkehr aus dem Gewaltsystem, München 1974, und das weltanschaulich-religiös eingebundene, verbreitete Buch des Journalisten *F. Alt*, Frieden ist möglich, München 1983.

## 2.3 Zielsicher an Barth vorbei

„Religion ist Unglaube". Dieser kurze, aus dem Zusammenhang gerissene Satz von Barth[13] gehört in der nach wie vor unabgeschlossenen Auseinandersetzung um die Religion zu den am häufigsten zitierten Sätzen Barths. Das Christentum sei nach Barth keine Religion,[14] und so habe er überhaupt jede Form der Religion verdammt.[15] Sowohl von denjenigen, die dann etwa mit Dietrich Bonhoeffer die Zeiten der Religion als vergangene betrachten wollen, als auch von denjenigen, die umgekehrt die aktuelle Relevanz der Religion für fundamentaltheologische Überlegungen herausstellen wollen, wird Barth als radikaler, d. h. als konsequent vernichtender Religionskritiker aufgeführt. Die einen stimmen Barth zu und sehen in ihm den Wegbereiter für ein heute angesagtes religionsloses Zeitalter. Und die anderen gebrauchen ihn als Kontrastfigur für ihre Apologie der Religion, an der sich gleichsam negativ die Bedeutung der Religionsproblematik veranschaulichen lasse, denn an Barths Theologie – darauf läuft dann in der Regel der Vorwurf hinaus – fehle die menschliche Seite und ihre theologische Aufarbeitung. Beide gehen damit gründlich an Barths Überlegungen zur Religion vorbei, was wohl vor allem den vorläufigen Vorteil hat, daß man Barth mit seiner dezidiert *theologischen* Thematisierung der Religion erst einmal losgeworden ist. Er erscheint entweder als zwar hilfreicher, nun aber längst überholter Vorläufer oder eben als theologiegeschichtliche Kuriosität, deren schroffe und unmenschliche Antithethik den gegenwärtigen Theologen die gern genutzte Gelegenheit bietet, die eigenen Vorstellungen nun als differenziertere, menschlichere und damit sachlich angemessenere Lösung zu präsentieren. Beide führen Barth ausdrücklich an. Auf diese Weise wird er besonders wirkungsvoll stumm gemacht, denn es wird der Anschein erweckt, als habe man

---

[13] Die Kirchliche Dogmatik, Band I/2, Zürich ⁵1960, 327 (Die Belege aus der Kirchlichen Dogmatik [KD] werden im Folgenden im Text unter Angabe von Band und Seitenzahl aufgeführt).

[14] Vgl. u. a. *P. Meinhold*, Ökumenische Kirchenkunde, Stuttgart 1962, 303; *H. Zahrnt*, Die Sache mit Gott, München 1966, 144f; *G. Rödding*, Dogmatik im Grundriß, Gütersloh 1974, 5l; *H. G. Pöhlmann*, Abriß der Dogmatik, Gütersloh ²1975, 36ff; *H. Halbfas*, Religion, Stuttgart 1976, 174f; *J. Cobb,* Ist Christentum eine Religion?, in: Concilium 16 (1980), 390–397; *W. Joest*, Fundamentaltheologie, Stuttgart ²1981, 83; *H. Zirker*, Religionskritik, Düsseldorf 1982, 47ff.

[15] Vgl. u. a. *H. Thielicke*, Der Evangelische Glaube, Band II, Tübingen 1978, 432ff; *P. Althaus*, Die Christliche Wahrheit, Band I, Gütersloh ²1949, 164f.

sich mit ihm auseinandergesetzt. Doch bei genauerem Hinsehen wird schnell deutlich, daß weithin weder die theologische Grundsätzlichkeit des Religionsproblems – deshalb wird es bei Barth in den Prolegomena zur Dogmatik bedacht – noch seine sachliche Reichweite auch nur geahnt werden. Und so bleibt nach wie vor gültig, was Barth 1923 an Adolf von Harnack schrieb, daß man ihn nicht wirkungsvoll wird widerlegen können, ohne ihn *ernstlich* gelesen zu haben.[16]

## 2.4 Außertheologische Apologien

Der Versuch, Barth heute zur Religionsproblematik zu befragen, muß sich von vornherein klarmachen, daß sich in den letzten zwanzig Jahren das Problem noch erheblich verschärft hat. Die von Barth ins Auge gefaßte Religion hat noch einen recht unschuldigen Charakter im Vergleich zu dem, was uns heute mit dem Religionsproblem gegenübertritt. Längst sind den Theologen und vor allem den Kirchen die Anthropologen und Soziologen zu Hilfe gekommen, um nun der Religion einen konstitutiven Platz im Menschen oder in der Gesellschaft zu sichern. Von ihnen wird die Hilfe lieber in Anspruch genommen als von der Seite des religiös aufgeschlossenen Marxismus, wie er beispielsweise von Vitezslav Gardavský vertreten wird,[17] da hier die Selbstbedienung weiterhin kostenlos erscheint, während man dem Marxismus gegenüber mit inzwischen tief ins Unterbewußtsein eingegrabenen Vorurteilen zu kämpfen hat.[18]

Da wird auf der *einen* Seite die Religion von den existentiellen psychischen Bedürfnissen des Menschen eingefordert: „Es gibt keinen Menschen, der nicht ein religiöses Bedürfnis hätte".[19] Wenn hier alle Menschen in den Blick genommen werden, so zielt dies nicht auf eine besondere historische Situation, sondern auf die *Natur* des Menschen, auf die ‚Spezies Mensch‘, die eben von besonderen psychischen Charakteristika geprägt sei, zu denen auch das religiöse Bedürfnis zähle. Dieses Bedürfnis bedarf der Befriedigung, andernfalls erkranke der

---

[16] Vgl. Ein Briefwechsel mit Adolf von Harnack, in: *K. Barth*, Theologische Fragen und Antworten. Gesammelte Vorträge III, Zollikon 1957, 7–31, 19.

[17] Vgl. *V. Gardavský*, Gott ist nicht ganz tot, München 1970.

[18] Deshalb wird häufig die marxistische Öffnung zur Religion oder auch ausdrücklich zum Christentum nur dazu benutzt, um – in Verdrehung all ihrer Absichten – mit ihr nun noch einmal gegen Marx zu Felde zu ziehen.

[19] *E. Fromm*, Psychoanalyse und Religion, in: Gesamtausgabe, Bd. 6, Stuttgart 1980, 227-292, 243.

Mensch, denn er vergreift sich ja an seiner eigenen Natur.[20] Auf der *anderen* Seite zählt etwa Niklas Luhmann die Religion zu den unverzichtbaren Bestandteilen des *gesellschaftlichen Lebens*.

„Es gibt ..., und dieser Befund berechtigt uns zu einer funktionalen Definition des Religionsbegriffs, keine spezifisch funktionalen Äquivalente für religiöse Formen oder Verhaltensweisen, die nicht als Religion erscheinen. Diese Bedingung konstituiert ... Funktionssysteme in der gesellschaftlichen Realität als selbstsubstitutive Ordnungen. Eine Ordnung ist selbstsubstitutiv, wenn sie nicht durch eine andere ersetzt, wohl aber unter geeigneten Bedingungen in jeder Hinsicht geändert, also weiterentwickelt werden kann. Eine solche Ordnung setzt sich selbst unter konditionierten Substitutionszwang und sie erzwingt zugleich, daß jede Ersatzleistung innerhalb ihrer selbst erscheint."[21]

Die Religion ist damit zu einem konstitutiven gesellschaftlichen Element avanciert, dessen Funktionen durch nichts anderes ausgeübt werden können; Religion kann nur durch Religion, d. h. durch eine andere Form der Religion ersetzt werden. Dabei gilt ebenso wie für die psychologische Unverzichtbarkeitsbehauptung, daß die Religion funktional in den Blick kommt. Sie deckt – je nach spezieller Fragehinsicht – einen bestimmten Bereich ab und übernimmt damit eine partielle Rolle in einem übergeordneten Zusammenhang. Einerseits wird auf diese Weise der Religion ein unbestreitbarer Platz gesichert, während sie zugleich andererseits in die Beschränkung der jeweiligen Funktion genötigt wird, gleichsam als Preis für die Bestandsgarantie.

Eine besonders entwaffnende Zielbestimmung der Religion bietet Peter L. Berger, der zwar historisch nicht unrecht hat, wenn er feststellt, daß Barth „den Zug zur Säkularisierung nur unterbrochen, nicht umgewendet hat",[22] daraus aber den Schluß zieht, daß der säkularen Welt nun auch durch die Wiederentdeckung der Transzendenz ihre religiöse Weihe gegeben werden müsse. Die Religion soll zum Ausgleich der Härte des Alltags im modernen gesellschaftlichen Leben gleichsam eine ornamentale Funktion übernehmen, deren Bedeutung vor allem in dem Effekt liegt, sich nun ständig sagen zu können: take it easy! Dazu sucht sich Berger nun aus den verschiedenen Religionen eigenwillig einzelne Traditionselemente heraus, die ihm für diesen Dienst an der Menschheit geeignet erscheinen. Und am

[20] Zu Fromms Religionspsychologie vgl. *M. Weinrich*, Priester der Liebe, in: Einwürfe 1, München 1983, 90–175.

[21] *N. Luhmann*, Funktion der Religion, Frankfurt 1977, 48.

[22] *P. L. Berger*, Auf den Spuren der Engel (1969), Frankfurt 1981, 19:

Ende befindet sich die Menschheit ‚auf den Spuren der Engel‘, die gegenüber der Einzigkeit Gottes die vielen Möglichkeiten der Heiligkeit anzeigen, und damit unserem pluralistischen Lebensbewußtsein näherstehen als der eine über allem stehende Gott. Die Menschen in der Rolle der Engel haben Gott gegenüber den unschätzbaren Vorteil, daß sie in der diesseitigen Wirklichkeit sichtbar und damit konkret beschreibbar sind. Und das ist die Perspektive, in die das Unternehmen zielt:

„Eine Wiederentdeckung der Transzendenz bedeutet vor allem, daß wir gegenüber der Wirklichkeit Offenheit der Wahrnehmung zurückgewinnen müssen. Dabei werden wir nicht etwa nur, was die vom Existentialismus beeinflußten Theologen bei weitem überschätzen, der Tragödie begegnen. Vielleicht ist es viel wichtiger, daß wir uns der Banalität, dem Trivialen stellen. Offen zu sein für die Zeichen der Transzendenz bedeutet nämlich auch, die Erfahrung wieder in angemessenen Verhältnissen wahrzunehmen. Erlösung ist auch Entlastung – bis zur Komik. Wir lachen wieder und spielen aus neugewonnener Fülle. ... Offenheit für die Zeichen der Transzendenz, das neue Sehen in angemessenen Verhältnissen, hat, meiner Ansicht nach, moralische, um nicht zu sagen, politische Bedeutung. Der größte moralische Segen der Religion ist, daß man, auf sie gestützt, die Zeit, in der man lebt, aus einer Perspektive sehen kann, die den Tag und die Stunde transzendiert und ihnen die richtige Größenordnung zumißt. Das gibt Mut und ist zugleich auch ein Schutz gegen Fanatismus. Aber der Mut zu tun, was jeweils getan werden muß, ist nicht der einzige moralische Gewinn. ... Um die humanisierende Kraft der religiösen Perspektive würdigen zu können, muß man einmal die revolutionären Ideologien unserer Zeit in ihrer grimmigen Humorlosigkeit kennengelernt haben. Andererseits ist es kaum notwendig, auf den moralischen Nachholbedarf unserer derzeitigen Zustände, speziell der amerikanischen hinzuweisen. Ohnehin spotten sie jeder Beschreibung. Ob man sie als das Herannahen des Jüngsten Gerichts ansieht oder neue Hoffnung auf neue Aktionsprogramme setzt, hängt meistens nur davon ab, ob man gerade die Morgen- oder die Abendzeitung gelesen hat. Das beste ist, man vergegenwärtigt sich die Einsicht, daß, um Dietrich Bonhoeffers suggestiven Ausdruck zu zitieren, alle historischen Begebenheiten ‚vorletzte‘ sind. Denn ihre letzte Bedeutung liegt in einer Wirklichkeit, die sie und alle anderen Koordinaten des menschlichen Daseins transzendiert.“ [23]

Diese Mischung aus weltmännisch propagiertem Pragmatismus, aufklärerischem Moralismus, kleinbürgerlichem Ressentiment und beifallheischender theologischer Halbbildung stellt sicherlich einen Extremfall dar, was allerdings nicht bedeutet, daß die hier thematisier-

---

[23] Ebd., 109 f.

ten Funktionsbestimmungen für die Religion so drastisch aus dem Rahmen der modernen außertheologischen Apologien der Religion fallen.

## 2.5 Die Kirche im Aufwind der Religion

Brisant wird die außertheologische Aufmerksamkeit auf die Religion vor allem in ihrem faktischen Einfluß auf das Selbstverständnis von Theologie und Kirche.[24] So wenig sich die Kirchen weithin von der Religionskritik beeindrucken ließen, so sehr sind besonders die Kirchen, die sich auf die protestantische Tradition berufen, nun bereit, jede außertheologische Hilfestellung in Anspruch zu nehmen, wenn sie geeignet erscheint, ihren gefährdeten institutionellen Bestand zu sichern. Eine passende theologische Rechtfertigung wird sich dann auch finden oder erfinden lassen. So spricht etwa Karl-Wilhelm Dahm davon, daß das soziologische Interesse an der Religion „von entwicklungsleitender Bedeutung" sein könne, da es „in der Tendenz sowohl der inhaltlichen wie der strukturellen Veränderungen eine neue Profilierung der kirchlichen Aufgaben im Funktionszusammenhang gesellschaftlicher Sinnsysteme herauszubilden scheint".[25] Am deutlichsten läßt sich diese Entwicklung an der Theologie von Trutz Rendtorff aufzeigen, die in der Evangelischen Kirche in Deutschland (EKD) besonders einflußreich ist. Ausgehend von der empirischen Gegebenheit der Kirche ist nach Rendtorff die Theologie dazu aufgefordert, sich positiv auf die wohl unausschöpflichen vielseitigen Möglichkeiten der Realisierung des christlichen Glaubens zu beziehen, um nun nicht noch die dem Protestantismus eignende Neigung zur Desintegration zu fördern. Eine sachlich ausweisbare Unterscheidung zwischen Kirche und säkularisierter Gesellschaft sei dabei im Grunde kaum noch möglich, da auch die säkularisierte Gesellschaft

---

[24] Dabei ist es im Effekt relativ gleichgültig, ob man sich in sachlich angemessener oder in eigenwilliger Rezeption auf die Soziologen oder Psychologen beruft, denn zumindest werden ja die je eigenen Optionen und Hoffnungen für die Stellung der Kirche in der Gesellschaft kenntlich. Zur Diskussion um *N. Luhmann*, der in der deutschen Auseinandersetzung besonderes Gewicht hat, vgl. *F. Scholz*, Freiheit als Indifferenz, Frankfurt 1982; *Tr. Schöfthaler*, Religion paradox: Der systemtheoretische Ansatz in der deutschsprachigen Religionssoziologie, in: *K.-F. Daiber – Th. Luckmann* (Hrsg.), Religion in den Gegenwartsströmungen der deutschen Soziologie, München 1983, 136–156; *M. Welker* (Hrsg.), Theologie und funktionale Systemtheorie, Frankfurt 1985 (bes. der Beitrag von *M. Welker*).

[25] *K.-W. Dahm*, Religiöse Kommunikation und kirchliche Institution, in: *K.-W. Dahm – N. Luhmann – D. Stoodt*, Religion – System und Sozialisation, Neuwied 1972, 133–188, 182.

nicht angemessen ohne ihre christliche Wurzel interpretiert werden könne. In diesem Sinne gehöre es heute zur vordringlichen Aufgabe der Theologie, dem historisch gewachsenen Entwicklungsstand der Kirche gerecht zu werden, um nun die Kirche als pluralistische Volkskirche auch theologisch zu legitimieren und zu begründen:

> „Die Liberalität und bekenntnisbezogene Offenheit der Kirche verlangt nach einer höheren Eindeutigkeit, als sie auf der Ebene unmittelbarer Positionalität theologischen Denkens und kirchlichen Handelns erreicht werden kann. Insofern verlangt die Volkskirche auch nach einer neuen Art des theologischen Umgangs mit der Kirche. Ob die Kirche sich als Volkskirche weiß und hält, kann darum letztlich schlüssig nicht von ihrer empirischen Integrationskraft her legitimiert und begründet werden, sondern allein von ihrem Auftrag her, den sie vom Evangelium empfangen hat, und auf den sie mit ihrem Bekenntnis antwortet. Auf dieser Linie mag dann allerdings schlüssig gelten: die Volkskirche ist die Kirche der Zukunft." [26]

Die Religion des Menschen ist bei Rendtorff der für das Kirchenverständnis grundlegende Faktor, denn die von der Kirche geforderte Offenheit und Liberalität soll das seine Freiheit realisierende religiöse Subjekt schützen. Die kirchlich-dogmatischen Fixierungen sind aufzulösen zugunsten eines undogmatischen Christentums, das in freier Kommunikation über die jeweils praktische Orientierung der Kirche befindet, wobei die Schwerpunkte von den gesellschaftlichen Funktionen der Kirche festgelegt sind. Dabei beruft sich Rendtorff weder auf einen ontologisch oder anthropologisch gesicherten noch auf einen der aufklärerischen Kritik entzogenen Religionsbegriff, sondern zielt auf eine tatsächlich vorfindliche Religion, deren konkrete Artikulation von kulturellen und gesellschaftlichen Bedingungsfaktoren getragen wird. Die Frage nach der Religion ist dabei nicht von einem Begriff, sondern vor allem – und damit trägt er dem Konsens moderner Religionswissenschaft Rechnung – von ihrem Faktum aus motiviert. Doch in der Beschränkung auf die Faktizität, die übrigens für Barths Thematisierung der Religion ebenso grundlegend ist, liegt nicht das Problem. Vielmehr liegt die Problematik darin, daß Rendtorff dem Faktum gleich einen ganz bestimmten Interpretationsrahmen gibt, in dem es nun ‚historisch-kritisch' auf seine Geltungsberechtigung hin untersucht wird: Nur die Religion darf noch Geltung beanspruchen, die nicht nur den Anfragen der Aufklärung standhält,

---

[26] *T. Rendtorff*, Volkskirche in Deutschland, in: *C. Nicolaisen* (Hrsg.), Nordische und deutsche Kirchen im 20. Jahrhundert, Göttingen 1982, 290–317, 317.

sondern ihrerseits noch zur Fortentwicklung der Aufklärung beiträgt, bzw. „aus Gründen der Aufklärung rekonstruiert werden kann",[27] zumal nach Rendtorff die „Aufklärung selbst als ein Ereignis innerhalb der Religionsgeschichte des Christentums zu begreifen"[28] ist.

Die Religion wird zu einem Funktionsträger im neuzeitlichen Aufklärungsprozeß. Als solche markiert sie gleichsam die Grenze des Menschen, d. h. neuzeitlich „das Eingeständnis von Grenzen des Handelns ..., ohne daß dieses Eingeständnis dem jeweiligen Handlungssubjekt unmittelbar als eine Schwäche zugerechnet wird mit der möglichen Folge seiner Liquidation."[29] Die Religion stärkt den Menschen gegenüber der Schwächung, die von der Erkenntnis seiner Begrenztheit ausgehen kann, und bezieht sich dabei stets auf die konkrete historische Situation des Menschen, die sich – und da liegt die Grundannahme Rendtorffs – nur verändern, d. h. zum Besseren entwickeln läßt, wenn man zunächst in sie *einwilligen* kann. Hier übernimmt die Religion erst ihre wesentliche Funktion. Sie hilft die *Einwilligung* in die gegenwärtigen Verhältnisse stärken und wirkt dabei als eine Art antirevolutionäres Bollwerk, denn in der *Negation* vermag Rendtorff nur die Destruktion zu sehen; die Negation folge nicht aufgeklärter Einsicht, sondern entspringe im Grunde der „Logik des Terrors".[30] Diese allgemeinen Funktionsbestimmungen lassen sich nicht abstrakt verifizieren, sondern nur im Spiegel einer bestimmten, d. h. historisch konkreten Religion bestätigen. Dabei sieht Rendtorff in der funktionalen Betrachtung der empirischen Religion keine Beschneidung ihres inhaltlichen Selbstverständnisses, sondern umgekehrt „gerade einen Weg ..., um diese inhaltliche Bestimmtheit genauer zu erfassen."[31] Die Zulassung, ja die dezidierte Installation dieses soziologischen Aufklärungsangebots, durch das die theologischen Inhalte erst recht zu sich selbst finden, um so auch als kirchenrelevante Aussagezusammenhänge evident und plausibel zu sein, zielt offen und ohne Umwege auf eine breit angelegte und prinzipielle Apologetik der volkskirchlichen Institutionalisierung der Kirche und ihre gesellschaftsbezogenen pluralistischen Differenzierungen in die unterschiedlichen sich historisch wandelnden Aufgabenbereiche. Die

---

[27] *T. Rendtorff*, Religion ‚nach' der Aufklärung, in: *Ders.*, (Hrsg.), Religion als Problem der Aufklärung, Göttingen 1980, 185–201, 185.

[28] Ebd., 201; vgl. ebd., 191.

[29] Ebd., 190.

[30] Ebd., 189.

[31] Ebd., 200.

Kirche wird zu einer Institution, in der sich Religion einen konkreten Präsentationsrahmen verschafft, dessen konfessionelle Kontur weit hinter der gesellschaftlichen Funktion rangiert.

In dem Maße, in dem sich die Kirche solchen Begründungsmodellen nähert, um sich auf lange Sicht einrichten zu können, in dem Maße gilt ihre Sorge mehr dem Ort in der Gesellschaft und dem geschützten Platz, der ihr von der Gesellschaft freigehalten wird, als ihrem eigenen Weg in der Gesellschaft im Hören auf ihre besondere Bestimmung im Evangelium. Sie bestimmt sich nicht aus der Erinnerung an die ihr verheißene Zukunft, die sie in einer Bewegung hält, die ihrer besonderen Hoffnung auf das Reich Gottes gleichnishafte Anschauung verleiht, sondern ihre Aufmerksamkeit ist faktisch mehr rückwärts gewandt, indem sie stets neu nach dem jeweils passenden Traditionsbeweis zur Legitimation des gerade empfohlenen Anpassungsschrittes sucht, zumal sie sich vornehmlich darin ergeht, auf empirische Gegebenheiten zu reagieren. Der stets neu zu erbringende Funktionsnachweis sichert den erstrebten gesellschaftlichen Bestand, was ja keineswegs ausschließt, daß die Kirche auf dem breiten Fundament der Zustimmung auch eigene und (marginal) kritische Positionen vertreten kann. Ein Ausdruck dieser reaktiven und apologetischen Theologie sind die modernen Christentums- und Abendlandtheorien, mit denen sich die Ekklesiologie hin zu den historischen und gesellschaftlichen Bedürfnissen öffnet und dabei eine funktionale Betrachtungsweise positiv einbezieht, so daß am Ende der *Gestalt* der Kirche alle Sorge und Fürsorge gilt. Der Vorrang des Institutionenproblems verdrängt die theologische Frage nach dem Subjekt und dem Grund der Kirche auf eine nachgeordnete Stelle.

Dieser folgenreiche historische Platzwechsel entspringt einer theologisch unaufgearbeiteten Unsicherheit, die sich – wie in unserem Zusammenhang bei der Soziologie – nun rasch dort zu orientieren trachtet, wo – wenigstens scheinbar – klare und kalkulierbare Verhältnisse in Aussicht gestellt werden. Daß man von der Theologie dieses Versprechen einer stabilen Übersichtlichkeit und zugleich einer aufweisbaren gesellschaftlichen Relevanz am wenigsten erwartet, mag ja immerhin noch auf einen bewahrten Rest an rechter Einschätzung der Aufgaben der Theologie zurückzuführen sein, denn eine bibelbezogene Theologie eignet sich tatsächlich nicht zur Stabilisierung eines wie auch immer gearteten status quo. Umgekehrt bleibt die Theologie von dieser Konjunktur der von einem allgemeinen Religionsverständnis gestützten Institutionsproblematik angefragt, denn sie kann nicht gegenüber den Fragen nach der konkreten Gestalt der Kirche gleichgültig sein, um sich dann unabhängig von der jeweiligen institutionellen Form auf die unsichtbare, geglaubte Kirche zurückzuziehen.

## 2.6 Religion als Dispositive der Macht

Eine sehr empfindliche und zugleich höchst folgenreiche Verschärfung im zeitgenössischen Umgang mit der Religion wird darin erkennbar, daß sie wieder national wie global zunehmend offensiv zu einer Dispositive einflußreicher Interessen wird. Hatte doch erst die Aufklärung die Religion zu einer Privatangelegenheit erklärt, jedenfalls im Blick auf das, was der einzelne Mensch glauben mag, so ist die Religion auch in diesem Sinne längst wieder zu einer öffentlichen und politischen Angelegenheit geworden. Nicht nur auf der Seite der Kritiker der gesellschaftlichen Verhältnisse, sondern auch in den Chefetagen des internationalen Wirtschaftsmanagements und in den Besprechungen der politischen Machthaber wird die Religion heute aufmerksam ins ökonomische und machtpolitische Kalkül gehoben. Nicht nur, wenn im politischen Bereich mit dem Gottvertrauen geworben wird – was ja nur allzu deutlich anzeigt, wo wir tatsächlich stehen –, sondern vor allem dann, wenn die Welt in ‚gut' und ‚böse' eingeteilt wird, bietet sich die Religion zur Immunisierung der eigenen guten Position an. Der Kampf gegen das Böse überragt schließlich in der Werthierarchie das eigene Überleben, zumal dieses nicht als der oberste ‚Wert' im christlichen Glauben anzusehen sei. Hier wird der christliche Glaube zur Förderung der Kampfbereitschaft gegen das von Politikern als ‚böse' Qualifizierte in Anspruch genommen. Gott wird so weit mit der Sache der ‚Guten' identifiziert, daß auch er vom Bösen bedroht wird. Eben deshalb ist schließlich die Schlacht zwischen ihm und dem ‚Bösen' unausweichlich. Gott wird hineingezogen in politische Machtkonflikte zur Sanierung des eigenen aggressiven Selbstdarstellungsgebarens, und so werden heute fast alle kalten und heißen Kriege als Heilige Kriege geführt. Gott wird mißbraucht als unverdächtigter Eckstein für eine sonst einsturzgefährdete Ideologie.

Daß sich hinter dem ideologischen Kampf vor allem wirtschaftliche Interessen verbergen, läßt sich etwa daran ablesen, daß die amerikanische Industrie theologische Abteilungen zur ideologischen Präparation beispielsweise des politisch-ökonomischen Kampfes in Lateinamerika unterhält.[32] Aber auch direkt befaßt sich die Politik mit der Religion, ja die Religion wird zu einem außenpolitischen Orientierungskriterium. So heißt es beispielsweise im Dokument von Santa Fé vom Mai 1980 – einer Art Regierungsplattform der Reagan-Regierung:

„Die Außenpolitik der USA muß beginnen, sich der Theologie der Befreiung entgegenzustellen (und nicht im Nachhinein zu reagieren), so wie sie in Lateinamerika durch den Klerus der ‚Theologie der Befreiung‘ benutzt wird. Leider haben die Marxisten-Leninisten die Kirche als politische Waffe gegen das Privateigentum und das kapitalistische Produktionssystem benutzt, indem sie die Religionsgemeinschaften durch Ideen infiltrierten, die weniger christlich als kommunistisch sind."

Hier wird mit einer Klarheit, die nichts zu wünschen übrig läßt, gesagt, worum es geht und wer der entscheidende Gegenspieler ist. Franz Hinkelammert, Wirtschaftswissenschaftler an der Nationalen Universität von Honduras, kommentiert sehr treffend:

„Religion hört auf Privatsache zu sein. Und dies geschieht gerade innerhalb der liberalen Demokratien oder unter ihrem Einfluß. Der Staat erklärt sich zur Instanz für die religiöse Rechtgläubigkeit. Die politische Macht nimmt Partei in theologischen Fragen. Privatsache ist, ob man katholisch oder protestantisch ist. Aber es ist nicht Privatsache, welcher theologischen Richtung man angehört, und die theologische Polarisierung durchzieht alle Konfessionen und Religionen."[33]

Es entsteht ein von Industrie und Politik gesteuerter Fundamentalismus, der in werbepsychologischer Aufbereitung seine ‚Gemeinde‘ über die Massenmedien sucht (electronic church).

Damit ist das Spannungsfeld skizziert, das heute den theologischen Umgang mit dem Religionsproblem gegenüber Barth erheblich verschärft, d. h. in seiner Dringlichkeit aufgewertet hat. Dabei bleiben nach wie vor die Merkmale des Religionsverständnisses, wie es Barth in seiner Auseinandersetzung vor Augen hatte, in den unterschiedlichsten kulturprotestantischen, liberalen und religionspsychologischen Varianten auch in der Gegenwart bestimmend. Um Barths

[32] Zur allgemeinen Orientierung vgl. *H. Assmann u. a.*, Die Götzen der Unterdrückung und der befreiende Gott, Münster 1984; *Fr. Hinkelammert*, Die ideologischen Waffen des Todes. Zur Metaphysik des Kapitalismus, Münster 1985.
[33] *Fr. Hinkelammert*, Die Politik des ‚totalen‘ Marktes, in: Kirche im Kapitalismus, hrsg. von der Evangelischen Studentengemeinde in der Bundesrepublik und Berlin (W), Stuttgart 1984, 58–70, 68.

Auseinandersetzung mit dem Religionsproblem aufzuschließen, müssen wir zwei Wege voneinander unterscheiden: 1. den theologie- und geistesgeschichtlichen Weg, der uns auf Barths kritische Wahrnehmung der Neuzeit und den von ihr hervorgebrachten allgemeinen Religionsbegriff führt (Kapitel 3), und 2. den systematisch-theologischen Weg, auf dem die tatsächlich praktizierte Religion zu einem unausweichlichen Problem der Dogmatik wird (Kapitel 4).

## 3 Religion als Neuzeitproblem

### 3.1 Der allgemeine Religionsbegriff

Seine nervöse Brisanz hat das Religionsproblem erst in der Neuzeit bekommen. Noch für die *Reformatoren* war die Religion selbstverständlich identisch mit dem christlichen Glauben und seiner Lehre. Wenn etwa Johannes Calvin seinem dogmatischen Hauptwerk den Titel „Institutio christianae religionis" gibt, so verbirgt sich darin weder eine religionsgeschichtliche noch eine religionswissenschaftliche Anspielung, sondern es geht ausschließlich um die Darlegung der rechten christlichen Lehre in Abgrenzung zur Irrlehre. In diesem Sinne wurde die *vera religio* von der *falsa religio* unterschieden.

a) Der neuzeitliche Religionsbegriff tritt dagegen von vornherein mit einem ausdrücklichen Angriff auf die Theologie in ihrer konfessionellen und dogmatischen Gestalt auf.[34] Die Religion als Anleitung zum rechten Leben wird der rechten Lehre der Dogmatik entgegengestellt. Sie befreit sich von allen konfessionellen Fixierungen, denn diese führen vor allem in den erbitterten Kampf unversöhnlicher unterschiedlicher Wahrheitsbehauptungen, wie er in den Konfessionskriegen des 16. Jahrhunderts drastisch vor Augen stand. Nun soll vor allem sichergestellt werden, daß es wegen theologischer Uneinigkeit zu keinen gesellschaftlichen oder gar kriegerischen Auseinandersetzungen mehr kommt. Deshalb muß jedem theologisch motivierten Einspruch gegen öffentliche Angelegenheiten der Boden entzogen werden. In diesem Sinne formuliert Thomas Hobbes:

---

[34] Vgl. im Blick auf den ganzen Zusammenhang *M. Weinrich* (Hrsg.), Religionskritik in der Neuzeit, Gütersloh 1985; zur Neuzeitlichkeit der Religionsdebatte vgl. auch *H.-J. Birkner*, Beobachtungen und Erwägungen zum Religionsbegriff in der neueren protestantischen Theologie, in: Fides et communicatio (FS M. Doerne z. 70. Geb.), Göttingen 1970, 9–20.

„Denn der innere Glaube ist seiner Natur nach unsichtbar und folglich aller menschlichen Rechtsprechung entzogen, während die ihm entspringenden Worte und Handlungen als Bruch unseres bürgerlichen Gehorsams vor Gott und den Menschen unrecht sind."[35]

Da sich keine die Gegensätze überbrückende Antwort auf die Frage nach der Wahrheit finden läßt, wird das Wahrheitsproblem, also die Dogmatik, zur Privatangelegenheit erklärt, während die öffentliche Religion von der Friedenspflicht gegenüber der Öffentlichkeit, und d. h. jetzt gegenüber dem Nationalstaat, geprägt ist. Nicht die Kirche, sondern der Staat verurteilt die Ketzer, denn:

„Ketzer sind nichts anderes als Privatleute, die eigensinnig eine von ihren gesetzlichen Souveränen verbotene Lehre verteidigen."[36]

Hier ist nun allein die Übereinstimmung mit der öffentlichen, vom Staat beaufsichtigten und erlassenen Religion vom Häresieverdacht enthoben. Doch schon vor Hobbes stellt Herbert von Cherbury die dann in der Aufklärung wirksam werdenden entscheidenden Kriterien für das neuzeitliche Religionsverständnis heraus: Vernunftgemäßheit und Sittlichkeit. Über die Vernunftgemäßheit entscheidet bei Herbert noch kein abstrakter Vernunftbegriff, sondern – und darin ist er dann viel moderner als der spätere Idealismus – der Konsens vernünftiger Subjekte. Auch die Sittlichkeit muß den jeweils aktuellen Verhältnissen angepaßt werden, d. h. sie folgt dem historischen Bewußtsein über die rechte ‚tugendhafte Lebensführung'.[37]

Ausformuliert wird das neuzeitliche Glaubensverständnis dann von Baruch de Spinoza in einem als klassisch zu bezeichnenden Text:

„Was übrigens Gott oder jenes Vorbild des wahren Lebens ist, ob er Feuer, Geist, Licht, Gedanke usw. ist, gehört nicht zum Glauben, so wenig wie der Grund, aus dem er das Vorbild des wahren Lebens ist, ob deshalb, weil sein Sinn gerecht und barmherzig ist, oder weil alle Dinge durch ihn sind und handeln und infolgedessen auch wir durch ihn erkennen und durch ihn einsehen, was wahrhaft recht und gut ist ... Bei diesen und ähnlichen Fragen ist es in Ansehung des Glaubens gleichgültig, wie ein jeder darüber denkt, solange er nicht zu dem Schluß kommt, sich eine größere Freiheit zu sündigen herauszunehmen oder Gott weniger gehorsam zu sein. Ja, vielmehr ist ein jeder ... verpflichtet, diese Glaubenssätze seiner Fassungskraft anzupassen und sie sich so auszulegen, wie er glaubt, daß er sie leichter, ohne jedes Bedenken und

---

[35] *Th. Hobbes*, Leviathan, Frankfurt 1984, 399.
[36] Ebd., 442.
[37] *H. v. Cherbury*, De veritate (1624), hrsg. von *H. Scholz*, Gießen 1914.

mit ganzem Herzen annehmen kann, um dann Gott aus ganzem Herzen zu gehorchen. Denn ... geradeso wie einst der Glaube entsprechend der Fassungskraft den Anschauungen der Propheten und des Volkes jener Zeit offenbart und niedergeschrieben worden ist, so ist auch jetzt noch jedermann verpflichtet, ihn seinen Anschauungen anzupassen, um ihn auf diese Weise ohne inneres Widerstreben und ohne Zaudern annehmen zu können. Denn ich habe gezeigt, daß der Glaube *nicht* so sehr *Wahrheit* als Frömmigkeit fordert und nur in Ansehung des Gehorsams fromm und seligmachend ist und daß infolgedessen jeder nur in Ansehung des Gehorsams gläubig ist. Nicht wer die besten Gründe für sich hat, hat deshalb notwendig auch den besten Glauben, sondern derjenige, der die besten *Werke* der Gerechtigkeit und der *Liebe* aufzuweisen hat. Wie heilsam und wie notwendig diese Lehre im Staate ist, damit die Menschen in *Frieden* und Eintracht miteinander leben, und namentlich wie viele Ursachen von Wirren und Verbrechen dadurch beseitigt werden, das überlasse ich jedem selbst zu beurteilen."[38]

An die Stelle der Wahrheit ist der Frieden gerückt. Er ist in der irdischen Geschichte greifbar und erfahrbar im Gegensatz zur Wahrheit, die sich im Grunde auch dem noch entzieht, der sie behauptet. Die Bestimmungsmomente der Religion sind von allgemeinem Interesse und dienen dem ‚Gemeinwohl'.[39] Dieses Gemeinwohl wird vom Staat verwaltet. Er ist auch die oberste Aufsichtsbehörde der Religion, jedenfalls im Blick auf ihre öffentliche Pflege und Gestaltung. Entscheidend bleibt der Glaube an ein höheres Wesen – was immer der Einzelne sich darunter vorstellen mag –, denn dieses hilft die Loyalität dem Staat gegenüber sichern. Ebenso bleibt die Religion eng mit der Sittlichkeit verknüpft, zu der auch das vom Staat erhoffte Arbeitsethos des Einzelnen zählt, denn dieses ist bei zunehmender Arbeitsteilung die Voraussetzung für ein reibungsloses Funktionieren der Wirtschaft.

Es waren besonders die bürgerlichen Staatsphilosophen des 17. und 18. Jahrhunderts – Hobbes, Spinoza, Locke, Voltaire, Rousseau –, die dem modernen Religionsbegriff sein Profil gegeben haben, bevor er dann von den Theologen im 18. Jh. auch für die Kirche entdeckt und bald als eine Art fundamentaltheologische Grundkategorie rezipiert worden ist. Dabei werden die mit der Religion verknüpften gesellschaftlichen Interessen von den Philosophen ungeschminkt ausgesprochen. So hat bekanntlich Voltaire, der den Kirchen ganz und gar verachtend begegnete, sogar Gott erfinden wollen, um sowohl mit der

---

[38] *B. de Spinoza*, Theologisch-politischer Traktat, in: Sämtliche Werke in sieben Bänden, Bd. 3, hrsg. von *G. Gawlick*, Hamburg ²1984, 218f (Hervorhebungen von mir).
[39] Vgl. ebd., 309.

Ansage von Lohn und Strafe die Disziplin der Bürger zu festigen als auch dem menschlichen Trostbedürfnis entgegenzukommen, denn eine Welt ohne Gott ist wie ein offenes „Meer, dessen Gestade wir nie gesehen haben".[40] Aus praktischen Gründen muß die Religion erhalten bleiben, auch wenn sie vom verheerenden Aberglauben der dogmatisch verirrten Kirchen erst befreit werden muß. Die Religion wird in einem ausdrücklichen Gegensatz zur Konfession der Kirche thematisiert. Die Kirche hat längst über ihre dogmatischen Spitzfindigkeiten die rechte Religion verloren und verpflichtet nun ihre Gläubigen auf den von ihr dogmatisierten Aberglauben. Dieser Aberglaube ist der „schlimmste Feind der reinen Verehrung", denn er erstickt wie „eine Schlange ... die Religion mit seinen Windungen. Man muß ihr den Kopf zertreten, ohne die Religion, die von ihr vergiftet und zerfleischt wird, zu verletzen."[41]

Hier ist nun ganz deutlich, daß die Religion nicht nur ein die Konfessionen übergreifender *Oberbegriff* sein wollte, sondern daß sie ihre spezifische Kontur vor allem als *Gegenbegriff* gegen die dogmatische Tradition der Theologie entfaltet. Die Thematisierung der Religion ist von vornherein implizite *Religionskritik*. Die spätere explizite Religionskritik ist nichts weiter als eine konsequente Fortführung der mit dem allgemeinen Religionsbegriff thematisierten impliziten Religionskritik. Der entscheidende Bruch wird nicht vom Atheismus, sondern durch die Einführung des konfessionslosen Religionsbegriffs vollzogen. Der Atheismus entsteht vielmehr in sachlich folgerichtiger Konsequenz aus den deistischen (J. Toland. A. Collins, M. Tindal u. a.), den empirisch-rationalistischen (D. Hume u. a.) bzw. den intuitiv-natürlichen (J.-J. Rousseau) Vorstellungen über die Religion, mit denen man die traditionelle kirchliche Dogmatik zu beerben versuchte. Für die Aufklärung ist zunächst kennzeichnend, daß die *Vernunft* zum kritischen Maßstab erhoben wird, vor dem sich alle theologischen Überlegungen auszuweisen haben, wenn sie den Anspruch auf überindividuelle Gültigkeit erheben (Rousseau weist mit seiner Betonung der Intuition schon über die Aufklärung in das 19. Jahrhundert hinein). Um dabei den Glauben nicht dem Verstand unterwerfen zu müssen, kommt es zu der charakteristischen bürgerlichen ‚Zwei-Reiche-Lehre‘, die in ihrer Substanz in der Unterscheidung von Öf-

---

[40] *Voltaire*, Von der Notwendigkeit, an ein höchstes Wesen zu glauben, in: Philosophisches Wörterbuch, hrsg. von *K. Stierle*, Frankfurt 1967, 95.

[41] Ebd., 96.

fentlichkeit und Privatheit bzw. von äußerlich und innerlich besteht. Diese eigens entwickelte ‚Zwei-Reiche-Lehre' stellt den Versuch dar, einerseits die uneingeschränkte Zuständigkeit des Menschen für alle irdischen Belange zu sichern und andererseits der Kontingenz des Glaubens nicht auf der ganzen Linie entgegentreten zu müssen. So wird der Glaube zum unantastbaren und zugleich beliebigen Besitz des Individuums, ebenso unantastbar und beliebig erwirtschaftet wie das im Geschäftsleben zusammengetragene Privateigentum, aber auch von gleicher Irrelevanz für das Gemeinwesen.

b) Diese bereits vom englischen Deismus bekannte Unterscheidung von öffentlicher und privater Religion wird in Deutschland von Johann Salomo Semler in die Theologie eingeführt: „In jedem Staat war eine *öffentliche* Religionsform zunächst zu festerem Bande der bürgerlichen Gesellschaft *durch Gesetze* eingeführt, ohne die freistehende *moralische* Privat-Religion den einzelnen Mitgliedern der bürgerlichen Gesellschaft hiermit zu untersagen; sie müßte sie nur der *öffentlichen* Religion nicht entgegenstellen und einen neuen Staat anfangen wollen."[42] Für diese öffentliche Religion bleibt die Kirche im Einvernehmen mit dem Staat maßgeblich. Der Theologie fällt ohnehin besonders die Aufgabe gelehrter historischer Klärungen zu, denen im Blick auf die öffentliche Religion nur mittelbare Bedeutung zugemessen werden kann.[43]

„Wenn Christen wirklich innerlich bessere Menschen, bessere Verehrer Gottes selbst wurden, *so entstand dies durch ihre eigene Übung,* nicht durch die Lehrartikel, wie sie in der kirchlichen Sprache *unverändert* von allen Mitgliedern gemeinschaftlich *öffentlich wiederholt werden.* Alle Lehrartikel, deren Inhalt eine Religionspartei jetzt bestimmt und festsetzt und bei ihren Lehrern und Mitgliedern öffentlich, gemeinschaftlich darauf hält: *haben durchaus nur einen äußerlichen Endzweck*; auf den die größere Gesellschaft freilich bei den versammelten Gliedern halten kann; weil jede äußerliche durch Vertrag errichtete Religionsform der Maßstab sein kann, wonach die Gesellschaft ihre Lehrer und Mitglieder beurteilt, ob sie dem Vertrage noch entsprechen. Über die *innere* Religion aber kann die Gesellschaft nichts verordnen; sie gehört in die unsichtbare moralische Welt, nicht in die bürgerliche."[44]

[42] *J. S. Semler*, Letztes Glaubensbekenntnis über natürliche und christliche Religion. Mit einer Vorrede hrsg. von *Chr. G. Schütz*, Königsberg 1792, 5 (orthographisch modernisiert).
[43] Vgl. *J. S. Semler*, Ausführliche Erklärung über einige neue theologische Aufgaben, Zensuren und Klagen, Halle 1777, 36f.
[44] *J. S. Semler*, Letztes Glaubensbekenntnis, 51f.

Die Tatsache, daß die Kirche Bekenntnisse formuliert, ist nach Semler lediglich auf das Interesse zurückzuführen, für den Staat, auf dessen Schutz man setzt, gleichsam übersichtlich und berechenbar zu bleiben. Die Treuepflicht den Bekenntnissen gegenüber zielt ebenfalls vornehmlich auf den Staat, denn die Bekenntnisse sind gleichsam die Geschäftsgrundlage, auf der der Staat einer Religion freie Entfaltung gewährt.

„Es haben also alle ... *Bekenntnisschriften* zunächst eine bürgerliche *äußerliche Absicht*, damit der Staat darin gewiß ist, daß dieses auch gute, ruhige, nützliche Bürger sind und bleiben wollen."[45]

Die persönliche Religiosität gehört in besonderer Weise zum *Wesen* des Menschen. Das ist bereits eine Annahme bzw. Behauptung der Neologen in der 2. Hälfte des 18. Jahrhunderts. Die Religiosität erhebt den Menschen durch die Erkenntnis und Verehrung Gottes, d. h. eines höchsten Wesens in besonderer Weise über das Tier.[46] In „Bewunderung seiner herrlichen Größe" und durch das „lebhafte Gefühl unserer Abhängigkeit von ihm" ist die Frömmigkeit des Menschen bestimmt, der in rechter „Ehrfurcht und Liebe" das höchste Wesen verehrt.[47] Mit dieser allgemeinen, zunächst nur formal bestimmten Religion wird dann insbesondere die christliche Religion zusammengebracht, die dem allgemeinen Wesen der Religion vorzüglich entspreche. Allerdings gelingt dieser Reim nur – und das hat u. a. bereits Wilhelm Abraham Teller längst vor Schleiermacher herausgestellt –, wenn eine markante Trennungslinie zwischen der ‚israelitischen' Religion, „aus der nachher die gegenwärtige Jüdische hervorgegangen ist", und der christlichen Religion gezogen wird.[48] Diese Trennungslinie scheidet das Alte vom Neuen Testament.[49]

Wenn der Rationalismus um die Jahrhundertwende zum 19. Jahrhundert die vollkommene Versöhnung der Religion mit der Vernunft sucht,[50] so wird im Sinne der Aufklärung eine bereits von den Neologen gezeichnete Linie lediglich konsequent bis an ihr Ende ausgezogen, so daß auch die unbefriedigende Spannung zwischen vernünftig

---

[45] Ebd., 140.
[46] Vgl. *W. A. Teller*, Anleitung zur Religion überhaupt und zum Allgemeinen des Christentums besonders, Berlin 1792, 15.
[47] Vgl. ebd., 19.
[48] Vgl. ebd., 27.
[49] Vgl. ebd., 28f.
[50] Vgl. u. a. *H. E. G. Paulus*, Der Denkgläubige, Heidelberg 1825; *J. G. L. Wegscheider*, Lehrbuch der christlichen Dogmatik, nach der 6. Ausgabe übers. von *Fr. Weiß*, Nürnberg 1831.

beherrschter Öffentlichkeit und tolerierter kontingent bestimmter Privatheit überwunden wird. *Alles* hängt nun an der Allgemeingültigkeit, mit der sich die Theologen in Szene setzen.[51] Damit ist die Aufklärung an ihre äußerste Grenze gekommen, die nun nicht mehr mit der aufklärerischen Berufung auf die menschliche Vernunft überschreitbar ist. Auch wenn die letzte Verwirklichung noch aussteht, so ist das Ziel ihrer Vollkommenheit doch schon bekannt und damit zugleich die Geschichte dem Menschen unterworfen.

Wenn Barth die Aufklärung dadurch kennzeichnet, daß sie von einem ‚anthropozentrischen Weltbild' geprägt sei,[52] dann will er den mit der Aufklärung verknüpften *Absolutismus* herausstreichen, durch den der Mensch – positiv wie negativ – alle Wirklichkeitsbereiche seines Lebens in seine Gewalt zu bekommen versucht. Wissenschaft, Technik, Politik, Philosophie, Architektur, Kunst, Pädagogik und die Moral werden ebenso dem ‚Streben nach absoluter Formung'[53] unterworfen, wie das Verhältnis des Menschen zur Natur oder die Gestaltung seiner Mode. Im formenden Zugriff versucht sich der Mensch gleichsam den ganzen Kosmos zu gestalten, in dessen durch das kopernikanische Weltbild zweifelhaft gewordene Mitte sich nun der Mensch selbst hineingestellt hat. Der allgemeine, den Konfessionen übergeordnete Religionsbegriff entspricht dem unbegrenzbaren Gestaltungswillen des aufgeklärten neuzeitlichen Menschen, der nun auch die christliche Tradition einer ihm gemäßen Form unterwerfen will. Knapp und treffend benennt Barth vier Entwicklungen bei der Bestimmung des *Problems* der Theologie, durch die sich die Aufklärung charakterisieren lasse; es handelt sich „1. um seine Verstaatlichung, 2. um seine Verbürgerlichung oder Moralisierung, 3. um seine Verwissenschaftlichung oder Philosophierung und 4. um seine Individualisierung oder Verinnerlichung".[54]

c) Um die spezifischen neuzeitlichen Bestimmungsmomente des Religionsbegriffs einigermaßen vollständig zu versammeln, muß im Grunde nur noch das für die Theologie des 19. Jahrhunderts sehr wirkungsvolle Votum von Jean-Jacques Rousseau zur Sprache kommen, das zugleich die Überschreitung des absolutistischen aufklärerischen Selbstbewußtseins anzeigt. Rousseau unterscheidet ebenso wie weit-

---

[51] Vgl. *J. H. Tieftrunk*, Einzig möglicher Zweck Jesu aus dem Grundgesetze der Religion entwickelt, 2. verbesserte und vermehrte Aufl., Berlin 1793, 19f.

[52] Vgl. *K. Barth*, Die protestantische Theologie im 19. Jahrhundert, Zürich 1947, 21 u. ö.

[53] Vgl. ebd., 37

[54] Ebd., 65. Zu Barths Sicht der Neuzeit vgl. ausführlicher unten 3.3.

hin die Aufklärung die Sozialformen der Religion von ihrer persönlich innerlichen Gestalt. Auch er anerkennt die Zuständigkeit des Staates für die öffentliche Religionsausübung einschließlich des dem Staat zugestandenen Sanktionsrechtes.[55] Grundlegend neu ist dagegen bei Rousseau die Wesensbestimmung der Religion, denn sie wurzelt hier wie da auf dem Gefühl. Gegen den intoleranten Offenbarungsglauben stellt Rousseau die intuitive Religion des freien Individuums, die sich begrifflich nicht erfassen läßt. Die Religion wird auf die natürliche Stimme des Herzens, auf das Gewissen des Einzelnen verwiesen:

„Gewissen! Gewissen! Göttlicher Instinkt! Unsterbliche und himmlische Stimme! Sicherer Führer eines unwissenden und beschränkten, aber verständigen und freien Wesens! Untrüglicher Richter über Gut und Böse, der den Menschen gottähnlich macht! Du gibst seiner Natur die Vollkommenheit und seinen Handlungen die Sittlichkeit! Ohne dich fühle ich nichts in mir, das mich über die Tiere erhebt, als das traurige Vorrecht, mich mit Hilfe eines ungeregelten Verstandes und einer grundsatzlosen Vernunft von Irrtum zu Irrtum zu verlieren."[56]

Die Stimme der unbestechlichen Natur ist die Offenbarungsquelle der natürlichen Religion; sie wird zwar aktualiter nur individuell und subjektiv angezeigt, entspringt aber der den Individuen und der menschlichen Vernunft überlegenen göttlichen Wirklichkeit, an der sich eine instinktlose, d. h. intuitionslose Vernunft zum Schaden der Menschheit allzu schnell vergreift.

„Betrachte das Schauspiel der Natur, hör auf die innere Stimme. Hat Gott nicht alles vor unseren Augen, vor unserem Gewissen und unserem Urteil ausgebreitet? Was können uns die Menschen mehr sagen? Ihre Offenbarungen erniedrigen Gott nur, da sie ihm menschliche Leidenschaften beilegen, statt unsere Begriffe über das große Wesen aufzuklären."[57]

Rousseau bricht mit dem absolutistischen Formwillen der Aufklärung und spricht dem von ihm geprägten Leben ab, schon das wirkliche, d. h. das der Natur des Menschen entsprechende Leben zu sein. Die Aufmerksamkeit wird von außen nach innen gelenkt; in sich selbst vermag der Mensch die rechte Ordnung der Welt zu erkennen; er muß sie nicht erst schaffen, indem er der äußeren Welt die ihm vernünftig

---

[55] Vgl. *J.-J. Rousseau*, Vom Gesellschaftsvertrag, in: *Ders.*, Politische Schriften, Band 1, übersetzt und Einführung v. *L. Schmidts*, 6. Aufl., Paderborn 1977, 201ff.

[56] *J.-J. Rousseau*, Emile oder über die Erziehung, 6. Aufl., Paderborn 1983, 306.

[57] Ebd., 312.

erscheinende Form einprägt; vielmehr soll sich die Vernunft des Menschen von der nicht deformierbaren Intuition anstecken lassen. Das Gefühl wird bei Rousseau – mit Barth gesprochen – zum „eigentliche[n] Zentralorgan des menschlichen Geistes".[58] Es ist diese Erweiterung des Vernunftbegriffs, durch den der Mensch mit seiner Natur und zugleich mit Gott in Einklang gebracht wird, die dann die Voraussetzungen für die Philosophie und Theologie des 19. Jahrhunderts geschaffen hat.

d) Im Grunde ist mit dieser kritischen Ausweitung des aufklärerischen Selbstbewußtseins die thematische Reichweite des neuzeitlichen Religionsproblems ausgeschöpft. Zweifellos gehen die philosophischen und theologischen Problemlösungen im 19. Jahrhundert vor allem in ihren systematischen Bestimmungen und Konsequenzen weit über die skizzierten Denkzusammenhänge hinaus, aber es kommen keine grundsätzlich neuen Themen mehr hinzu, so daß hier die Betrachtung der Entwicklung des allgemeinen neuzeitlichen Religionsbegriffs abgebrochen werden kann. Es bleibt allerdings noch kurz Bilanz zu ziehen: Die konsequente neuzeitliche Konzentration auf die Anthropologie, die den Menschen als vernünftiges, selbstbewußtes und autokratisches Wesen beschreibt, benennt im allgemeinen Religionsbegriff eine über den konfessionellen Fixierungen stehende menschliche Haltung. Ohne sich je recht einig werden zu können, was denn die meist nur formal bestimmte Religion nun tatsächlich sein könnte, wird sie – solange sie nicht der Religionskritik anheim fällt – zu einem spezifischen anthropologischen Wesensmerkmal erklärt. Sie erscheint als ein *Teilaspekt* der Anthropologie, d. h., sie ist in einen ihr übergeordneten Gesamtzusammenhang eingegliedert. Die Religion thematisiert gleichsam einen Ausschnitt des menschlichen Wesens; sie bleibt wissentlich und willentlich, auch wenn sie vom Absoluten oder dem Universum reden mag, partikular, d. h. einem spezifischen ‚Teil' des Menschen zugewandt.

Wenn nun auch die Theologie der neu erfundenen menschlichen Religiosität zugeordnet wird, so geht dem die einladende Behauptung voraus, daß die dem menschlichen Wesen eignende Religiosität sich im christlichen Glauben besonders adäquat entfalten könne, d. h., der christliche Glaube wird als eine besonders geeignete konkrete Gestalt der Religion gewürdigt, in der die allgemeine menschliche Religiosität unverstellt zum Zuge kommen könne. Die Theologie wird konse-

[58]  *K. Barth*, Die protestantische Theologie im 19. Jahrhundert, Zürich 1947, 203.

quent zur *Glaubenslehre* umgeformt – zuerst von Sigmund Jakob Baumgarten (1706–1757)[59] –, die nun nach der Möglichkeit und Gestalt des Glaubens angesichts des jeweils erreichten Bewußtseinsstandes des modernen Menschen fragt. Die Theologie wird ständig mit Anpassungs- bzw. Einpassungsproblemen in Atem gehalten, indem sie stets neu das Wesen und die Reichweite des Glaubens im Horizont der historisch aktuellen Einwände oder allgemeinen Bewußtseinsgehalte abzustimmen hat. Sie muß sich immer wieder neu einordnen, um dem von ihr zu vertretenden ‚Teil' zu dem ihm zustehenden Respekt zu verhelfen. Das ist das zwangsläufige Denkgefälle, wenn die anthropologischen Gesichtspunkte den Bedingungsrahmen für die Fragestellungen der Theologie darstellen. Die Theologie wird eingezwängt in die religiöse Anthropologie, in der eben der Mensch und nicht Gott der größere Zusammenhang ist, dem man sich bemüht, gerecht zu werden.

Auf die inhaltlichen Variationsmöglichkeiten kann hier nicht weiter eingegangen werden. Zwei Grundzüge bleiben aber noch herauszustreichen. *Einmal* werden die sich ständig wandelnden Vorstellungen des Glaubens durch den Glauben an die ständige Entwicklung der Menschheit miteinander verbunden. Eben deshalb muß die konkrete überlieferte Religion stets neu angepaßt werden, wobei im qualitativen Aspekt dieser auf Vollkommenheit zulaufend vorgestellten Entwicklung auch die entscheidende Hilfestellung zur Befreiung von den traditionellen Inhalten liegt, die eben nur als historisch überholt erklärt zu werden brauchen, um dann der Vergangenheit überlassen werden zu können. Die Veränderbarkeit des einen Glaubens wird durch das beharrliche Argument eines anderen Glaubens – des Glaubens an die allmähliche Selbstvervollkommnung der Menschheitsgeschichte – legitimiert. Diesem Evolutionsglauben fällt dann nicht nur auf breiter Ebene das Alte Testament zum Opfer, sondern es verlieren auch alle dem moralisch-individuellen Selbstbewußtsein zuwiderlaufenden Theologumena ihre Bedeutung wie etwa die von dem Begriff der Sünde angezeigte tatsächliche Gottlosigkeit des Menschen, die dem biblischen Zeugnis im Grunde Seite für Seite seine spezifische Spannung verleiht. Auch von der Gerechtigkeit Gottes läßt sich nicht mehr substantiell biblisch reden; vielmehr tritt an ihre Stelle die Liebe Gottes, ja, Gott wird selbst zum Inbegriff einer nur sehr vage

---

[59] *S. J. Baumgartens* Evangelische Glaubenslehre. Mit einigen Anmerkungen, Vorrede, historischer Einleitung, hrsg. von *J. S. Semler*, 3 Bände, Halle 1759–1760.

bestimmten, d. h. möglichst allgemein gehaltenen Liebe, was er so vorher nie gewesen ist.

*Zum anderen* – und das hängt unmittelbar damit zusammen – besteht theologische Arbeit seit der Neologie weithin aus möglichst ausgefeilter Apologetik gegenüber der wissenschaftlichen Vernunft eines säkularisierten Bewußtseins. Die Apologetik wird zum Grundprinzip einer jeden Theologie, die sich zunächst vor dem historischen Selbstbewußtsein des Menschen verbeugt, die also die verschiedenen menschlichen Errungenschaften in Kultur oder Wissenschaft als Voraussetzung auch für ihr Nachdenken nicht nur akzeptiert, sondern immerhin so positiv würdigt, daß sie sich vor ihnen auszuweisen bemüht. Der Apologet verbeugt sich stets zuerst vor dem, dem er gefallen will; oder umgekehrt formuliert: an den Themen und Problemen der Theologie wird erkennbar, vor wem sie sich verbeugt. Für die neuzeitliche Theologie kann – besonders im protestantischen Bereich – gesagt werden: sie verbeugt sich vor dem selbstbewußten individuellen Subjekt, das die Religion als eines seiner Bedürfnisse thematisiert. „Die Versuche, eine Bezogenheit des Menschen *im Allgemeinen* zu Gott zu konstituieren, nehmen deshalb ebensowenig ein Ende wie diejenigen, Religion *im Allgemeinen* als zum Menschen gehörig zu behaupten. Dazu muß einerseits die aufgeklärt angesehene Wirklichkeit religiös interpretiert, andererseits die Rede vom biblischen Gott in etwas Allgemeines eingepaßt werden (womit allerdings das eine wie das andere desavouiert wird)."[60]

Das neuzeitliche Religionsverständnis ist fest verknüpft mit den tiefgreifenden neuzeitlichen Umwälzungen des gesamten Wirklichkeitsverhältnisses des Menschen. Die ‚Religion' erweist sich dabei als alles andere als ein selbständiges Thema. Vielmehr tritt sie stets ‚im Auftrag von' auf, d. h. sie wird funktional thematisiert, wobei die Auftraggeber wechseln. Sie ist nicht selbstzwecklich, sondern dient über sich selbst hinausgehenden Interessen. Zunächst war es das konkret begründete Interesse an der Befriedung der militant aufeinander losgehenden Konfessionen. Bald wird daraus ein prinzipiell harmonisierendes Ausgleichsinteresse, das die Verhinderung gesellschaftlicher Konflikte in und mit dem Staat im Auge hat. Man kann sagen, daß der neuzeitliche Religionsbegriff sehr bald durch eine Harmonisierungs-, wenn nicht gar Verharmlosungstendenz charakterisiert

---

[60] *D. Schellong*, Neuzeitliche Theologien. B. Aus evangelischer Sicht, in: Neues Handbuch theologischer Grundbegriffe, Bd. 3, München 1985, 236–250, 247.

wird. Diese – jedenfalls im theologischen Sinne unbestreitbare – Verharmlosungstendenz ist kein zufälliges und deshalb austauschbares Attribut, sondern genuines Programm. An die Stelle der Frage nach der Wahrheit des Glaubens rückt konsequent die Herstellung und der Schutz des gesellschaftlichen Friedens. Längst vor Kant ist damit Gott zu einem Postulat der – freilich noch unspezifisch verstandenen – *praktischen* Vernunft geworden. Nicht um seiner selbst willen (und nur so auch um des Menschen willen) wird er zur Sprache gebracht, sondern um einer jeweils zu bestimmenden praktischen Not und ihren angenommenen Bedürfnissen willen wird er jeweils zweckdienlich postuliert. Nicht die Erkenntnis, sondern die *Praxis* wird zum entscheidenden Kriterium. Am praktischen Nutzen entscheidet sich die Überzeugungskraft der Religion. Damit wird deutlich, daß es eben *nicht* die Religion ist, die sich in der Neuzeit selbst zur Geltung bringt. Vielmehr entspringt der allgemeine Religionsbegriff seinerseits der Zweckrationalität des die Welt neu vermessenden selbstbewußten Menschen. Für die Theologie bedeutet das die Zumutung, den Menschen nun nicht mehr unter den Bedingungen Gottes, sondern umgekehrt Gott unter den Voraussetzungen des Menschen denken zu müssen.

### 3.2 Wilhelm Herrmann

Den vorläufigen Schlußpunkt der mit dem Humanismus und der Aufklärung einsetzenden neuzeitlichen Entwicklung der Religionsproblematik bilden der Kulturprotestantismus und die liberale Theologie des ausgehenden 19. und des beginnenden 20. Jahrhunderts.[61] Ohne nun auf die gemeinsamen Charakteristika der im einzelnen durchaus unterschiedlichen Richtungen eingehen zu wollen, soll – um diese Theologie in ihrem wohl reflektiertesten Vertreter zu Wort kommen zu lassen – ein kurzer Blick auf *Wilhelm Herrmann* geworfen werden. Barth sagte von Herrmann, daß er „*der* theologische Lehrer" seiner Studienzeit gewesen sei.[62] Zwar mag es auffallen, daß sich Barth selten ausdrücklich mit Herrmann auseinandergesetzt hat, aber es ist ebenso offenkundig, daß Barths dialektische Bestimmungen von Re-

---

[61] Vgl. dazu *D. Schellong*, Bürgertum und christliche Religion. Anpassungsprobleme der Theologie seit Schleiermacher, München ²1984.
[62] Vgl. *K. Barth*, Die dogmatische Prinzipienlehre bei Wilhelm Herrmann, in: Zwischen den Zeiten 3 (1925), 246–280, 246.

ligion und menschlicher Subjektivität in einem kontroversen Gespräch mit Herrmann stehen.[63]

Herrmann bezeichnet die Religion – wobei er vornehmlich die christliche Religion, bzw. präziser: den christlichen *Glauben* meint – als „das wahrhaft Lebendige in der Geschichte".[64] Als solche ist sie allerdings weder allgemein aufweisbar noch jedermann begreiflich. Mit dieser Abwehr der allgemeinen Evidenz und Plausibilität trägt Herrmann dem Auftreten der unterschiedlichen Formen der Religionskritik Rechnung. Doch damit ist nur zugestanden, daß die Religion von *außen* betrachtet als eine Illusion erscheinen kann. Nur aus eigener Beteiligung – gleichsam von innen – kann sie recht verstanden werden. Sie entzieht sich der objektiven Erkenntnis; nur im persönlichen Glauben wird sie wahrnehmbar. „Die Religion vor allem ist eine Sache der eigenen Erfahrung."[65] Jede Ansicht über ihr tatsächliches Wesen kann nur „ein Ausdruck unserer eigenen Religion"[66] sein. Hier ist nun gerade nicht mehr die allgemeine Plausibilität, sondern das Geheimnis der aktuellen Offenbarung bestimmend.

Dies ist streng *individuell* zu verstehen. Es ist dieser individuelle Charakter religiöser Erfahrung, der allen Mitteilungen über die Religion ihre engen Grenzen setzt, denn das religiöse Erlebnis selbst läßt sich nicht durch Mitteilungen darüber weitergeben. Der individuelle Charakter verhindert zugleich jede auf Objektivität bedachte wissen-

---

[63] Dabei mag *D. Korsch* recht zu geben sein, wenn er herausstellt, daß Barth auf Fragen Herrmanns, die Herrmann selbst nur widersprüchlich zu lösen verstand, eine theologische Antwort zu geben versucht habe (vgl. Fraglichkeit des Lebens und Evidenz des Glaubens. Karl Barth und Wilhelm Herrmann im Gespräch über Offenbarung und menschliche Subjektivität, in: Zeitschrift für dialektische Theologie 1 (1985), Heft 2, 33–51). Ob sich daraus allerdings gleich eine besondere – d. h. über die von Barth immer wieder betonte grundsätzliche Kontinuität hinausgehende – Kontinuität zwischen Barth und Herrmann ableiten lasse, erscheint mir zweifelhaft, besonders wenn dies – wie bei *H. Ruddies* (Karl Barth und Wilhelm Herrmann. Aspekte aus den Anfängen der dialektischen Theologie, in: Zeitschrift für dialektische Theologie 1 (1985), Heft 2, 52–89) geschieht – ohne die substantielle Berücksichtigung der für Barth im deutlichen Gegensatz zu Herrmann schlechterdings entscheidenden Konzentration auf das biblische Zeugnis vorgetragen wird. Der hier von Ruddies vorgeführte systematisch prinzipielle – dabei allerdings recht eklektische und zugleich eigenwillig akzentuierte – Umgang mit theologischen Fragen scheint mir Barth eher fremd und daher – auch gegen den verbreiteten kategorisierenden Trend – für die aktuelle Barth-Rezeption unproduktiv zu sein, zumal er den Anschein erweckt, als befänden wir uns heute bereits auf einer Problematisierungshöhe, von der sich auf Barth als einer Station in der vorausgehenden Problemgeschichte zurückblicken ließe.

[64] *W. Herrmann*, Religion, in: *Ders.*, Schriften zur Grundlegung der Theologie, Teil 1, München 1966, 282–297, 283.

[65] *W. Herrmann*, Die religiöse Frage in der Gegenwart, in: *Ders.*, Schriften zur Grundlegung der Theologie, Teil 2, München 1967, 114–149, 128.

[66] *W. Herrmann*, Religion, 283.

schaftliche oder an Plausibilität orientierte philosophische Beschreibung. So bekommt die Theologie einen eigenständigen Aufgabenbereich zugewiesen, und alle Inhalte theologischer Lehre geraten in einen ganz spezifischen Blickwinkel, durch den sie perspektivisch verändert werden. Jeder theologische Inhalt hat nun daran seine Bedeutung auszuweisen, daß er auf das *Erleben* zielt, denn an ihm bewahrheitet sich die Tradition und nicht in irgendwelchen materialen Lehren, von denen der Mensch aufgefordert wird, etwas für wahr zu halten, was er selbst nicht als wahr erkennt.

Damit wird bereits angedeutet, welchen Stellenwert Herrmann der Bibel und der Dogmengeschichte zumißt. Sie werden vor allem als Anschauungsmaterial mit Beispielen und Vorbildern für Menschen und Begebenheiten benutzt, in denen sich Gott als Wirklichkeit erwiesen hat; und wegen dieses Illustrationspotentials sind sie „für uns durchaus nicht wertlos"[67] – man beachte die negative Formulierung –, weil wir hier erfahren, wie es anderen mit ihrem Glauben ergangen ist.

„Die heilige Schrift Alten und Neuen Testamentes vergegenwärtigt uns etwas, was für unsere Seele viel wichtiger ist als irgendwelche Lehren. Sie vergegenwärtigt uns Menschen, die sich dessen bewußt waren, daß Gott sich ihnen offenbart und sie dadurch gänzlich verwandelt hatte. Und wenn wir auf die Worte dieser geheiligten Menschen, die in der heiligen Schrift zu uns reden, achten wollen, so sollen wir nicht darauf aus sein, daraus Lehren zusammenzuleimen. Wir sollen die Worte so benutzen, wie sie auch ein rechter Historiker benutzt, daß wir uns ein Bild gewinnen von diesen Menschen und ihr Inneres kennenlernen. Wenn diese Worte uns dazu dienen, dann wird uns in der heiligen Schrift etwas deutlich werden, was uns den rechten Weg für uns selbst weisen kann. Es wird uns deutlich, was für eine Macht diese Frommen meinten, wenn sie sagten, Gott habe zu ihnen geredet."[68]

Die Bibel ist „ein vielstimmiger Chor von Glaubenszeugen", wobei jeder Zeuge nur für sich selbst sprechen kann; doch gerade so können die verschiedenen Glaubenszeugen uns Anleitung geben, „uns darauf zu besinnen, wie und wodurch Gott uns selbst seine Wunder sehen lassen will".[69] Gesucht wird die Begegnung mit dem inneren Leben, das der Wissenschaft prinzipiell verschlossen bleibt. „Alles, was die

[67] *W. Herrmann*, Die religiöse Frage in der Gegenwart, 141.
[68] *W. Herrmann*, Gottes Offenbarung an uns, in: *Ders.*, Schriften zur Grundlegung der Theologie, Teil 2, München 1967, 150–169, 164f.
[69] *W. Herrmann*, Die Religion unserer Erzieher, in: *Ders.*, Schriften zur Grundlegung der Theologie, Teil 2, München 1967, 324–345, 340.

Wissenschaft anfassen kann, ist tot. Es kann Lebensmittel sein, aber nicht Leben."[70] Das Leben ist nicht einfach das Bewegtsein der menschlichen Natur, sondern es ist substantiell getragen von der geistigen Macht in den Bewegungen der Geschichte, denn erst hier findet der Mensch die Wirklichkeit, in der er auch Gott begegnet.[71]

Ein besonderer Akzent liegt nun darauf, daß der Mensch in der Erfahrung der Wirklichkeit Gottes die je besondere Wirklichkeit seines eigenen individuellen Lebens erfährt. Der Mensch erkennt sich selbst als ein vom Leben berufenes Individuum. „Etwas Größeres kann uns nicht zuteil werden, als das Bewußtsein eines eigenen Lebens."[72] Dieses Bewußtsein kann weder von der Wissenschaft noch von der Sittlichkeit erschlossen werden, denn beide sind auf allgemeine Gesetzlichkeiten verwiesen.[73]

Auf diesem Hintergrund kann dann ganz elementar gesagt werden, „daß die Religion Überzeugung von der Wirklichkeit Gottes ist".[74] Angerührt von dieser Wirklichkeit nimmt der Mensch seine Wirklichkeit, die sonst eher zersplittert und unüberschaubar erscheint, mit völlig anderen Augen wahr; in diesem Sinne spricht Herrmann unter Berufung auf die Reformatoren vom Glauben als einer Wiedergeburt des Menschen.[75] Dabei hat die *Sittlichkeit* die Rolle eines Bindeglieds zwischen der Natur und dem Wollen des Menschen auf der einen Seite und der in Gott erfahrenen Macht sittlicher Güte auf der anderen Seite.

„Das Vertrauen, das die von uns erfahrene Macht sittlicher Güte in uns schafft, ist der Glaube an Gott, die wirkliche Religion. Jede andere Vorstellung von Gott muß schließlich von dem Menschen verlassen werden, dessen sittliche Erkenntnis sich entwickelt, und wird ihm dann ein Götzenbild. Diese eine kann die Menschheit durch ihre Geschichte leiten, deren ewiges Ziel die Gemeinschaft freier Personen ist, die Verwirklichung alles dessen, worauf die Energie des guten Willens geht."[76]

---

[70] *W. Herrmann*, Religion, 287.

[71] Vgl. ebd., 297.

[72] *W. Herrmann*, Der Widerspruch im religiösen Denken und seine Bedeutung für das Leben der Religion, in: *Ders.*, Schriften zur Grundlegung der Theologie, Teil 2, München 1967, 233–246, 245.

[73] Vgl. *W. Herrmann*, Die religiöse Frage in der Gegenwart, 136f.

[74] *W. Herrmann*, Religion und Sittlichkeit, in: *Ders.*, Schriften zur Grundlegung der Theologie, Teil 1, München 1966, 264–281, 274.

[75] Vgl. *W. Herrmann*, Religion, 296.

[76] *W. Herrmann*, Religion und Sittlichkeit, 279.

So sehr die Religion dabei die Sittlichkeit transzendiert, so sehr bleibt aber die Sittlichkeit der Ort, an dem die Religion geboren wird, denn da, „wo eine Liebe erfahren wird, die für andere arbeitet und sich opfert, erweckt sich Gott seine Kinder."[77]

Alle Überlegungen zielen schließlich – und darin ist Herrmann ein typischer Vertreter seiner Zeit – auf die Selbsterfüllung des Menschen in der *Geschichte*. Hier liegt der zentrale Nerv der Apologetik: „Das, was die Geschichte und den Menschen als Träger der Geschichte erst möglich macht, ist die Religion."[78] Die Geschichte ist im Unterschied zur Natur die Ebene, auf der der Mensch seine Freiheit realisiert, indem er sich für das, was er tut, verantwortlich erklärt.[79] Auch in dieser Hinsicht läßt sich die Religion nicht fixieren oder gar typisieren, vielmehr bringt sie stets Neues hervor, denn jeder, der glaubt, ist eine eigene neue Schöpfung. Und so wird unter Einbezug der ganzen Geschichte die Wolke der Zeugen groß und vielfältig, so vielfältig, daß sogar Bismarck in ihr erscheint, sogar an bevorzugter Stelle direkt neben Luther; zusammen sind sie „in unserem Volk die beiden Größten".[80] Und in diesem Zusammenhang kommt Herrmann dann 1918 auf den noch wütenden Ersten Weltkrieg zu sprechen, in dem er ebenfalls einen Erzieher der Religion erkennt. Auch wenn das Pathos der Kriegstheologie vom Beginn des Krieges verschwunden ist, so bleibt doch noch der Glaube an die gerechte Sache der Deutschen und die Hoffnung auf den „vollen Sieg".[81] Hier ist es nun das *Volk*, das als eigenständiges Individuum behandelt wird, dem Gott ebenfalls ein eigenes Selbst gegeben hat, das es nun gegen die Feinde zu verteidigen gilt.

Damit sind die zentralen Bestimmungsmomente des Herrmannschen Religionsverständnisses skizziert. Im Wissen um die Aporien sowohl des Deutschen Idealismus als auch des Historismus und im Respekt vor dem wissenschaftlichen Fortschritt besonders in den Naturwissenschaften gibt sich die geschickte Apologie der Religion sehr moderat. Dabei läßt sie aber – und darauf kommt es entscheidend an – den breiten Konsens mit dem geschichtsphilosophischen Selbstverständnis des Menschen unangetastet. Vielmehr wird dieser auf den neuesten Stand gebracht und vor allen vorstellbaren Einsprüchen ge-

[77] *W. Herrmann*, Die religiöse Frage in der Gegenwart, 144.
[78] Ebd., 137.
[79] Vgl. *W. Herrmann*, Die Religion unserer Erzieher, 325.
[80] Ebd., 341.
[81] Ebd., 343.

sichert. Die Religion wird zum principium individuationis, und eben darin liegt – jedenfalls in formaler Hinsicht – ihre Allgemeingültigkeit, auch wenn sie aktualiter nur individuell auftritt. Der sich in seinem individuellen Selbst erkennende Mensch wird gleich in die vom Menschen in Freiheit zu verantwortende Geschichte hineingestellt, denn er vermag nun in historischen Ereignissen das Handeln Gottes zu erkennen. Dabei betont Herrmann die Eigenständigkeit der Religion gegenüber der Ethik (in Abgrenzung zu I. Kant, H. Cohen und P. Natorp). Auch – und das geht gegen Schleiermacher – ist die Religion keine unausweichliche Gegebenheit, die dem Menschen seine Abhängigkeit vor Augen führt, sondern sie wurzelt im Erlebnis freier Hingabe und bezieht gerade aus der Betonung der Freiheit ihren apologetischen Charakter.

## 3.3 Karl Barth und die neuzeitliche Religion

Schon in den knappen Zuspitzungen der systematischen Implikationen des neuzeitlichen Religionsverständnisses wird es plausibel, daß sich Barths *theologische* Neuzeitkritik vor allem als die Kritik der vom neuzeitlichen Menschen auf den Sockel gehobenen allgemeinen Religion darstellen läßt.[82] Barth thematisiert mit dem Religionsproblem für die Theologie die ‚Dialektik der Aufklärung‘, was in der Barth-Rezeption noch kaum recht nachvollzogen ist. Dabei bleibt zu beachten, daß Barth sich nicht in einen prinzipiellen Gegensatz zur Neuzeit gestellt hat, ebensowenig wie er mit seiner Religionskritik eine generelle Annullierung der Religion für Theologie und Kirche intendiert hat.[83]

a) Den verhängnisvollen und folgenreichen Bruch datiert Barth zu Beginn des 18. Jahrhunderts im Hinweis auf Salomon van Til und Joh. Franz Buddeus[84] (vgl. KD I/2, 313f, 318). Hier wird der zunächst von der Philosophie entworfene allgemeine Religionsbegriff in die Theologie übernommen. Barth bringt allerdings nicht nur theologiegeschichtliche Gründe in Anschlag, sondern er sieht die Wurzeln in den

[82] Vgl. auch *K. G. Steck*, Karl Barths Absage an die Neuzeit, in: *K. G. Steck – D. Schellong*, Karl Barth und die Neuzeit (Theologische Existenz heute, Nr. 173), München 1973, 7–33, 22.

[83] Gerade aus der neuzeitlichen Verharmlosung der Theologie schließt Barth, „daß das Problem der Theologie als solches in der Neuzeit besonders lebhaft zum Bewußtsein gekommen ist" (*K. Barth*, Die Theologie und der heutige Mensch, in: Zwischen den Zeiten 8 (1930), 374–396, 391), so daß sie den Kampf gegen die tatsächlichen Unverrechenbarkeiten in nur zu verständlicher Weise aufgenommen hat.

[84] Die Hinweise auf *K. Barth*, Die Kirchliche Dogmatik (KD), werden im Text angegeben.

grundlegenden gesellschaftlichen Veränderungen, die einen prägenden Einfluß auf die ganze Geistesgeschichte gehabt haben. So weist uns Barth auf das in der Neuzeit aufblühende *Bürgertum*, das bald mit den Bedürfnissen und Regeln seiner vom konkurrenzwirtschaftlichen Leben geprägten Weltanschauung in allen Fragen von Theologie und Kirche bestimmend wird.

„Seine Besitzes- und Standesinteressen, seine durch den Rahmen der Nöte und Aufgaben, der Gesichtspunkte und Ideale des Handwerker- und Kaufmannslebens bedingte Lebensauffassung und Moral, seine aufstrebende Bildung, werden nun mit immer größerer Selbstverständlichkeit die formenden Kräfte, die bei den mehr und mehr in seine Hände geratenden religiös-kirchlichen Fragen in Aktion treten. Es ist typische Mittelstandsideologie mit ihrem gediegenen, aber etwas beschränkten Horizont, mit ihrer bescheidenen, aber in sich gegründeten Selbstzuversicht, mit ihrer klugen Fügsamkeit nach oben und mit ihrer Behäbigkeit nach unten, mit ihrer Richtung auf das Praktische und Greifbare und mit ihrem berechtigten Wunsch nach äußerem Frieden und innerer Ruhe, mit ihrem Bedürfnis nach Erhebung über die Sorgen des Alltags und mit ihrer soliden Abneigung gegen unverständliche Paradoxien, was, wenn wir von dem christlichen Inhalt einmal absehen wollen, etwa den Liturgien und Gesangbüchern, aber auch den Predigtinhalten dieser Zeit das Gesicht gegeben hat."[85]

Hier schafft man sich zur Selbststabilisierung das bis heute so lebendige „erschreckende Gespenst der sogenannten ,toten Orthodoxie'", das man in der Vergangenheit auftanzen läßt, um sich rasch abkehren zu können vom „Hochmut und Streitgeist der orthodoxen Zionswächter und Foliantenschreiber", deren theorieeifrige *Lehren* nicht das Leben erreichten; dagegen soll nun der Glaube zur *Lebensgestaltung* werden, in der er sich recht bewahrheite.[86] Auf diese Weise wird nun das, was man in dieser Zeit für das Leben hält, zum kritischen Maßstab für die Theologie; Bibel und Dogmatik bekommen eine prinzipiell nachgeordnete Bedeutung.

„Gebunden war man an sein systematisches Prinzip, seinen eigenen Willen zur Lebenserneuerung und Lebensgestaltung, an seinen Moralismus, an seine Bürgerlichkeit. Dieses Prinzip einerseits, Bibel und Dogma andererseits, verhielten sich wie ein Axiom zu dem auf ihn gegründeten Lehrsatz. Beide gelten, aber jenes gilt mit absoluter, dieser gilt mit relativer Gewißheit."[87]

---

[85] Vgl. *K. Barth*, Die protestantische Theologie im 19. Jahrhundert, Zürich 1947, 71.
[86] Vgl. ebd., 73.
[87] Ebd., 84.

Im Grunde fühlte man sich frei von allen Bindungen, für die man nicht selbst einzustehen vermochte. Die Bejahung des ‚Christentums' wird allein von selbst gestellten Bedingungen abhängig gemacht. Und so gerät nach Barth beinahe alles in das Fahrwasser des Bürgertums, das auch den zu dieser Transformation hilfreichen Wissenschaftsrahmen bereitgestellt hat. In diesem Umbruch zur modernen bürgerlichen Weltanschauung fand der neuzeitliche Religionsbegriff aus dem Renaissance-Humanismus und der Aufklärung substantiell Eingang in Theologie und Kirche. Die Theologie liebäugelte mit einer „religiös bestimmten Philosophie", während die Kirche oberhalb aller konfessionellen Fixierungen in eine „Religionsgesellschaft" überführt werden sollte.[88]

Zwar hat die Neuzeit die Bedeutung des Religionsbegriffs durch konsequente Verallgemeinerung – Überwindung aller konfessionellen Grenzen – ausgeweitet, aber im gleichen Zuge wird sie radikal partikularisiert. Zwar hat man sich bemüht, die *Geltung* der Religion zu universalisieren, zugleich wurde aber der Geltungsbereich begrenzt, denn ihre Wahrheitsfähigkeit und Erklärungskraft bleibt auf die Innerlichkeit des Individuums beschränkt. Eben deshalb wirft Barth der Religion vor, sie habe sich vom Leben entfernt, denn ‚Leben' vollzieht sich in der konkreten Auseinandersetzung auch um materielle Belange, im Machtkampf des Daseins in den geschichtlichen Realitäten und bleibt nicht auf die privat ausgemachten Gesinnungsoptionen beschränkt. Es zielt auf „Allgemeinheit und Körperlichkeit und Kräftigkeit",[89] von denen eine individuelle religiöse Existenzsemantik weit entfernt bleibt. Die Religion des neuzeitlichen Bürgertums bleibt daher in den Augen Barths bei aller Universalitätsattitüde nur eine harmlose, weil auf Harmlosigkeiten beschränkte, und also partikularisierte Religion, die nicht mehr die wirklichen Nöte des Menschen aufzunehmen in der Lage ist.

„Zunächst hat sich auch der Protestantismus, als der mittelalterliche Traum ausgeträumt war, in die Existenzweise einer dem modernen Menschen letztlich unnötigen und ungefährlichen Religionsgesellschaft fügen müssen und zu fügen gewußt ... Sie hat den so energisch auf sich selbst sich stellenden modernen Menschen grundsätzlich anerkannt, um sich dann zu fragen, wie sich das Christentum nun wohl diesem Menschen am besten empfehlen möchte. Sie nahm die ihr zugewiesene Hilfestellung an und bemühte sich, sich in ihr unent-

---

[88] Vgl. ebd., 90f.
[89] *K. Barth*, Religion und Leben, in: Evangelische Theologie 11 (1951/52), 437–451, 450.

behrlich zu machen, d. h. zu zeigen und sichtbar zu machen: die Wahrheit der christlichen Religion, die auch und gerade in der neuen Zeit gut und nützlich zu hören und zu glauben sei, bestehe darin, daß eben die recht verstandene Lehre von Jesus Christus und die ihr entsprechende Lebensordnung die geheime Kraft habe, den Menschen zum Anstreben und Erreichen seiner im übrigen selbständig gewählten Ziele zum Zwecke innerlich fähig zu machen. ... Es kam nun alles darauf an, innerhalb dieses auch von der nichtchristlichen Welt anerkannten anthropologischen Allgemeinbegriffs [der Religion] in zuverlässiger Weise das besondere ‚Wesen des Christentums' ans Licht zu stellen und darzustellen: auf derselben menschlichen Ebene und unter denselben Gesichtspunkten auf dem Niveau derselben Argumente, die auch die derer waren, die seiner entraten zu können meinten, nämlich auf dem Feld menschlicher und menschlich einsichtiger Vorzüge und Nachteile, Stärken und Schwächen, Wahrscheinlichkeiten und Unwahrscheinlichkeiten, Hoffnungen und Befürchtungen. Nicht ohne Ähnlichkeit mit der Situation der römischen Kaiserzeit – nur eben ohne das Korrektiv der äußeren Unterdrückung – wurde nun das Christentum als die bessere Begründung von Weltanschauung und Sittlichkeit, als die bessere Befriedigung der letzten Bedürfnisse, als die bessere Aktualisierung der höchsten Ideale des modernen Menschen seinen verschiedenen Konkurrenten gegenübergestellt" (KD I/2, 367f).

b) Zunehmend geraten die *inhaltlichen* Fragen und Probleme der Religion aus dem Blick, und sie erscheint schließlich ohne jede inhaltliche Anbindung als reine *Form*. Auf dieser Formalisierung liegt aber ein entscheidender Akzent, denn die Religion verliert auf diese Weise nicht nur jede intellektuelle Anstößigkeit, sondern sie gewinnt durch die Formalisierung zugleich eine beinah unbegrenzte Flexibilität. Diese Flexibilität garantiert der Religion die Möglichkeit, sich an alle von der jeweiligen Gesellschaft erhofften Funktionszuweisungen anpassen zu können, zumindest aber wird sie von allen Bindungen und Sperrigkeiten entlastet, um – mit einer von Barth zitierten Formulierung Schleiermachers gesprochen – nun frei zu sein wie die Bienen, „die den Honig aus allem ziehen, worin sich etwas findet von einer geistigen Lebenskraft".[90]

Diese inhaltliche Entleerung schließt die Ablösung der Religion von dem christlichen Bekenntnis mit ein. An die Stelle der Suche nach der durch Gott in Christus bekanntgemachten *Wahrheit* ist die menschenmögliche *Wahrhaftigkeit* getreten.

„Als man nicht mehr wußte oder wissen wollte, was Glauben und Gehorsam ist, da fing man an, von Religion zu reden. ‚Religion', das ist, geistesgeschichtlich betrachtet, die Flagge, die den Winkel bezeichnet, in den sich die neuere

---

[90] Zitiert bei *Barth*, Schleiermacher, in: Zwischen den Zeiten 5 (1927), 422–464, 429.

Theologie fluchtartig zurückzuziehen begann, als sie den Mut verlor, vom Worte Gottes aus zu denken, und froh war, in der dieser Größe scheinbar entsprechenden menschlichen Gemütsaffektion ein Flecklein Humanität zu finden, auf dem sie sich, im Frieden mit dem modernen Wissenschaftsbegriff, als rechte Als-Ob-Theologie ansiedeln und niederlassen konnte."[91]

In diesem Sinne gipfelt etwa Barths Kritik an Schleiermacher darin, daß Schleiermacher den *Frieden* zur Wahrheit des christlichen Glaubens gemacht hat und damit dem neuzeitlichen Selbstbewußtsein eine christliche Begründung nachgeliefert habe.[92] Der neuzeitliche ‚Religionismus' – wie Barth bisweilen zu sagen pflegte[93] – ist im Grunde der Versuch einer mehr oder weniger konsequenten Enttheologisierung der Theologie.

„Das Christliche ist jetzt ... tatsächlich zu einem Prädikat des neutral und allgemein Menschlichen, die Offenbarung ist nun zu einer geschichtlichen Bestätigung dessen geworden, was der Mensch auch ohne Offenbarung von sich selbst und damit von Gott wissen kann" (KD I/2, 315).

Alle Inhalte des theologischen Denkens – auch wenn schließlich „die Sache so heiß nicht gegessen, wie sie gekocht wurde"[94] – geraten in die Abhängigkeit von Formen menschlicher Möglichkeiten. Bestimmend wird ein Menschenbild, das im Grunde keine absolute Differenz zu sich selbst mehr aushält. Das Individuum verneint zwar nicht jede Autorität, stellt sich aber gegen jede „fremde(n) äußere(n) Autorität zugunsten der inneren, eigenen, mit der Autorität Gottes in einer eventuell besonders zu klärenden Nähe und Verwandtschaft stehenden Autorität des als Individuum letztlich in sich selbst gründenden Menschen".[95] Intuition, Erlebnis und Erfahrung beerben das Bekenntnis und legitimieren den Glauben, im Respekt auf die Autorität der inneren Stimme aus einem „Es ist mir so" heraus zu sprechen.[96] Der Mensch erhebt sich selbst zum Maß aller Wahrheit, und die Religion hat nun alle Hindernisse in der Tradition auszuräumen, die diesem Anspruch im Wege stehen. Das entscheidende Hindernis war dabei das dem modernen Menschen anstößige Theologumenon von der Sündenverstricktheit des Menschen und seine ausweglose Abhängig-

---

[91] *K. Barth*, Die christliche Dogmatik im Entwurf, hrsg. von *G. Sauter*, in: Karl Barth Gesamtausgabe, Zürich 1982, 594f.

[92] Vgl. *K. Barth*, Schleiermacher, 433, 463; *Ders.*, Die christliche Dogmatik im Entwurf, 410f.

[93] Vgl. u. a. KD I/2, 316, 319, 321.

[94] *K. Barth*, Die protestantische Theologie im 19. Jahrhundert, Zürich 1947, 105.

[95] Ebd., 97.

[96] Vgl. ebd., 101.

keit von der Gnade Gottes (vgl. dazu KD IV/1, 406–427). Jedes Gegenüber von Gott und Mensch, das nicht irgendwelchen evidenten oder als evident ausgegebenen menschlichen Bedürfnissen dient, hat das neuzeitliche Religionsverständnis annulliert. So verliert auch Gott seine freie Souveränität zugunsten der menschlichen Selbstentfaltung, zu deren religiösem Schutz er freilich noch *dienen* mag. Es wird – wenn er überhaupt noch zur Sprache gebracht wird – nach *seinem Dienst* für uns, nach *seinem Nutzen* für das Individuum oder die Menschheit, aber nicht nach dem rechten *Gottesdienst des Menschen* gefragt.

„Hinter dem Fremdwort ‚Religion' (und allem, was mit Religions- anfängt!), aber auch hinter dem deutschen Wort ‚Frömmigkeit', das manche lieber brauchen, aber natürlich auch hinter dem nachträglich doch wieder herangezogenen und in das Prokrustusbett jenes modernen Begriffs gezwängten Wort ‚Glauben' steckt schlechterdings nichts anderes als das mehr oder weniger verschämte oder unverschämte Bekenntnis, daß man es als moderner Mensch, was man *vor Allem* sein wollte, nicht mehr wagte, prinzipiell und primär und mit erhobener Stimme von *Gott* zu reden."[97]

c) Klarsichtiger und konsequenter als die Theologie hakt hier die neuzeitliche *Religionskritik* ein, indem sie darauf aufmerksam macht, daß die Theologie und ebenso der Glaube, wenn sie Gott im Munde führen, nicht von einer tatsächlich dem Menschen gegenüberstehenden Wirklichkeit, sondern im erhobenen Ton von sich selber sprechen. Barth bescheinigt *Ludwig Feuerbach*, daß sich seine Religionskritik in der zwingenden Konsequenz der neuzeitlichen Anthropologisierung der Theologie befinde, die nicht zufällig, sondern notwendig zur Vergottung des Menschen und damit in den Selbstwiderspruch der Religion führt. Feuerbach knüpft selbst ausdrücklich an die verbreitete Anthropologisierung der Theologie, in der jeder Inhalt zu einer Dispositive des Gefühls geworden ist, an und will aus dieser Entwicklung lediglich die redliche Konsequenz ziehen, indem er vorschlägt, daß man besser gar nicht mehr von Gott, sondern lieber nur noch vom Menschen reden möge.

„Die Theologie ist längst zur Anthropologie geworden ... Obgleich aber ‚die unendliche Freiheit und Persönlichkeit' der modernen Welt sich also der christlichen Religion und Theologie bemeistert hat, daß der Unterschied zwischen dem produzierenden Heiligen Geist der göttlichen Offenbarung und dem konsumierenden menschlichen Geist längst aufgehoben, der einst über-

---

[97] *K. Barth*, Die christliche Dogmatik im Entwurf, 595.

natürliche und übermenschliche Inhalt des Christentums längst völlig naturalisiert und anthropomorphisiert ist, so spukt doch immer noch in unserer Zeit und Theologie, infolge ihrer unentschiedenen Halbheit und Charakterlosigkeit, das übermenschliche und übernatürliche Wesen des alten Christentums wenigstens als ein *Gespenst* im Kopf."[98]

Barth stellt heraus, daß Feuerbach als getreues Kind des 19. Jahrhunderts das auf den Begriff bringe, was mehr oder weniger latent auch in seiner ganzen Plattheit die theologisch ausgegebenen Religionsbegriffe seiner Zeit charakterisiert habe. Dabei setzt auch Feuerbach sein ganzes Vertrauen auf den Menschen. Der Mensch sei nicht ausweglos verkehrt, sondern vertrauens- und liebenswürdig. Und die Theologie stimmt weithin zu, wenn das Verhältnis Gottes zum Menschen auf das Bewußtsein reduziert wird, daß der Mensch uneingeschränkt geliebt sei. Im Grunde werden von Feuerbach alle theologischen Inhalte auf Bewußtseinsmomente reduziert. So wird etwa aus der theologischen Rede von der Sünde die Einräumung einer im Grunde überwindbaren moralischen Unvollkommenheit. Der Mensch, der die Stunde der Geschichte recht erkennt, werde diese Unvollkommenheit von sich aus überwinden. Das ist für Barth eine unvermeidliche Konsequenz davon, daß man „ein natürliches Selbstverständnis des Menschen zur Norm christlichen Denkens erhoben hatte" (KD IV/1, 533).

d) Barth greift – wie oben bereits angedeutet – vor allem die enge Verbindung von Religion und Leben an, d. h. die Behauptung, daß in der Religion das menschliche Leben erst zu seiner eigenen persönlichen Wahrheit finde. Er geht dabei die unterschiedlichen Bestimmungsmöglichkeiten der Religion durch. Gemessen am tatsächlichen Leben – wie immer dieses zu bestimmen sein mag – ist die Religion als *Privatsache* das widersinnige Vorhaben, „im künstlich verdunkelten Raum mit Taschenlaternen [zu] hantieren".[99] Hat man das Leben erst künstlich auf die Privatheit ‚verdunkelt', so bleibt zu seiner Orientierung nichts anderes mehr, als eine ebenso künstliche Taschenlampe. Genauso verhält es sich mit der Religion als *Innerlichkeit*. Sie widerspricht der Äußerlichkeit, in die alles innere Leben drängt, der Körperlichkeit und dem konkreten Ereignischarakter des Lebens. Auch die Beschreibung der Religion als *Gesinnung* geht am

---

[98] *L. Feuerbach*, Das Wesen des Christentums, in: *Ders.*, Werke in sechs Bänden, hrsg. von *E. Thies*, Bd. 5, Frankfurt 1976, 13 f.
[99] *K. Barth*, Religion und Leben (s. Anm. 89), 444.

Leben vorbei, denn es spielen weniger Gesinnungen und Stimmungen, als vielmehr ‚Kräfte, Mächte und Gewalten‘ im ‚Kampf ums Dasein‘ eine Rolle, sowohl in der Natur als auch im gesellschaftlich-politischen Leben.[100]

„Wir predigen Gesinnung, wir machen Stimmung. Vielleicht gelingt es uns, aber was soll das eigentlich? ... Es ist eben auch nichts Ernstes. Ernst sind nur Kräfte. Darum hat doch z. B. der Kapitalismus die Religion nie ernst genommen, sondern ganz ruhig Kirchen und Schulen gebaut ohne die geringste Furcht, daß von daher jemals eine ihm gefährliche Gegenkraft sich erheben könnte. Darum nimmt der Militarismus die Religion so wenig ernst, daß er ganz ruhig Feldprediger anstellt, die auf Feldkanzeln zwischen zwei Geschützen ihre Gesinnungssprüchlein sagen dürfen, wie die Spatzen, die zwischen den Zähnen eines Krokodils herumhüpfen. Das militärische Ungeheuer weiß eben ganz genau, daß es von den wackeren Feldpredigern nichts Böses zu befürchten hat. Es wird keine Kraft von ihnen ausgehen. Darum sagt der Sozialismus ganz freundlich: Religion ist Privatsache!, nimmt auch ganz duldsam Notiz von uns paar sozialdemokratischen Pfarrern ohne eine Spur von Furcht vor den Kräften, die von daher ins Spiel kommen und die *seinen* Kräften eines Tages ernstliche Konkurrenz machen könnten. Religion nimmt man doch nicht ernst! Die Vorstellung, daß sie etwas Reales sei, etwas mit wirklichen Kräften zu tun haben könnte – diese Vorstellung gibt es einfach nicht in der Welt und wenn wir uns auf den Kopf stellten.“[101]

Barth deckt in allen verschiedenen Aspekten des allgemeinen Religionsbegriffs die faktische Harmlosigkeit der Religion auf, in der sie rührend naiv, aber auch mit höchst getrübter Realitätswahrnehmung den realen Kräften unserer geschichtlichen Weltwirklichkeit weniger gegenüber als vielmehr zur Seite tritt. So fragt Barth auch in die Richtung von Herrmanns Betonung der individuellen Offenbarung Gottes als Macht der Güte: Ist

„etwa seine Schilderung des ‚Wegs zur Religion‘ *anschaulich*? Ist sie wirklich die Schilderung eines *Weges*, auf dem wirklich der *Mensch* wandelt? Ich meine: viel zu scharf ist dazu die Kante über die er führt. Dieser Weg ist *kein* Weg. Das ‚erlebt‘, das ‚erfährt‘ man doch nicht; was man erlebt und erfährt, ist doch immer gerade *nicht* das. Der *akute*, der *tödliche* Konflikt zwischen Wahrheit und Wirklichkeit z. B. Wann und inwiefern passiert uns denn so etwas? Wirklich in anschaulichen Momenten unsrer innern Entwicklung, als namhaft zu machende Station *unsres* Weges? ... Weiter: die merkwürdige, von Herrmann immer wieder hervorgehobene Dialektik von Abhängigkeit und Freiheit, Widerfahrnis und Hingabe. Anschaulich geredet ist das wahr-

[100] Vgl. ebd., 446.
[101] Ebd., 448.

lich nicht und erbaulich auch nicht ... Sollte die Herrmann'sche Formel ein Hinweis sein auf eine Höhe *jenseits* von objektiv und subjektiv, auf das ,Reich Gottes' im neutestamentlichen Sinn auf ,Gerechtigkeit, Friede und Freude' nicht in der Fragwürdigkeit unsres ,innern Lebens', sondern *,im Heiligen Geiste'*, durch den Gott *unser* Gott wird, dann wäre alles klar und sachgemäß. So meint es leider Herrmann nicht, sondern er triumphiert damit, im Gegensatz zur Orthodoxie ein wirkliches Erlebnis des *Menschen* zu beschreiben. Ohne es jedoch zu *können*, ohne in der großen Offenheit, die ihm eigen war, hindern zu können, daß die unanschauliche Wirklichkeit Gottes die Schale des psychologischen Pragmatismus, in die er sie, gelegentlicher besserer Einsicht zum Trotz, einschließt, an allen Ecken und Enden *sprengt*."[102]

e) Barths kritische Erörterung der Religionsproblematik darf nicht – das ist deutlich geworden – isoliert werden von der Geschichte der Thematisierung der Religion in der Neuzeit als der Geschichte einer konsequenten Verharmlosung des ,Christentums'. Die Anpassungsbereitschaft von Theologie und Kirche an das anthropozentrische Weltbild der Neuzeit hat mehr oder weniger alle Inhalte der jüdisch-christlichen Tradition suspendiert, um nun den Glauben mit dem prometheischen Lebensgefühl und dem bürgerlichen Besitzindividualismus in Einklang zu bringen. Zudem verfehlt diese Anpassungsbereitschaft stets das erstrebte Ziel der Harmonie mit dem allgemeinen Lebensbewußtsein, denn *Anpassung* bedeutet – selbst wenn es dabei um die Öffnung zum Fortschrittsbewußtsein des modernen Menschen geht – prinzipiell *Nachziehen*. Und so bewegt sich trotz aller betonter Fortschrittlichkeit und trotz allem Traditionsverzicht die Theologie

„eben immer etwas hinter ihrer Zeit her, so daß sie, obwohl sie sich wahrhaftig absolut genommen sehr lebhaft bewegte, relativ betrachtet doch immer etwas überholt altmodisch dastand, für das allgemeine Bewußtsein immer den Anschein einer Hüterin von wer weiß was für einer altertümlichen Tradition hatte, während ihr jeweiliger Stand doch nur anzeigte, daß sie jetzt, getreulich folgend, bei einem früheren Stadium der allgemeinen Entwicklung angekommen war."[103]

Die sich auf den sogenannten Fortschritt einlassende Theologie vermochte „die Früchte ihrer Modernität nie ruhig zu genießen", da sie von ihrer Grundorientierung darauf angelegt ist, daß ihre Fortschritt-

---

[102]  *K. Barth*, Die dogmatische Prinzipienlehre bei Wilhelm Herrmann, 271f.
[103]  *K. Barth*, Die protestantische Theologie im 19. Jahrhundert, Zürich 1947, 115.

lichkeit dem allgemeinen Fortschritt jeweils „nachklappt", nachdem sie zunächst auf Grund ihrer dennoch relativen Beharrlichkeit dem jeweils gerade „abfahrenden Zug noch ein paar wehmütige oder auch zornige Worte" nachgerufen hat.[104] Je mehr sich dieser Mechanismus des theologischen und kirchlichen Nachzüglertums einspielte, um so mehr – und das gehört mit zur Ironie dieser Geschichte – verloren Theologie und Kirche an tatsächlicher Bedeutung.

Die Kritik dieses apologetisch in Bewegung gehaltenen Nachzüglertums zielt auf die protestantische Theologie und Kirche seit dem 18. Jahrhundert. Sie wäre mißverstanden, wollte man in ihr nun das Ventil sehen, durch welches Barth auch gleichzeitig seine Vorbehalte oder gar sein Ressentiment gegenüber der Neuzeit insgesamt ablade. Barth ist vielmehr durch und durch Theologe der Neuzeit, der allerdings auch von der kritischen Dimension einer recht verstandenen Zeitgenossenschaft weiß. Wenn Barth beispielsweise das anthropozentrische für ‚viel naiver' als das geozentrische Weltbild hält,[105] so bedeutet dies keine Sehnsucht nach dem ja immerhin als ‚naiv' eingeschätzten Weltbild des Mittelalters, sondern weist in eine grundsätzlich andere Richtung.[106] Was Kopernikus als Wegbereiter der Neuzeit für das naturwissenschaftliche Weltbild geleistet hat, indem er über den Irrtum einer geozentrischen Weltwahrnehmung aufklärte, ist für die Anthropologie in der Neuzeit noch nicht nachvollzogen worden; im Gegenteil rückt in der Anthropologie in mehr oder weniger ungeschütztem Vertrauen der Mensch erst einmal in den Mittelpunkt der Weltwirklichkeit, den die Erde bei Kopernikus soeben erst räumen mußte. Indem Barth auf dieses Auseinanderbrechen von Naturerkenntnis und Anthropologie aufmerksam macht, verläßt er ja nicht den Boden der Neuzeit, sondern er will zunächst nur auf eine bisher zu wenig beachtete Schräglage hinweisen.

Barths Theologie ist keine zeitlose Theologie, sondern sie spricht entschieden zu ihrer konkreten Zeit, so daß sie auch von ihrer konkreten Zeit geprägt ist. Insofern gehört die Neuzeit als historischer Kontext konstitutiv zu seiner theologischen Arbeit, die nun allerdings ihr entscheidendes Kriterium nicht aus dem historischen Selbstbewußtsein des Menschen, sondern aus dem biblischen Zeugnis über Gottes

---

[104] Vgl. ebd., 117 f.

[105] *K. Barth*, Gotteserkenntnis und Gottesdienst nach reformatorischer Lehre, Zollikon 1938, 54; *Ders.*, Die protestantische Theologie im 19. Jahrhundert, Zürich 1947, 20 f.

[106] Vgl. *H. Berkhof*, Die Bedeutung Karl Barths für Theologie, Kirche und Welt, in: Evangelische Theologie 8 (1948/49), 254–268.

Praxis am Menschen bezieht. Barths Kritik geht nicht *gegen* die Neuzeit, sondern zielt auf das *Versagen* der Neuzeit, dessen Gründe und Gesetzmäßigkeiten er *aufklären* helfen will, gerade um die Neuzeit auf die Höhe ihrer Zeit als der Zeit des aufgeklärten Bewußtseins zu bringen. Barth nimmt der Neuzeit die Aufgeklärtheit nicht ab und sieht gerade in der faktischen Vergottung des Menschen eine Mythisierungstendenz, die immer wieder die unterschiedlichsten Koalitionen in den konkreten geschichtlichen Zusammenhängen eingeht, um Harmonie dort vorzutäuschen, wo keine Harmonie ist. (An dieser Stelle hat übrigens auch Barths Kampf gegen die ‚natürliche Theologie‘ ihren sachlichen Ort.)[107]

Das, was für Barths Wahrnehmung der Neuzeit allgemein gilt, gilt auch für die Religion insbesondere. Die Religion hat längst ihre Unschuld verloren, nachdem die Religionskritik den fiktiven, den kompensatorischen oder den illusionistischen Gebrauch der Religion aufgezeigt hat. Gegenüber diesen Vorwürfen der Religionskritik muß sich jeder moderne Religionsbegriff ausweisen können. Ein Weg ist dabei für Barth endgültig verstellt – und das unterstreicht seinen neuzeitlichen Umgang mit dem Religionsproblem –, nämlich der Weg, mit Hilfe der Religion einen Zustand oder auch nur eine Perspektive ins Augen fassen zu wollen, in dem die faktische Entfremdung des Menschen überwunden ist oder in deren Richtung der Mensch auf ein nichtentfremdetes Leben blicken kann. Alle vom Menschen gehandhabte Religion überschreitet grundsätzlich nicht die Bedingungen seiner Historizität, so daß sie im Horizont dieser Bedingungen in ihrer prinzipiell relativen Bedeutung zu würdigen bleibt. Damit hat Barth ja keineswegs die Religion abgetan – auch wenn er jedem positiven Gebrauch mit Skepsis begegnet –, sondern sie verdient eben die Aufmerksamkeit, die auch unserer jeweiligen historischen Situation gilt, von der ja niemand auf die Idee käme zu sagen, daß sie bereits jetzt oder auch nur in bereits absehbarer Ferne die Schatten der Entfremdung abgelegt habe bzw. ablegen werde. Doch mit dieser Fragestellung verlassen wir nun die historische Dimension des Religionsproblems und wenden uns der systematischen Frage nach der Religion zu.[108]

[107] Vgl. *D. Schellong*, Bürgertum und christliche Religion (s. Anm. 61), 103 f.
[108] Vgl. dazu auch *M. Weinrich*, Christliche Religion in einer ‚mündig gewordenen Welt‘, Aachen 1982, bes. 15 ff.

# 4 Religion als Thema der Dogmatik bei Karl Barth

Schon in unserer historischen Skizze wurde erkennbar, daß es Religion nicht an und für sich gibt, sondern daß sie schon auf der begrifflichen Ebene stets in der Verquickung mit anthropologischen, kulturellen, gesellschaftlichen oder politischen Interessen auftritt, denen sie ihre Dienste zur Verfügung stellt. Diese Unselbständigkeit der Religion bleibt auch im Horizont der Theologie erhalten, und zwar nicht nur unter theologie*geschichtlichem* Aspekt, sondern auch in *systematisch*-theologischer Hinsicht. Allerdings kommt bei Barth im Blick auf die systematische Theologie ein anderes Religionsverständnis als das oben im historischen Zusammenhang thematisierte aufklärerisch-romantische in den Blick. Es geht nun nicht mehr vornehmlich um einen theologisch oder philosophisch geprägten *Begriff* der Religion, sondern um das jeweils konkrete *Phänomen* der Religion und seine theologische Wahrnehmung. Das Interesse konzentriert sich auf die praktizierte Religion und ihre Bedeutung für das theologische Denken, d. h. konkret, Barth wendet sich der *Kirche* in ihrer irdisch-geschichtlichen Wirklichkeit zu. In dieser kritischen Konzentration auf die tatsächliche Wirklichkeit der Kirche vollzieht Barth die essentielle Aufgabenbestimmung der Theologie, die als systematische Theologie vor allem *Dogmatik* ist, d. h. sie soll die konkrete historische Kirche daran erinnern, daß sie nicht aus sich selbst und ihren menschlichen Möglichkeiten heraus Pracht und Stärke beanspruchen kann, sondern all ihr Gebaren einschließlich ihrer Religiosität hat sich immer wieder neu in Frage ziehen zu lassen von der im biblischen Zeugnis aufscheinenden unverfügbaren Wirklichkeit Gottes.

Die entscheidende Frage lautet: Welche *theologisch* ausweisbare Bedeutung hat das *Faktum* der Religion und der Religiosität für die *Kirche*? Es wird eine Frage nach der Realitätsverarbeitung der Theologie gestellt, indem der innere, d. h. theologisch begründbare Zusammenhang des Bekenntnisses der Kirche mit der historisch gelebten Gestalt der Kirche als einer Religionsgemeinschaft mit kollektiver und individueller religiöser Praxis in den Blick genommen wird. In diesem Gefälle wird einerseits deutlich, in welchem Spannungsfeld – und das gilt für Barth grundsätzlich – die theologische Arbeit lokalisiert wird, und zum anderen wird angezeigt, daß es sich bei der Theologie weder im Blick auf das Evangelium noch auf die konkrete Kirche um die Sache selber handelt; vielmehr bleibt die Theologie eine

Hilfswissenschaft, mit der sich die Kirche ihre eigene Realität im Lichte des Evangeliums kritisch vor Augen zu führen versucht. Als solche bleibt sie insofern hilflos, als sie weder für die Wirklichkeit des Evangeliums noch für die konkrete Gestalt der Kirche einzustehen vermag. Und so sagt sie alles, was sie zu sagen hat, in einer ungleichen doppelten Hoffnung, daß sie vor allem in möglichst treuer Entsprechung zum Inhalt des Evangeliums reden möge *und* dann auch von der Kirche, in deren Dienst sie steht, recht gehört werde, so daß sich nicht die jeweilige historische Gestalt der Kirche zum Bedingungsrahmen der Theologie macht, sondern daß sich die Kirche bis hinein in ihre äußere Gestalt und Organisation in ihre je konkrete ‚Theologische Existenz heute' rufen läßt. Barth entspricht exakt diesem Gefälle, wenn er nach dem spezifisch *theologischen* Umgang mit der Religion fragt. Die Kirche hat die Religion theologisch wahrzunehmen und nun nicht in Vertretung einer der zweifellos bestehenden anderen Wahrnehmungsmöglichkeiten von Religion zu antworten.

## 4.1 Religion als uneigentliches Thema der Theologie

a) Es erübrigt sich fast schon festzustellen, daß bei Barth die Religion nicht „*das* Problem der Theologie" ist, immerhin aber ist sie „*ein* Problem *in* der Theologie" (KD I/2, 309). Von sich aus fragen weder die Kirche noch die Theologie nach Religion, denn ihre Sorge und Arbeit gelten vor allem dem angemessenen Zeugnis des Evangeliums vom gekreuzigten und auferstandenen Herrn Jesus Christus durch die Gemeinde. Jedenfalls sollten nach Barth die Kirche und Theologie zuerst und zuletzt kritisch – und kritisch heißt vornehmlich selbstkritisch – nach dem Inhalt der ihnen eigentümlichen Rede von Gott fragen (KD I/1, § 1), damit sie nicht der Versuchung erliegen, es entweder für selbstverständlich oder gar für unmittelbar vernünftig oder zuverlässig zu halten, wenn Menschen von Gott reden. Dabei steht die Kirchlichkeit der Kirche und nicht die Religiosität des Christentums zur Verhandlung. Ihre Sorge gilt nicht Religionsparteien und ist daher nicht konfessionalistisch, eben weil Barth die konfessorische Existenz der Kirche im Auge hat, d. h. das aktuelle lebendige Bekennen der Kirche. Ihre Weisheit findet die Theologie allein in der ‚Furcht des Herrn' und nicht im Beeindrucktsein vom Christentum – weder in seiner Erfolgs- noch seiner Unheilsgeschichte. Das ist das *Erste:* Hinsichtlich ihres *Inhalts* sind Theologie und Kirche vor die Wahrheitsfrage gestellt, die den Glauben zunächst und unausweichlich mit sich selbst in Konflikt bringt (vgl. KD I/1, 28ff). Die Wahrheitsfrage stellen sie sich nicht selbst, vielmehr wird sie ihnen sowohl vom biblischen Zeugnis als auch von den jeweiligen konkreten Zeitumständen gestellt. Der Wahrheitsfrage gegenüber ist die Theologie unselbständig. Sie darf ihr weder ausweichen, noch kann sie sich aussuchen, wo die Wahrheit aufgesucht werden muß. Daraus ergibt sich die Notwendigkeit, nach dem besonderen Erkenntnisweg der Theologie zu fragen. Das ist bei Barth die besondere Aufgabe der Prolegomena der Dogmatik, wobei er nicht den fundamentaltheologischen Weg für möglich hält, auf dem allgemein evidente Erkenntniskategorien auf ihre theologische Brauchbarkeit hin betrachtet werden, sondern er unterstreicht, daß von vornherein die theologische Aufgabe ins Auge zu fassen ist, so daß der Erkenntnisweg den Bestimmungen des besonderen Erkenntnisgegenstandes folgt: „Prolegomena zur Dogmatik sind nur möglich als ein Teilstück der Dogmatik selber" (KD I/1, 41). Jeder andere Weg läuft Gefahr, daß er den besonderen Gegenstand der Theologie verfehlt. Dem reformatorischen Schriftprinzip entsprechend bleibt auch methodisch streng daran festzuhalten, daß sich der Gegenstand der Theologie allein durch sich selbst erkennen läßt.

b) Auf ihrem Erkenntnisweg stößt die Dogmatik zwar nicht am Anfang, so aber doch im konsequenten Verlauf des von ihrem Gegenstand gebotenen Weges unweigerlich – indem sie auf das äußere Erscheinungsbild der Kirche trifft – auf die Religion. Die Religion als das äußerliche Hörbar- und Sichtbarsein des Glaubens stellt sich der Theologie gleichsam von selbst in ihren Weg, der ja nicht durch den Himmel oder gar das Reich Gottes führt, sondern in der vorfindlichen Welt mit ihren Gegenständlichkeiten und Abstraktionen riskiert wird. Es gehört zu den irdisch-geschichtlichen Bedingungen des Glaubens als der ‚profane Außenaspekt'[109] der christlichen Gemeinde, daß er sich prinzipiell nicht anders als religiös und somit als Gestaltung von Religion darzustellen vermag. Ja man kann sogar sagen: Die Religion ist unausweichlich die *Form*, in der christlicher Glaube sichtbar wird.[110]

Indem die Kirche es wagt, von Gott zu reden – und das ist der Haftpunkt von Dogmatik überhaupt (KD I/2, 42) –, hat sich die Theologie auch diesem Phänomen ihrer eigenen Religiosität zu stellen, selbst wenn es zunächst so scheinen mag, daß ihr hier von fremden Bedin-

---

[109] Vgl. *K. Barth*, Die Kirche und die Kultur, in: Zwischen den Zeiten 4 (1926), 363–384, 380.
[110] Dies bleibt gegenüber den Kritikern Barths hervorzuheben; vgl. o. Anm. 14 u. 15.

gungen ein Thema aufgenötigt werde, bzw. daß es sich da um ein uneigentliches Thema der Theologie handele. Ob es der Theologie gefällt oder nicht: sie kommt nicht um die Religion herum, weder im Höhenflug des vermeintlich reinen Glaubens noch im freundlich lächelnden Flanierschritt aufgeklärter Mündigkeit, ohne nicht gleich und dann vornehmlich über sich selbst zu stolpern, um sich dann genau an der Stelle wiederzufinden, die man gerade so geisteifrig oder so aufgeklärt zu umgehen sich anschickte. Das ist das *Zweite:* Hinsichtlich ihrer Form sind Theologie und Kirche als hör- und sichtbare menschliche Anstrengungen, wenn auch entschieden nicht prinzipiell, so doch in ihrer faktischen Vorfindlichkeit vor das Religionsproblem gestellt, durch das die Artikulationen und Gestaltungen des Glaubens in das Mißverständnis des Vergleichs und die Vieldeutigkeit der Erscheinung hineingezogen werden.

c) Es bleibt ein kurzer Blick auf das zu werfen, was die Theologie zur Theologie macht, d. h. auf die besondere sachliche *Bindung* der Theologie. Ebenso wie alle anderen Wissenschaften wird die Theologie, die nicht einfach zu allem und jedem etwas zu sagen hat, von einer ganz bestimmten Fragehinsicht geprägt, die der einzelne Theologe nicht einfach austauschen kann. In diesem Sinne gibt es in der Theologie keine selbständigen Themen, vielmehr wird jedes Thema erst in seinem Bezug zu der in der Bibel bezeugten Geschichte Gottes mit dem Menschen, die zusammengefaßt wird im Namen Jesu Christi, zu einem theologischen Thema. Barth weiß auch, daß es andere Fragen gibt, die man an die Religion stellen kann. Es geht gar nicht darum, das Recht dieser anderen Fragen zu bestreiten, sondern es geht allein um die Ablehnung der leichtsinnigen Ansicht, daß jede Frage, die sich mit der Religion beschäftigt, automatisch eine theologische Frage ist. Barth bestreitet also nicht die Frage der Religionssoziologie oder -psychologie, wohl aber, daß von dort aus theologische Antworten zu erwarten stehen. Theologische Antworten können nur da gefunden werden, wo auch theologisch gefragt wird. Ein großer Teil der Verwirrungen um Barth geht darauf zurück, daß die unterschiedlichen Fragehinsichten nicht präzise voneinander unterschieden werden, so daß unerkannt bleibt, daß Barth mit einer ganz bestimmten, allerdings für die Kirche auch unüberspringbaren Frage das Religionsproblem in Angriff nimmt.

Die Theologie hat nicht die Aufgabe, „mit einem auf der Erde aufgestellten Scheinwerfer den Himmel abzuleuchten ..., sondern sie wird versuchen, die Erde im Lichte des Himmels zu sehen und zu verstehen.“[111] Damit ist die ganz besondere Problematik der Theologie angesprochen, daß sie nämlich etwas tun soll, was kein Mensch *von sich aus* tun kann, es sei denn, er hat bereits etwas von diesem Licht des Himmels gesehen. Die Bedingungen für die Theologie unterscheiden sich insofern grundsätzlich von den Bedingungen anderer Wissenschaften, als sie von der Souveränität nicht des Wissenschaftlers über den Gegenstand, sondern der Souveränität ihres Gegenstandes über den Wissenschaftler auszugehen hat. Theologie ist von der Lebendigkeit ihres Gegenstandes bewegtes Denken und nicht eine die in Augenschein zu nehmenden Gegenstände erst ihrerseits bewegende Anstrengung. Und so wird es nicht reichen zu betonen, daß Theologie im *Hören* betrieben werde, sondern man muß eben doch sagen, daß sie allein im *Gehorsam* (erste Barmer These: hören, vertrauen, gehorchen) zu ihrer Aufgabe findet. Bevor sie der Welt ihre Möglichkeiten und Dienste empfiehlt, muß sie sich immer wieder neu in diesen Gehorsam rufen lassen.

In diesem Gehorsam liegt nun aber auch die ganze *Freiheit* der Theologie.[112] Gerade durch ihre Bindung, die sie selbst weder zu rechtfertigen braucht noch rechtfertigen kann oder wollen darf, ist sie „die freieste ... unter allen Wissenschaften“.[113] Nicht nur als Bestimmung *für* die Theologie, auch *in* der Theologie nimmt bei Barth der Freiheitsbegriff eine selten zentrale Stellung ein – ein weiterer deutlicher Hinweis auf die bewußte Neuzeitlichkeit seiner Theologie. Freiheit ist für Barth allerdings kein formales Abstraktum, sondern entfaltet sich stets von einer bestimmten Bindung aus, so daß es entscheidend bleibt, in welcher Angel sie sich bewegt. In der Wahl ihres Dreh- und Angelpunktes ist die Theologie nicht frei, sondern er ist ihr im Zeugnis von Jesus Christus vorgegeben. Indem diese Bindung den ganzen Menschen betrifft (zweite Barmer These), ist er von allen anderen Bindungen befreit, d. h. alle anderen Bindungen unterstehen den Bestimmungen der in dieser Bindung begründeten Freiheit.

[111] *K. Barth*, Das erste Gebot als theologisches Axiom, in: Theologische Fragen und Antworten. Gesammelte Vorträge III, Zollikon 1957, 127–143, 139. „Statt in seinem Lichte – dem ewigen, da ‚niemand zukann‘ – das Licht zu sehen, lassen wir ihn *ein* Licht unter andern sein, wenn auch das größte, das unsinnliche und übernatürliche, zünden folgerichtig *eigene* Lichter an und suchen ebenso folgerichtig auch in den Dingen ihr *eigenes* Licht.“ *K. Barth*, Der Römerbrief, 10. Abdruck der neuen Bearbeitung, Zürich 1967, 23.

[112] Vgl. *K. Barth*, Die Theologie und der heutige Mensch, 382.

[113] *K. Barth*, Offenbarung, Kirche, Theologie (Theologische Existenz heute, München 1934) jetzt in: *W. Fürst* (Hrsg.), ‚Dialektische Theologie‘ in Scheidung und Bewährung 1933–1936, München 1966, 142–167, 159.

Theologie und Kirche sind dazu befreit, alle Fragen und Nöte der Menschen in das Licht des Evangeliums zu rücken. Die *Religion* ist eine solche Frage und Not des Menschen, auf die die Theologie gestoßen wird. Indem sich die Theologie der Frage der Religion annimmt, thematisiert sie die Religion im Lichte des Evangeliums. Nur wenn die Religion hineingenommen wird in den besonderen Gehorsam und die allein aus ihm folgende Freiheit der Theologie, kann sie zu einem sachlich ausweisbaren Thema der Theologie werden.

Das ist das *Dritte:* Indem die Theologie auf ihrem Erkenntnisweg unausweichlich auch auf das Problem der Religion stößt, wird sie in der Auseinandersetzung mit ihr (wie in der Auseinandersetzung mit jeder anderen Frage, die sich ihr in den Weg stellt) gerade um ihrer eigenen Religiosität willen an ihren besonderen Gehorsam und ihre Freiheit erinnert. Als ein Teil dieser Welt präsentiert sich auch die Kirche selbst als eine Religion, als Christentum, so daß sich gerade an dieser Stelle zeigen wird, wie konsequent und konkret sie sich in ihren Gehorsam gestellt weiß. Religion wird nicht als eine Grundlage der Theologie thematisiert, wohl aber als ein höchst ernstzunehmender ständiger Begleitumstand, ja als ein unüberhör- und unübersehbares Wesensmerkmal von Theologie und Kirche. Der Religion kommt zwar keine *grundlegende*, wohl aber eine *grundsätzliche* Bedeutung zu, so daß sie bei Barth zu Recht in den Prolegomena der Dogmatik thematisiert wird, deren Bedeutung bei allen materialen Loci der Dogmatik vorausgesetzt bleibt. Theologische Erkenntnis zielt nicht auf weltverschlossene Wahrheiten, sondern auf die je konkrete Kirche, die – auch als das Werk des heiligen Geistes ernst genommen – niemals etwas prinzipiell anderes ist als sichtbare Kirche und d. h. eben auch Religionsgemeinschaft. Im Bedenken des besonderen theologischen Erkenntnisweges thematisieren die Prolegomena den „Konflikt des Glaubens mit sich selber" (KD I/1, 30), und dieser Konflikt wird durch die von der Religion aus gestellten Fragen besonders anschaulich.

## 4.2 Die Unausweichlichkeit der Religion

### 4.2.1 Religion als Angelegenheit des Menschen

Nachdem Barth im zweiten Abschnitt seiner Prolegomena zur kirchlichen Dogmatik von Jesus Christus als der *objektiven* Wirklichkeit und Möglichkeit der Offenbarung gehandelt hat, wendet sich der dritte Abschnitt unter der Überschrift ‚Die Ausgießung des heiligen Geistes' der Frage nach der *subjektiven* Wirklichkeit und Möglichkeit der Offenbarung zu. Subjektivität bezieht sich hier auf die Wirklichkeit und Möglichkeit, daß kraft des heiligen Geistes Menschen von der Offenbarung Gottes getroffen und in die Freiheit des Glaubens gestellt werden. Die sachliche Konzentration bleibt zunächst streng bei der Subjektivität Gottes, d. h. bei seiner Initiative und seiner realen Zuwendung zum Menschen; es wird also nicht die Blickrichtung gewechselt, indem nun von der Subjektivität des Menschen, von dem Menschen als dem freien Subjekt die Rede ist, sondern der Mensch kommt im Blick auf die Offenbarung Gottes zunächst ganz und gar passiv in den Blick. Aber er muß in den Blick kommen, denn ihm gilt ja das Offenbarungshandeln Gottes. Gottes Offenbarung bleibt nicht irgendwo in den ‚Wolken‘ – unerreichbar oberhalb des Menschen – stecken, sondern erreicht auch tatsächlich den vorfindlichen, d. h. den konkreten historischen Menschen. Alles hängt aber für Barth daran: Gott macht sich *von sich aus* zu einer Angelegenheit des Menschen. Das ist ja der dezidierte Sinn seiner Selbstmitteilung. Er überläßt es gerade nicht mehr dem Menschen, sich seine Vorstellungen und Reime über Gott zu machen und von sich aus über seine Bedeutung nachzudenken, sondern überrascht und überführt nun die menschlichen Spekulationen, Phantasien und Intuitionen (die man heute bisweilen Erfahrung zu nennen pflegt) darin, daß er selbst von sich sagt, wer er ist und was ihm der Mensch ist. Das ist die *eine* – grundlegende – Seite.

Doch damit haben wir noch nicht das Problem der Religion berührt. Dieses kommt vielmehr erst in den Blick, wenn nun auch die andere Seite, d. h. der von der Offenbarung getroffene konkrete Mensch thematisiert wird. Es geht im Grunde um die zwei Seiten des Glaubens. Einerseits ist der Glaube das Werk Gottes; wir kommen nicht aus „eigener Vernunft noch Kraft" zum Glauben, sondern nur durch den heiligen Geist. In diesem Sinne gehört der Glaube auf die Seite Gottes; er untersteht weder in seinem Inhalt noch in seinem Ereignis unserem Willen oder gar unserer Freiheit. Er folgt ganz und gar nicht den Bedürfnissen unserer Subjektivität. *Andererseits* ist der Glaube ein den Menschen *real* betreffendes Ereignis und hat deshalb auch eine menschliche, phänomenologische, psychologische und als solche subjektive Seite. Es muß im Grunde von einer doppelten Subjektivität gesprochen werden, denn zum einen ist das Wirken des Geistes, das den Glauben weckt, gleichsam die objektive Subjektivität der Offenbarung, die ganz auf die Seite Gottes gehört, während davon unterschieden die subjektive Subjektivität des vom Glauben getroffenen Menschen zu bedenken bleibt.

Es geht Barth hier um das Ernstnehmen des Ereignisses der Offenbarung im Horizont der konkreten Wirklichkeit – d. h. der profanen Geschichtlichkeit – des Menschen. Die Offenbarung ist nicht nur zielgerichtet, sondern erreicht ihr Ziel auch tatsächlich. „Offenbarung bedeutet: Jemand, der verborgen ist, hat sich gezeigt; jemand, der geschwiegen hat, hat geredet – *und*: jemand, der bis jetzt nicht gehört hat, hat etwas davon vernommen."[114] Ohne diese Gewißheit wäre die Theologie wohl die phantastischste Spekulationsanstrengung, die sich vorstellen läßt. Sie entkommt dem Verdikt einer spekulativen Subjektivität allein im Ernstnehmen und Zur-Geltung-Bringen, daß Gott eben nicht nur eine Mitteilungs*absicht* zu erkennen gibt, auf dessen Spur sich dann der Mensch selbst zu setzen hat, sondern daß er sein Mitteilungswerk selbst vollendet bis in die tatsächliche historische Wirklichkeit des Menschen hinein.

„Die Offenbarung durch den Heiligen Geist ist wirklich und möglich als eine Bestimmung der menschlichen Existenz. Wollten wir das leugnen, wie würden wir sie dann als Offenbarung verstehen? Leugnen wir es aber nicht, so müssen wir anerkennen, daß sie jedenfalls auch den Charakter und das Gesicht eines menschlichen, historisch und psychologisch faßbaren Phänomens hat, nach dessen Wesen, Struktur und Wert man fragen kann wie nach denen anderer menschlicher Phänomene, das mit anderen menschlichen Phänomenen mehr oder weniger ähnlicher Art in einer Reihe gesehen und entsprechend verstanden und beurteilt werden kann" (KD I/2, 305).

Hier zeigt sich, wie abwegig der oben (2.3.) erwähnte Vorwurf ist, daß Barth das Menschliche nicht in den Blick bekomme, geht es ihm doch bei der Thematisierung der Religion ausdrücklich um nichts anderes als um den konkreten Menschen, um den homo religiosus als den von der Offenbarung getroffenen geschichtlichen Menschen. Freilich wird hier nicht unter den Bedingungen des Menschlichen vom Menschlichen gesprochen – das ist auch nicht die Aufgabe der Theologie! –, sondern es wird unter der Bedingung der Zuwendung Gottes vom Menschlichen gesprochen. Der Mensch ist hier nicht Voraussetzung, Bedingung, Weg und Ziel zugleich, sondern er kommt als das Ziel der Zuwendung Gottes in den Blick. Doch man meine nur nicht, daß sich darin nun das steile ‚Senkrecht von oben' oder ein autoritativer ‚Offenbarungspositivismus' zeige, in dem der Mensch allein das Objekt eines unbeeinflußbaren Himmelsplanes werde. Solche Cha-

---

[114] *K. Barth*, Liberale Theologie (ein Interview), in: *Ders.*, Letzte Zeugnisse, Zürich 1969, 33–48, 37.

rakterisierungen Barths funktionieren nur, wenn man sehr großzügig darüber hinweggeht, daß auch nach Barth der Glaube den Menschen ja nicht zur Marionette Gottes macht, sondern ihn eben in die Freiheit hineinstellt, nun auch seinen behaupteten Subjektanspruch oder seine Gott angebotene Religion in die Bewegung dieser Befreiung einzubeziehen. Nie und nirgends ist bei Barth der Mensch ein willenloser Hohlraum, der allein von Gott auszufüllen sei, sondern er ist das herausgehobene und allerdings eigenwillige Geschöpf Gottes, dem in vorzüglicher Weise Gottes Sorgen und Leiden gelten. An eben diese Sorge Gottes und an das besondere Leiden Gottes will uns Barth unablässig erinnern, nicht um abstrakte intellektuelle Spielereien mit spekulativen rechtwinkeligen Koordinatensystemen zu veranstalten, sondern um auf die reale Beziehung zweier *Wirklichkeiten* hinzuweisen, nämlich die Wirklichkeit der *Fürsorge* Gottes mit der Wirklichkeit der *Selbstsorge* des natürlichen Menschen.

Die Gnade Gottes ist auch für Barth „nicht ohne Gnadenerlebnis".[115] Ohne dieses Ernstnehmen tatsächlich menschlichen Bewegtseins kann Theologie nur mehr oder weniger raffiniertes Täuschungsmanöver sein, denn sie gründete zwangsläufig in dem Eingeständnis, daß wir hinsichtlich des Wollens und Wirkens Gottes mit und in dieser Welt prinzipiell im dunkeln tappen. Es ist deutlich, daß sich Barths Protest gegen den Neuprotestantismus nicht gegen die Wirklichkeit und Möglichkeit eines Verhältnisses des Menschen zu Gott überhaupt richtet, sondern lediglich ein falsches Verhältnis des Menschen zu Gott angreift.[116]

Nehmen wir aber ernst, daß Gott sich wirklich mitgeteilt hat und sich durch seinen Geist auch heute mitteilt in einem „dem Menschen widerfahrenden Ereignis ..., das jedenfalls auch die Gestalt menschlicher Zuständigkeit, Erfahrung und Tätigkeit hat, [dann] stoßen wir an dieser Stelle auf das Problem der menschlichen *Religion*" (KD I/2, 305). Oder in einer Formulierung aus dem zweiten Römerbriefkommentar: „Religion ist *unvermeidlicher* seelischer Reflex (Erlebnis) des an der Seele sich ereignenden Wunders des Glaubens."[117] Dabei sind – wie oben angezeigt – Barths Überlegungen nun nicht an

---

[115] *K. Barth*, Der Römerbrief (s. Anm. 111), 212.
[116] Gegen *U. Manns* Vorwurf, Barth vertrete „einen sehr formal-objektiven Offenbarungs- und damit auch einen durchaus abstrakt-statischen Gottesbegriff": Gottes Nein und Ja, Hamburg 1959, 90.
[117] *K. Barth*, Der Römerbrief, 105 (Hervorhebung von mir). *H.-J. Kraus* spricht von „Erfah-

einem bestimmten Begriff der Religion interessiert, sondern an der faktischen Wirklichkeit des religiösen Menschen.[118] Wenn man so will, ist das seine höchst weitgefaßte Begriffsbestimmung: Religion ist die Angelegenheit des reagierenden Menschen, der seinem Glauben eine ihm entsprechende Gestalt der Frömmigkeit zu geben versucht, die allerdings nicht sichtbar machen kann, ob sie im Gehorsam auf den Willen Gottes oder im menschlichen Eigenwillen steht. Menschliche Frömmigkeit hat weltweit die unterschiedlichsten Formen in den verschiedenen Religionen mit oder ohne Gott. Dieser Hinweis auf die bloße Menschlichkeit der Religion trennt sie nicht prinzipiell von der Offenbarung Gottes, wohl aber nimmt die Offenbarung, die es mit dem Menschen zu tun haben will, den vorläufigen Schaden in Kauf, daß sie nun ihrerseits in den (religiösen) Widersprüchlichkeiten des menschlichen Lebens ‚in Erscheinung‘ tritt. Der Vorwurf Gogartens, Barth intendiere eine „innere Unabhängigkeit und Abgelöstheit der christlichen Verkündigung von allem Menschlich-Geschichtlichen",[119] geht völlig am Problem vorbei.

Die Offenbarung Gottes taucht gleichsam in die Welt des Vergleichs ein, in der sich christlicher Glaube als christliche Religion (Christentum) neben vielen anderen Religionen darstellt. Von außen betrachtet tut Elia nichts prinzipiell anderes als die Baalspropheten – die klärende Unterscheidung kann allein von *Gott* kommen. Christlicher Glaube wird in der Welt und von der Welt nicht anders vernehmbar als „eine Spezies in einem Genus, zu dem auch andere Spezies gehören" (KD I/2, 306).

„Gott ist in seiner Offenbarung tatsächlich eingegangen in eine Sphäre, in der seine Wirklichkeit und Möglichkeit umgeben ist von einem Meer von mehr oder weniger genauen, aber jedenfalls grundsätzlich nicht zu verkennenden Parallelen und Analogien in menschlichen Wirklichkeiten und Möglichkeiten" (KD I/2, 307).

Und im Pantheon der Religion ist es keiner Religion – eben auch nicht dem Christentum und seiner Theologie – möglich nachzuweisen, daß sie nicht Grillen fängt.[120] In ihrer Tatsächlichkeit, die ja eine Tatsäch-

rung göttlicher Macht": Systematische Theologie im Kontext biblischer Geschichte und Eschatologie, Neukirchen 1983, 80.

[118] Vgl. *W. Krötke*, Der Mensch und die Religion nach Karl Barth, Zürich 1981 (Theologische Studien, Heft 125), 15, 29; *H.-J. Kraus*, a. a. O., 79f.

[119] *Fr. Gogarten*, Gericht oder Skepsis, Jena 1937, 15.

[120] Auf die Theologie insgesamt bezogen vgl. *K. Barth*, Die Theologie und der heutige Mensch (s. Anm. 83), 383.

lichkeit des Glaubens und nicht des Schauens ist, bleibt die Offenbarung, jedenfalls von außen betrachtet, höchst mißverständlich umgeben von der Feier anderer Offenbarungen in der Welt menschlicher Religion.

„Indem Gott sich offenbart, verbirgt sich das göttlich Besondere in einem menschlich Allgemeinen, der wirkliche Inhalt in einer menschlichen Form und also das *göttlich Einzigartige* in einem menschlich bloß *Eigenartigen*" (KD I/2, 307).

Eben deshalb kann die Kirche nicht den Religionen „gegenüber eindeutig … sagen, was sie ist und will und daß und wiefern sie sich von ihnen unterscheidet".[121]

Diese Verborgenheit des Besonderen im Allgemeinen bringt eine Ambivalenz des Begründungsgefälles mit sich, als bestünde da zwischen beiden eine wechselseitig konstitutive Kommunikation. Für Theologie und Kirche ergibt sich aus dieser unausräumbaren phänomenologischen Zwielichtigkeit die gefährliche Versuchung, aus Gründen der allgemeinen Selbstempfehlung das Begründungsgefälle von Inhalt (der Offenbarung bzw. des Glaubens) und Form (der Religiosität bzw. der Frömmigkeit) in einem von außen kaum wahrnehmbaren Wechsel, in einem flinken Rollentausch von Lehrling und Meister[122] einfach umzudrehen, so daß nicht mehr der Inhalt als das Gewisse und Unverwechselbare, sondern die Form als das Allgemeine und damit Allmenschliche zur maßgebenden Erkenntnisquelle und Begründungsebene erklärt wird. Aus dem ‚So spricht der Herr' wird dann ein ‚So hört der Mensch'.[123] Eben diese Umkehrung beschreibt Barth als die rätselhafte neuzeitliche theologiegeschichtliche Wende, in der die Theologie „dem Absolutismus, mit dem der Mensch dieser Zeit sich selbst zum Mittelpunkt, Maß und Ziel aller Dinge machte" (KD I/2, 319) anheimfiel.[124] Wenn Barth hier energisch widerspricht,

[121] *K. Barth*, Die Kirche und die Kirchen, in: Theologische Fragen und Antworten. Gesammelte Vorträge III, Zollikon 1957, 214–232, 214.

[122] Vgl. *K. Barth*, Die Theologie und der heutige Mensch, 391; *Ders.*, Der Christ als Zeuge, in: Theologische Fragen und Antworten. Gesammelte Vorträge III, 185–196, 194.

[123] *K. Barth*, Briefwechsel mit Adolf von Harnack, (s. Anm. 16), 21.

[124] Diesen von Barth immer wieder hervorgehobenen Aspekt der Selbstsicherung des Menschen betonen auch *W. Pannenberg*, Was ist der Mensch? Göttingen 1967; *Ders.*, Anthropologie, Göttingen 1983, Einleitung; *J. Baur*, Die Unausweichlichkeit des Religiösen und die Unableitbarkeit des Evangeliums, in: *H. Breit – K.-D. Nörenberg* (Hrsg.), Religionskritik als theologische Herausforderung (Theologische Existenz heute Nr. 170), München 1972, 88–107; *G. Sauter*, Über die Brauchbarkeit des Religionsbegriffes für Kirche und Theologie heute, in: *H. Breit – K.-D. Nörenberg* (Hrsg.), 108–132, u. a. Andererseits ma-

so geschieht das nicht aus einer „konservativen Stimmung und Haltung" heraus (KD I/2, 317), sondern um der Freiheit der Theologie willen (KD I/2, 318), wie sie von den Reformatoren so entschieden als Freiheit der unbedingt theologischen Sachlichkeit herausgestellt wurde (KD I/2, 319).[125] Den von Feuerbach gezogenen Konsequenzen ist nur zu entkommen, wenn sich die Theologie jeder Möglichkeit entgegenstellt, aus dem Gottesverhältnis ein Prädikat des Menschen zu machen.[126] Bei der Suche nach dem systematisch-theologischen Ort des Religionsproblems bedeutet schon die Behauptung einer systematischen Vergleichbarkeit von Offenbarung und Religion ein entscheidendes Mißverständnis (KD I/2, 320), in dem die verheerende Umkehrung des Begründungsgefälles bereits als vollzogen gelten muß.

Gegen diese Versuchung bleibt zur Geltung zu bringen, daß sich das in keinem Genus zu verrechnende Besondere eben um des Allgemeinen willen, d. h. mit dem Anspruch auf Allgemeingültigkeit im Allgemeinen verbirgt. Damit wird eine für Barth *grundlegende* Richtung angezeigt, in der die Kirche zur Welt drängt und nicht umgekehrt die Welt an sich zu binden trachtet. „Es gibt der Kirche gegenüber ... kein absolutes Draußenstehen" (KD I/2, 466), denn das Besondere der Kirche ist „abgesehen von aller Religiosität heimlich, aber in radikaler Wahrheit *das allgemein Menschliche*".[127] Die umgekehrte Richtung ist durch dieses Gefälle grundsätzlich blockiert, d. h., jeder plausible Reim einer „vorher und im allgemeinen also untheologisch bestimmte[n] Wirklichkeit Religion mit den theologischen Begriffen der Offenbarung" (KD I/2, 323) mißlingt. Es ist unbestritten, daß der Religionsbegriff bei Barth damit eine eigentümlich weitgreifende d. h. zwischen dem Allgemeinen und dem Besonderen hin und her oszillierende Zwielichtigkeit erhält, doch diese

che es sich Barth dann mit schroffen Behauptungen zu einfach; vgl. *W. Pannenberg*, Gottesgedanke und menschliche Freiheit, Göttingen 1972, 31; vgl. kritisch dazu *R. Gruhn*, Religionskritik als Aufgabe der Theologie, in: Evangelische Theologie 39 (1979), 234–255, 236f, und *E. Jüngel*, Gott als Geheimnis der Welt, Tübingen ²1977, 56f Anm. 3.

[125] Vgl. dazu *H.-J. Kraus*, Theologische Religionskritik, Neukirchen 1982, 22f.

[126] Vgl. *R. Gruhn*, a. a. O., 247. Zu Barth und Feuerbach vgl. auch *M. Krämer*, Die Religionskritik Ludwig Feuerbachs und ihre Rezeption in der Theologie Karl Barths, Diss. theol. Göttingen 1972; *O. Herlyn*, Religion oder Gebet, Neukirchen 1979, 56ff; *J. M. Lochman*, Von der Religion zum Menschen, in: Antwort (FS zum 70. Geb. v. K. Barth), Zürich 1956, 596–609.

[127] *K. Barth*, Christus und Adam nach Römer 5 (Theologische Studien, Heft 35), Zürich 1952, 52. Zur Unterscheidung des Besonderen vom Allgemeinen bei Barth vgl. *O. Herlyn*, a. a. O., 51–54.

äußere Simultanität ist eine sachlich notwendige, und der etwa von Theodor Siegfried[128] und anderen[129] erhobene Vorwurf, daß Barth einen beliebig bestimmbaren Allgemeinbegriff vor Augen habe, greift ins Leere.

Die Theologie kann nicht erst von diesem und jenem reden, sondern muß sich gleich zu Beginn ihrem Inhalt zuwenden, selbst wenn, ja gerade weil dieser in seiner Direktheit nur ,indirekt', eben vom Glauben zur Sprache gebracht wird – und Sprache ist in diesem Sinn etwas Allgemeines. Im Blick auf den von Barth im § 17 seiner Kirchlichen Dogmatik entfalteten Leitsatz kann inhaltlich formuliert werden: „Es ist etwas anderes, ob sich der Glaube als eine Gestalt menschlicher Frömmigkeit versteht oder als eine Gestalt des Gerichtes und der Gnade Gottes, die sich allerdings und sehr konkret auch auf die menschliche Frömmigkeit in all ihren Formen bezieht." (KD I/2, 309). Die theologische Freiheit bleibt nur gewahrt, wenn der Mensch in das besondere Licht des Evangeliums gerückt wird, und sie ist verspielt, wenn der im Grunde widersinnige Versuch angestellt wird, das Evangelium in das Licht des allgemein Menschlichen zu stellen, wie auch immer das versucht werden möge. Den Menschen in das Licht des Evangeliums zu rücken, heißt aber, ihn in den Horizont von *Gericht* und *Gnade* zu stellen. Und eben so verfährt Barth nun mit der Frage nach der Religiosität des Menschen, indem er zunächst von der gerichteten und dann von der gerechtfertigten Religion handelt. Gericht und Gnade bleiben dabei eine lediglich sprachlich notwendige Differenzierung des *einen* in Jesus Christus ergangenen Wortes Gottes.[130]

### 4.2.2 *Die gerichtete Religion*

Religion in das Licht der Offenbarung zu rücken heißt, sie aus dem Wissen darum betrachten, „daß Gott den gottlosen Menschen samt seiner Religion aus Gnade versöhnt hat mit sich selber" (KD I/2, 326). Wenn Barth also von der Religion als Unglaube und dann von der wahren Religion spricht, so geht es um nichts anderes, als um die konsequente Zuspitzung der Rede von der Versöhnung auf die konkrete menschliche Frömmigkeit, d. h. die Frömmigkeit wird auf dem

---

[128] *Th. Siegfried*, Das Wort und die Existenz, Gotha 1930, 81.
[129] Vgl. *W.-D. Marsch*, Die theologisch und kirchlich verdrängte Religion, in: *Ders.*, Plädoyers in Sachen Religion, Gütersloh 1973, 17–36, 31; *W. Trillhaas*, Dogmatik, Berlin [3]1972, 227.
[130] Vgl. auch *O. Herlyn*, a. a. O., 60.

Hintergrund zur Sprache gebracht, daß Gott in Jesus Christus den Menschen aus seiner Verkehrtheit, aus seiner Gottlosigkeit, aus seinem Unglauben in die vom Menschen nicht erwirkbare Lage versetzt hat, Gott mit seinem geheiligten Leben die geschuldete Ehre zu erweisen.

Im Zentrum des Gedankens steht das Bekenntnis zu Jesus Christus, das eben als solches – um mit Kornelis Heiko Miskotte zu sprechen – „das Bekenntnis der Herkunft aus dem Unglauben" einschließt.[131] Der Satz ‚Religion ist Unglaube' kann nur verstanden werden, wenn er als ein Satz des *Glaubens* gehört wird.[132] Es handelt sich weder um eine Feststellung über das Erscheinungsbild noch um eine Diskreditierung religiöser Praxis, sondern um die *Bewegung* der Selbstkritik des *Glaubens*. Es geht um den Einspruch gegen die auf dem Weg der Abstraktion eingerissene Verwechselbarkeit zwischen Gott und Mensch. Für Barth steht nicht dieses oder jenes vorsichtige oder gar radikale Werturteil zur Debatte, sondern der Versuch, konsequent dem Urteil *Gottes* über die menschliche Frömmigkeit nachzudenken.[133] Gegen das verbreitet lautgewordene Mißverständnis, Barths Einlassung auf die Religion sei „lieblose Intoleranz und theologischer Dünkel"[134] muß nachdrücklich die sachlich höchst folgenreiche Unterscheidung von *göttlichem* und *menschlichem* Urteil in Anschlag gebracht werden. Indem es sich hier notorisch um das Urteil *Gottes* handelt, steht die christliche Gemeinde in der alle Religionen umfassenden Solidarität der Sünder.[135] Dabei geht es Barth nicht zuerst um die anderen oder um die Religion im allgemeinen und besonderen, sondern um uns selbst und um unser Christentum (vgl. KD I/2, 358). Das entspricht dem biblischen Zeugnis: „Die ganze Bibel redet ge-

[131] *K. H. Miskotte*, Art. ‚Natürliche Theologie', in: RGG³, Bd. IV, Tübingen 1960, Sp. 1322–1326, Sp. 1324.

[132] „Immer nur die Nichtglaubenden bilden sich ein, daß der Glaube eine menschliche Möglichkeit sei, von der sie dann wohl sagen, daß sie ihnen persönlich zufällig versagt sei." *K. Barth*, Gotteserkenntnis und Gottesdienst nach reformatorischer Lehre, Zollikon 1938, 123.

[133] Solange man allerdings jedes Nachdenken über *Gottes* Urteil über den Menschen und seine Religion einer in ihrer Massivität inhumanen Theologie verdächtigt, die sich in unevangelischer Weise auf „in sich selbst abgeschlossene(n) Entitäten" zurückziehe und sich dadurch abschirme, daß sie nach außen nur in einem „immer wiederholte[n] Draufloshämmern" spreche, um ihre „theozentrische Position unüberwindlich zu machen", kann es nicht verwundern, wenn nun Barth die eigenen Simplifizierungen unterstellt werden (vgl. *H. Kraemer*, Religion und christlicher Glaube, Göttingen 1959, 189f); doch in diesem Horizont werden die besonderen theologischen Fragen Barths nicht einmal recht geahnt.

[134] *W. Schilling*, Glaube und Illusion, München 1960, 96.

[135] Vgl. *O. Herlyn*, a. a. O., 58f.

rade *kritisch* nur mittelbar zum Fenster hinaus, unmittelbar immer *nach innen*: zu denen, die im Hause, dem besonderen Hause Gottes sind."[136] Damit ist zugleich eine Bestimmung für die Theologie insgesamt gegeben: Ihre Aufgabe ist nicht einfach die Widerlegung des Unglaubens, sondern das Zur-Sprache-Bringen ihres eigenen Glaubens, der um das ständige Bedrohtsein und die unablässige Verführbarkeit seiner Einsichten weiß (vgl. KD I/1, 29f).

Indem die Gnade Gottes nicht billige Gnade, nicht kostenloser und flächendeckender Zuspruch ist, sondern richtende Gnade, enthüllt sie wie nichts anderes die Selbstgerechtigkeit des gottlosen Menschen. Diesem Urteil ist er nicht durch seine religiöse Betätigung entnommen. Der Angriff gegen die eigenwillige Religion des Menschen hat deshalb aber keine misanthropischen Züge, im Gegenteil: er versucht ja gerade auf den unter der Gnade Gottes stehenden Menschen hinzuweisen, d. h. dem im Ursprung und Ziel positiven Urteil Gottes über den Menschen zu folgen. Die Gnade Gottes trifft aber nicht auf einen ihr würdigen, sondern einen gegen sie verkehrten Menschen, der von sich aus ins Argument drängt und sich mit Gott ins Benehmen setzt. Die damit angesprochene Sünde bleibt streng eine theologische Kategorie und darf nicht als ein empirisches Phänomen betrachtet werden. Sie bezeichnet die im Urteil Gottes sichtbar werdende Vergangenheit des Menschen, in der auch die eigenwillige Religion ihren Ort hat. Das in der Gnade aufleuchtende Urteil Gottes macht einen Menschen erkennbar, der gerade in seiner Religion gleichsam nach Gott greift und ihm zuvorkommen will (vgl. KD I/2, 330f), d. h. es wird der Mensch sichtbar, der Gott nicht in seiner Offenbarung zu sich sprechen läßt, sondern der sich selbst ein Bild von Gott macht, dem er dann dient und damit dem lebendigen Gott entschieden den Rücken kehrt.

„Im Ereignis der Religion als solchem ist der Mensch der Schöpfer Gottes, ist Gott in bedenklichster Weise des Menschen Gott, Prädikat seines, des Menschen Wesens und Lebens. Die Unerhörtheit dieses Sachverhalts kann auch durch die aufrichtigste Ehrfurcht und Dankbarkeit, in der er sich diesem Geschöpf nun seinerseits hingibt, nicht aufgehoben und nicht ganz verhüllt werden: in der Religion als solcher macht sich der Mensch selber einen Gott, verehrt und verherrlicht er also auf einem kleinen Umweg sich selber. Beruht die Religion auf der letzten, tiefsten Möglichkeit der menschlichen Seele, so

---

[136] *K. Barth*, Das christliche Leben. Die Kirchliche Dogmatik IV/4. Fragmente aus dem Nachlaß, Karl Barth Gesamtausgabe, Zürich 1976, 223.

ist sie als *dieses* Ereignis, in sich betrachtet, gewiß auch der letzte Akt des Widerspruchs gegen Gott, in dem der Mensch existiert, die offen ausbrechende Empörung, *die* Sünde, die Sünde gegen das erste Gebot, neben der alle anderen nur abgeleitete Bedeutung haben können."[137]

Der sich auf Religion berufende Mensch setzt eben nicht vor allem in Gott, sondern ebenso in sich selbst sein Vertrauen und ist eben bereits „mindestens potentiell, mindestens im Hinblick auf sein religiöses Können, in dem er Befriedigung *sucht*, schon befriedigt … Er ist einem reichen Mann zu vergleichen, der, im Bedürfnis, noch reicher zu werden (das doch kein absolutes Bedürfnis sein kann!), einen Teil seines Vermögens in ein Nutzen versprechendes Unternehmen steckt" (KD I/2, 344). Und so stellt Barth an diese vom Menschen selbst angestrebte Religion die Frage:

„Ist die Notwendigkeit des ausgedrückten, des dargestellten religiösen Lebens eine andere als die limitierte, uneigentliche, gelegentliche, bloß ornamentale Notwendigkeit des kindlichen Spiels, der ernsten und der heiteren Kunst? Könnten die Gottesgedanken der Religion nicht zur Not auch ungedacht, ihre Lehren nicht auch unausgesprochen, ihre Riten und Gebete nicht auch unvollzogen, ihre asketischen und moralischen Vorschriften nicht auch in Freiheit unbeachtet bleiben?" (KD I/2, 345).

Neben dieser angenommenen *Nicht-Notwendigkeit* der Religion bleibt, unmittelbar mit ihr verbunden, die tatsächliche *Schwäche* der vom Menschen veranstalteten Religion zu bedenken, denn sie kann nicht mehr sein als ein Spiegelbild seiner selbst und ändert sich jeweils in die Richtung, in die sich auch der Mensch verändert. Von hier aus erklärt Barth, daß die Religion stets mit der Geschichte des Menschen konform ist, ganz gleich ob sie in einer affirmativen oder in einer (freilich begrenzt) kritischen Rolle auftritt. Und Barth benutzt wiederum ein Bild aus dem bürgerlichen Wirtschaftsleben, wenn er den Wandel der Religion des Menschen beschreibt, zu dem er auch den modernen Rückzug des Menschen aus der Religion zählt, denn der Mensch zieht sich lediglich auf den inneren Besitz zurück, von dem er bei der äußeren Gestaltung seiner Religion ursprünglich ausgegangen ist:

„Er verliert nichts bei diesem Rückzug; er zieht ja bloß sein Kapital zurück aus einer Unternehmung, die ihm nicht mehr rentabel erscheint: die Vitalität und Intensität, die er bis jetzt an die Gestalt des Gottesbildes und die Erfüllung des Gesetzes seiner Religion verwendete, schlagen nun nach innen, werden nun fruchtbar gemacht zugunsten und in der Richtung der gestaltlosen

[137] *K. Barth*, Die christliche Dogmatik im Entwurf (s. Anm. 91), 414–416.

und werklosen, der gedankenlosen und willenlosen Wirklichkeit, aus deren Reichtum die Religion einst hervorging, um nun in sie zurückgenommen zu werden. ... Dasselbe so gar nicht bedürftige religiöse Bedürfnis sucht seine Befriedigung nun in einer solennen Nicht-Befriedigung, in einem pathetischen Verzicht auf die Darstellung, in einem pathetischen Schweigen, in einem pathetischen Zur-Ruhe-Kommen der Seele in sich selbst, in der feierlichen Leere, die es der ebenso feierlichen Fülle von vorher nun auf einmal vorziehen zu wollen glaubt" (KD I/2, 347).

Gegen diese vom Menschen inszenierte Religion und Nicht-Religion bleibt zur Geltung zu bringen: Es gibt nichts Vorhandenes, mit dem sich Gott entgegeneilen ließe, alles Bemühen in diese Richtung wird von der Offenbarung Gottes als Unglaube aufgehoben (vgl. KD I/2, 331). Frömmigkeit, die sich selbst als Religion zum Thema macht, wird als ‚perpetua idolorum fabrica‘ (Calvin) zum Gegenstand der Religionskritik, die auch deshalb eine unverzichtbare theologische Aufgabe bleibt. Gerade das Fromme ist an dieser eigenwilligen Thematisierung das im Grunde unüberbietbar Anstößige (vgl. KD I/2, 338). Barth kann in der Religion gleichsam die raffinierteste und gefährlichste Tätigkeit des Versuchers erkennen, denn sie verführt dazu, „sich Gottes zu seinen eigenen Gunsten zu bemächtigen", um dann „triumphierend mit Gott recht behalten [zu] wollen, statt in der Buße zu verharren, statt Gott gegen sich selbst recht zu geben" (KD IV/1, 290 im Zusammenhang der Auslegung der Versuchungsgeschichte nach Lukas 4,1–13). Der Gott des frommen Menschen, auf den der Versucher Jesus in seiner dritten Versuchung (nach Matthäus die zweite Versuchung) anspricht, ist „der falscheste aller Götter":

„Wenn es der Mensch auf der Linie Adams aufs höchste bringt, dann eben zu solcher ‚religiöser‘ Selbsthingabe als der vollkommensten Form der Selbstverherrlichung, bei der Gott in Wirklichkeit aufs Vollkommenste in den Dienst des Menschen gestellt und eben damit unter dem Schein des vollkommensten Bekenntnisses zu ihm samt dem Mitmenschen aufs Vollkommenste verleugnet wird" (Ebd.).

Bereits 1916 fragt Barth, ob die Religion nicht vornehmlich im Dienst der menschlichen Selbstgerechtigkeit stehe und damit der Gerechtigkeit Gottes energischer entgegentrete als Moral und Recht bzw. weltliche Macht; und er hat dabei die konkrete Kirche vor Augen:

„Was soll all das Predigen, Taufen, Konfirmieren, Läuten und Orgeln? all die religiösen Stimmungen und Erbauungen, all die ‚sittlich-religiösen‘ Ratschläge ‚den Eheleuten zum Geleite‘, die Gemeindehäuser mit und ohne Projektionsapparat, die Anstrengungen zur Belebung des Kirchengesanges, unsere unsäglich zahmen und nichtssagenden kirchlichen Monatsblättlein und was sonst noch zu dem Apparat moderner Kirchlichkeit gehören mag! *Wollen* wir, daß damit etwas geschehe oder wollen wir nicht vielmehr gerade aufs Raffinierteste verhüllen, daß das Entscheidende, das geschehen müßte, noch *nicht* geschehen ist und wahrscheinlich nie geschehen wird? Tun wir nicht auch mit unserer religiösen Gerechtigkeit, ,als ob' – um das Reale *nicht* tun zu müssen? Ist nicht auch unsere religiöse Gerechtigkeit ein Produkt unseres Hochmuts und unserer Verzagtheit, ein Turm von Babel, über den der Teufel lauter lacht als über alles Andere?!"[138]

Wenn Barth in diesem Zusammenhang von der *Aufhebung* der Religion spricht, so meint er damit „gewiß nicht Beseitigung", sondern die „Einordnung der menschlichen Selbstbestimmung in die Ordnung der wirklichen Vorherbestimmung" (KD I/2, 342). Die menschliche Subjektivität wird nicht negiert, sondern zu einem Prädikat an dem Subjekt Jesus Christus (vgl. ebd.). Diese Zuspitzung macht nun die Radikalität der theologischen Religionskritik ganz deutlich, die nicht einmal vom noch so radikalen Atheismus überboten werden kann, denn gerade dieser setzt – wie eben bereits angedeutet – auf die Selbstmächtigkeit der menschlichen Subjektivität in einem durch das Nein zum Gottesdienst keineswegs prinzipiell anderen Genus als die Religion (vgl. KD I/2, 350ff);[139] er gehört wie die Ebbe zur Flut, beide gehören in ihrer äußeren Gegensätzlichkeit zum Leben desselben Ozeans (vgl. KD I/2, 355).

### 4.2.3 Religion als Verheißung

Doch wie auch sonst in der Theologie nicht vornehmlich von des Menschen Sünde zu reden ist – Barth unterstreicht immer wieder, daß die Theologie nicht die Sünde ernster nehmen soll als die Gnade[140] –, so ist eben auch im Blick auf die Religion nicht nur von ihrer Verkehrtheit, sondern ebenso von ihrer Rechtfertigung in dem Sinne zu sprechen, daß die Religion eben in der Versöhnungstat Gottes „wohl aufgehoben ... gehalten und in ihr geborgen sein kann" (KD I/2, 357). Auch hier gilt der Grundsatz Barths, daß eine Kritik niemals um der Kritik willen ergeht, vielmehr darf sie aus keinem „andern Grunde als

---

[138] *K. Barth*, Die Gerechtigkeit Gottes, in: Das Wort Gottes und die Theologie, München 1924, 5–17, 12f.

[139] Vgl. kritisch dazu *W. Krötke*, Der Mensch und die Religion nach Karl Barth (s. Anm. 118), 35ff; *H.-J. Kraus*, Theologische Religionskritik, Neukirchen 1982, 27.

[140] Vgl. beispielsweise: Die Not der evangelischen Kirche, in: Zwischen den Zeiten 9 (1931), 89–122, 112; Gotteserkenntnis und Gottesdienst nach reformatorischer Lehre, 27.

um des ungebrochenen Ja willen Nein sagen".[141] In diesem Sinne bleibt freilich das Stichwort der Kritik auch zentral für die ganze Kirchliche Dogmatik (vgl. KD I/1, 298f); nicht aber in dem Sinne, „als ob Gott alles und der Mensch gar nichts wäre".[142] Es gibt auch die Ehre des Menschen und der Welt und damit auch ein Ja zur Religion.[143] Dieses Ja kann die Religion jedoch nicht zu sich selber sprechen. Sie ist niemals durch sich selbst wahre Religion – vera religio, im Anschluß an den reformatorischen Sprachgebrauch[144] –, sondern wahr „kann eine Religion nur *werden*, und zwar genauso, wie der Mensch gerechtfertigt wird, nur *von außen*" (KD I/2, 356).

Der Akzent bei der Thematisierung der Religion liegt in Entsprechung zum Gefälle der ganzen Kirchlichen Dogmatik auf der *theologischen* Bestimmung der ‚vera religio' und eben nicht auf der Wendung ‚Religion ist Unglaube'. Das Urteil, daß Religion Unglaube ist, ist überhaupt erst im Horizont der Rechtfertigung erkennbar. Dabei ist die Aufdeckung der Sündhaftigkeit kein finsteres Vernichtungsurteil gegen den gottlosen Menschen, denn sie geschieht ja im Lichte der Rechtfertigung des Menschen einschließlich seiner Religion.[145]

Doch bleibt hier Vorsicht geboten, denn es kann nicht darum gehen, nun doch noch eine theologische Begründung für den homo religiosus zu formulieren, der sich mit seinem Religions*besitz* ebenso in Szene setzt wie mit den anderen Gütern, die er *hat* oder zu *haben* glaubt. „Das ewige vermeintliche Besitzen, Schmausen und Austeilen, diese verblendete Unart der Religion, muß einmal aufhören, um einem ehrlichen grimmigen Suchen, Bitten und Anklopfen Platz zu machen."[146] Es bleibt streng darauf zu achten, daß es die wahre Religion

---

[141] *K. Barth*, Die Grundformen theologischen Denkens, in: Theologische Fragen und Antworten. Gesammelte Vorträge III, Zollikon 1957, 282–290, 288; *Ders.*, Die Menschlichkeit Gottes (Theologische Studien Nr. 48), Zürich 1956, 22f. Das gilt ebenso für den den Menschen so grundsätzlich in Frage ziehenden Begriff der Krisis: „Krisis heißt ja nicht Negation, sondern eben Brechung und gerade so Erstarkung der Erkenntnis des Gegebenen: Brechung durch Infragestellung ihrer realistischen Selbstverständlichkeit, Erstarkung durch Herstellung ihrer echten Beziehung." Schicksal und Idee in der Theologie, in: Theologische Fragen und Antworten. Gesammelte Vorträge III, Zollikon 1957, 54–92, 76; vgl. Evangelium und Bildung (Theologische Studien, Nr. 2), Zürich 1947, 12f.

[142] *K. Barth*, Gotteserkenntnis und Gottesdienst nach reformatorischer Lehre, 67.

[143] Allerdings muß man sich vor Augen halten, daß Barth auch hier nicht einen allgemeinen Religionsbegriff im nachhinein zu retten versucht.

[144] „Vera religio est, quae verbo divino est conformis" zit. nach *H.-J. Kraus*, Systematische Theologie im Kontext biblischer Geschichte und Eschatologie, Neukirchen 1983, 86.

[145] Vgl. auch *W. Krötke*, a. a. O., 30.

[146] *K. Barth*, Biblische Fragen, Einsichten und Ausblicke (1920), in: Anfänge der dialektischen Theologie, hrsg. von *J. Moltmann*, Teil 1, München ²1966, 49–76, 71.

allein in dem Sinne gibt, wie es gerechtfertigte Sünder gibt (vgl. KD I/2, 357).

„Gibt es eine Rechtfertigung und Heiligung des Sünders, dann auch eine Rechtfertigung und Heiligung der Religion, kraft deren sie, die abstrakt, in sich selbst betrachtet die Vollendung seiner Empörung gegen Gott ist, Gemeinschaft mit Gott heißen und sein darf."[147]

Wahre Religion ist also nicht als etwas Vorfindliches und der analytischen Betrachtung Ausharrendes aufzeigbar, wohl aber wird der *Glaube* es in seinem Gehorsam wagen, von der christlichen Religion als der wahren Religion zu sprechen. Die Anstößigkeit einer solchen Aussage ist dann aber nicht die Anstößigkeit einer behaupteten Absolutheit des Christentums, wie sie immer wieder im ‚Religionismus‘ aufgestellt wurde, sondern die Anstößigkeit dieser Aussage ist keine andere Anstößigkeit als die Anstößigkeit des Glaubens bzw. der Offenbarung des Evangeliums selbst. Den Inhalt der Aussagen kann und darf sich der Mensch nicht selbst zurechnen, ebenso wie er sich auch seinen Glauben nicht selbst zurechnet.

Am angemessensten ist wohl von der gerechtfertigten Religion als von einer *Verheißung* zu sprechen (vgl. auch KD I/2, 358), deren Erfüllung sich ebensowenig in einem sichtbaren Unterschied zur eigensinnigen Religion des Menschen demonstrieren läßt, wie sich auch der Glaube nicht distinkt vom Unglauben auseinanderdividieren läßt. Die wahre Religion wird „genaugenommen nirgends direkt sichtbar" (KD I/2, 369). Sie ist dem Menschen im Glauben verheißen. An die wahre Religion sollen wir ja nicht glauben, ebensowenig wie wir sie an uns registrieren oder gar demonstrieren sollen, sondern sie zeigt an, daß im Glauben nun auch unser Leben und unsere Frömmigkeit nicht mehr dem vernichtenden Urteil der prinzipiellen Gottesfeindschaft ausgeliefert sind. Vom Christen wird nichts Übermenschliches verlangt, vielmehr dürfen die begrenzten menschlichen Fähigkeiten einschließlich der religiösen Ausdrucksmöglichkeiten dem Glauben zur Darstellung dienen.[148] Die Rede von der wahren Religion erinnert daran, daß der Glaube konkret das Leben gestaltet und dabei auch eine irdisch unvermeidliche Gestalt der Frömmigkeit in der ganzen unabwendbaren Zwielichtigkeit annimmt, in der die Frömmigkeit nun eben einmal steht. Was in der eigenwilligen Initiative des Men-

---

[147] *K. Barth*, Die christliche Dogmatik im Entwurf, 416.
[148] Vgl. *K. Barth*, Gotteserkenntnis und Gottesdienst nach reformatorischer Lehre, 125.

schen eine Sünde bleibt, kann unter der Gnade Gottes in der Kraft des heiligen Geistes zur erlaubten Möglichkeit des freien Menschen werden.[149] Eben das meint Barth, wenn er immer wieder hervorhebt, daß es keine rechte Gotteserkenntnis gibt, die nicht zugleich Gottesdienst ist.[150]

Wenn ich hier den Akzent auf die Verheißung lege, so soll damit jedem kirchlichen oder persönlichen Selbstrechtfertigungsversuch gelebter Religiosität ein Riegel vorgeschoben werden. Das meint Barth, wenn er immer wieder betont, daß die Kraft der Kirche nur in ihrer Schwachheit wohne. Die ,wahre Religion' ist eben keine Position, sondern sie verbirgt sich unaufweisbar im Wagnis christlicher Existenz. In diesem Sinne kann Barth die Kirche auch als „verkörperte Bitte" bezeichnen.[151] Jedes Festhaltenwollen an eigener Kraft und Frömmigkeit stellt die Kirche nicht nur auf den grundsätzlich gleichen Boden mit den anderen Religionen, sondern bedeutet vor allem ein Angriff auf die Ehre Gottes (vgl. KD I/2, 364).

Das Zeugnis von der Gnade Gottes geht einfach nicht zusammen mit einer kraft- und machtvollen Selbstdarstellung der Kirche. Auch ist der Kirche nicht nachweislicher Erfolg und große Zahl, wohl aber die Gewißheit des Glaubens verheißen.[152] Gerade die Wendung von der ,wahren Religion' vollzieht eine deutliche Kritik an der ,Habenmentalität' der Kirche, die sich anmaßt, das Göttliche irdisch verwalten zu können, und trifft damit auf einen Hauptnerv der gesamten Theologie Karl Barths.[153] Indem die Kirche von der Gnade Gottes lebt, ist sie nicht jenseits aller religiösen Versuchlichkeiten, sondern sie lebt eben gerade innerhalb ihrer eigenen Verkehrtheit und Lüge „durch die *Gnade Gottes* von seiner Gnade" (KD I/2, 378), oder sie lebt gar nicht. In diesem *durch* deutet sich an, daß es stets ein Akt göttlicher Schöpfung, Erwählung und Versöhnung bleibt, wenn der Name Jesu Christi christliche Religion schafft. Gerade das „gewichtige Adjektiv ,christlich'" kann sich die Kirche nicht selbst geben und ist daher auch nicht ihr Besitz (KD I/2, 384). Sie darf sich nicht in eine

[149] Vgl. *W. Krötke*, a. a. O., 23.

[150] Vgl. *K. Barth*, Gotteserkenntnis und Gottesdienst, 120, 126, 128.

[151] Vgl. *K. Barth*, Die Not der evangelischen Kirche, 102.

[152] Vgl. ebd., 99; *Ders.*, Gotteserkenntnis und Gottesdienst, 170; *Ders.*, Die Wirklichkeit des neuen Menschen (Theologische Studien, Nr. 27), Zürich 1950, 11 u. ö.

[153] Vgl. auch *D. Schellong*, Karl Barth als Theologe der Neuzeit, in: *K. G. Steck – D. Schellong*, Karl Barth und die Neuzeit (Theologische Existenz heute, Heft 173), München 1973, 34–102, 71.

Konkurrenz mit der Welt begeben und so tun, „als ob sie im Besitz überweltlicher … Goldbarren wäre", die sie dann als „klingende Münze, sogenannte ‚religiöse Werte'"[154] ausgeben könne. Allein im Bewußtsein ihrer eigenen Würdelosigkeit kann sie ihre Würde empfangen (KD I/2, 387).

Bei aller Überlegenheit der Gnade bleibt es bei der *irdisch-geschichtlichen* Gebrochenheit in Gericht und Gnade des auf der Seite Gottes *einen* ungebrochenen Wortes. Sie wird allein mit dem logisch anstößigen ‚simul' zusammengebunden. Die Zumutung dieses ‚simul' weist zeichenhaft auf die in Jesus Christus liegende Einheit und erinnert die christliche Gemeinde daran, daß nicht sie sich Christus zu ihrem Haupt macht, sondern Christus selbst schafft, beruft, rechtfertigt und heiligt die christliche Gemeinde und ist nur als solcher auch ihr König und Haupt (vgl. dazu KD I/2, 384).

## 4.2.4 Die Kritik der Religion

Wenn nun am Ende der Darstellung des dogmatischen Problems der Religion besonders der Aspekt der Kritik hervorgehoben werden soll, so soll der eben skizzierte Weg der Prolegomena noch einmal rückwärts gegangen werden, um herauszustellen: 1. Barth hält die Religion als irdisch-geschichtliche Existenzform der Kirche nicht nur für unumgehbar, sondern zugleich auch für ein recht ernstzunehmendes Faktum. 2. In ihrer bleibenden Bedeutung und ihrer gleichzeitigen bleibenden Gefährdung ist sie – wie übrigens jeder ernstzunehmende theologische Lehrsatz auch – einer ständigen theologischen Kritik zu unterziehen. Und 3. Es bleibt daran zu erinnern, daß Religion nicht nur nicht das erste, sondern ebensowenig das letzte Wort in der Theologie ist, denn das letzte Wort bleibt dem mit der Wiederkunft Christi verbundenen Reich Gottes vorbehalten.

1. Die dem Glauben verheißene ‚wahre Religion' ist – wie oben unterstrichen wurde – nirgends direkt sichtbar. Sie kann unter den Bedingungen dieser Welt ebensowenig dieser Mißverstehbarkeit enthoben werden, „wie wir über unseren eigenen Schatten springen können" (KD I/2, 370). Sie trägt immer Züge, die sie mit der Religion im Allgemeinen in den Vergleich stellt (vgl. KD I/2, 371), denn das sichtbare Tun der Menschen erhebt die Kirche nicht „über das Niveau der allgemeinen Religionsgeschichte" (KD I/2, 378). Doch das ist – wie

[154] *K. Barth*, Biblische Fragen, Einsichten und Ausblicke, in: Das Wort Gottes und die Theologie. Gesammelte Vorträge I, München 1924, 70–98, 80.

Barth bereits in der zweiten Auflage seines Römerbriefkommentars betont – noch kein „Grund zu antireligiöser Polemik mit dem Zweck, eine andere, bessere menschliche Möglichkeit irgendwo oberhalb ... aufzuzeigen".[155] Barth sieht vielmehr in dem Versuch, die Welt von der Religion zu befreien, die „Aufrichtung des schlimmsten aller Götzen, nämlich einer angeblichen ‚Wahrheit‘, von deren Thron aus *ich* alle Götter als Götzen meine durchschauen und entlarven zu können. Die dann von *mir* entgötterte Welt ist wahrscheinlich weder das Reich des lebendigen Gottes, noch auch nur eine Vorbereitung dazu, sondern unter allen Teufeleien, mit denen ich mich diesem Reich widersetzen kann, wahrscheinlich die übelste."[156] Auch wenn die Kirche dem Einspruch nicht wehren kann, daß ihr Gottesdienst vielleicht doch nur „ein feierliches halb übermütiges, halb überflüssiges Spiel ist" (KD I/2, 381), darf und kann sie gerade im Wissen um die Unmöglichkeit, ‚wahre Religion‘ inszenieren zu können, der Religion nicht den Rücken kehren, sondern hat als Kirche der gerechtfertigten Sünder auch ihre Gestalt als Religion ernstzunehmen, d. h. „die Frage nach dem Kanon und dem Dogma, die Frage nach dem Bekenntnis, nach dem Kultus und nach dem Kirchenregiment, die Frage nach der rechten Theologie, nach der rechten Frömmigkeit und nach der rechten Ethik" (KD I/2, 396).[157] Unter dem Aspekt der Religion werden die äußere Gestalt der Kirche und auch die Theologie(!) – die Theologie ist „selbst ein Element der Liturgie der Kirche"[158] – als menschliche Anstrengungen ganz und gar auf den Erdboden gestellt. Die Gestaltung der Kirche kommt weder senkrecht vom Himmel noch vollzieht sie sich im luftleeren Raum, sondern im konkreten historischen Zusammenhang.[159] Daran werden wir erinnert, wenn wir die Kirche als eine Religion betrachten. Ja, die Religion ist der Ort, an dem sich noch einmal ganz energisch die Frage nach dem Erkenntnisweg und der Zuverlässigkeit der Theologie stellt. Sie hält Theologie und Kirche notorisch kritisierbar und kritikwürdig. Sie ist hier nicht in erster Linie *Gegenstand* der Kritik, sondern zunächst der *Raum* der Kritik, der auch mit Hilfe der Kritik nicht verlassen werden kann. In

[155] *K. Barth*, Der Römerbrief, 223.
[156] *K. Barth*, Nein! (Theologische Existenz heute, Heft 14), München 1934, 55.
[157] Vgl. dazu *K. Barth*, Christengemeinde und Bürgergemeinde (Theologische Studien, Nr. 20), Zürich 1946; KD IV/2, § 67,4.
[158] *K. Barth*, Gotteserkenntnis und Gottesdienst, 203.
[159] Vgl. *K. Barth*, Die theologische Voraussetzung kirchlicher Gestaltung, in: Theologische Fragen und Antworten. Gesammelte Vorträge III, Zollikon 1957, 233–256, bes. 239 ff.

diesem Sinne ist auch die ‚wahre Religion' niemals als ein positiver Begriff mißzuverstehen, sondern er bleibt insofern ein kritischer Begriff, als er die Krisis wach hält.

Barth trägt dem Anliegen der neuzeitlichen Religionskritik insofern Rechnung, als die von ihm ins Auge gefaßte Religion in ihrer unauflöslichen Zwielichtigkeit das Faktum der menschlichen Entfremdung im Bewußtsein festhält, wobei der Mensch bei Barth allerdings darin von sich selbst entfremdet ist, daß er von Gott und seinem Willen entfremdet ist. In der Religion scheint also *nicht* – und das macht Barths Theologie der Religion so unbequem – zeichenhaft ein Zustand bereits überwundener Entfremdung bzw. erreichter Ganzheit (wie man heute eher zu sagen pflegt) auf, sondern überall dort, wo uns praktizierte Religion begegnet, werden wir an unsere in den irdisch-geschichtlichen Bedingungen immer noch andauernde und den Glauben angreifende (anfechtende) faktische Entfremdung erinnert.[160] In diesem Sinne geht es nicht allein um *unsere* Kritik an der Religion, sondern ebenso um die Kritik der *Religion* an uns, d. h. an unserem entfremdeten Leben. Die Kritik der Religion muß in diesem Horizont auch als genetivus subiectivus verstanden werden, indem die Religion eine unstillbare Beunruhigung von Theologie und Kirche hinsichtlich ihrer Gestalt darstellt, die auch in ihren vermeintlich reinsten Formen niemals endgültig und unwidersprechbar die Frage beantworten können,

„ob sie für den Herrn, der sie längst gerechtfertigt hat, auch jetzt und hier bereit, ob sie die schon gerechtfertigte und also wahre Religion tatsächlich ist, ob sie an der längst ausgesprochenen und ohne ihr Verdienst und Zutun gültigen Verheißung immer noch und immer aufs neue Anteil hat" (KD I/2, 396).

2. Nur indem Kirche und Theologie ihre eigene Religiosität und die von ihr ausgehende kritische Anfrage ernstzunehmen bereit sind, kann und muß der genetivus subiectivus zu einem genetivus obiectivus werden, d. h. wird die Religionskritik zu einer substantiellen und unüberspringbaren ständigen Aufgabe der Theologie. Kritik des Unglaubens ist nur anständig in der Wahrnehmung des eigenen Kleinglaubens, so daß diese theologische Aufgabe sich auch nicht an erster Stelle an die Adresse der jeweils anderen richtet, sondern als das konsequente Ernstnehmen des in der Rechtfertigung ergangenen Gerichts nur darin die anderen in den Blick bekommt, daß der Grund

[160] S. o. Anm. 108.

und die Reichweite der Religionskritik an sich selbst ihre Berechtigung, Notwendigkeit und Radikalität demonstriert. Hier vollzieht sich heute die reformatorische Einsicht, daß die Kirche stets reformiert werden müsse. Sie hat ihre äußere Gestalt nicht nur ernst zu nehmen, sondern sie hat sich – einschließlich ihrer Theologie – immer wieder neu der Kritik zu unterziehen und auf ihre Angemessenheit hin zu überprüfen, damit sie weder in überzeitlicher Abstraktheit erstarrt noch in unkritischer Zeitgemäßheit zerfließt. Der Gradmesser, an dem sich ablesen läßt, inwieweit Kirche und Theologie tatsächlich das ihnen aufgetragene Zeugnis und nicht nur sich selbst und ihre irdische Beachtung ernst nehmen, ist für Barth in der Bereitschaft und Konsequenz zu sehen, mit denen sie sich immer wieder neu und nicht nur zum Schein der Aufgabe der Selbstkritik stellen.

3. Die Religion hat ihre Zeit, sie ist weder zeitlos noch unbegrenzt. In jeder Hinsicht bleibt sie endlich, so dauerhaft sie auch erscheint. Sie entspricht der menschlichen Unbeholfenheit, sein Leben in den Dienst Gottes zu stellen. Sie gilt für die Zeit des Glaubens, dessen hör- und sichtbare menschliche Artikulationen stets im mehr oder weniger krassen Widerspruch zum Schauen, d. h. zu den allgemeinen Erfahrungen des Menschen stehen. Nicht zuletzt von daher steht der Religion jede Selbstgewißheit schlecht zu Gesicht. Die Religion ist für die Kirche die ständig gegenwärtige Erinnerung daran, daß sie bei allem ‚schon jetzt‘ doch *nur* Kirche ist.[161] In diesem *Nur* steckt ihr bleibendes Armutsbekenntnis, das stets auf das „Problem des Menschen überhaupt" (KD I/2, 319) hinweist, dem die Theologie nicht ausweichen darf, dem sie sich vielmehr um ihrer Wahrheit und Freiheit, aber vor allem auch ihrer Hoffnung willen zu stellen hat. Sie ist eine provisorische Zwischenlösung und nur als solche in ihrer prinzipiellen Ambivalenz hinzunehmen, denn wir können „vor dem Ende aller Dinge nicht erwarten, daß der christliche Mensch trotz aller eingeschalteten Hemmungen sich nicht immer wieder als ein Feind der Gnade erweisen wird" (KD I/2, 370). Aber die Verheißung, die auch in der Religion verborgen liegt, wird durch die Selbstverheißung Gottes überboten und von ihr aufgehoben. Das verheißene Reich Gottes, auf das die Kirche wartet und um das sie bittet, um dessentwillen sie schließlich derzeitig in Kauf nehmen muß, religiös zu sein, ist gründlich mißverstanden, wollte man in ihm die Realisierung der wahren Religion erhoffen. Im Reich Gottes ist die irdisch-geschichtliche

___

[161] Vgl. *K. Barth*, Credo, München 1935, 129.

Spannung zwischen göttlich Einzigartigem und menschlich Eigenartigem aufgehoben, auf daß Gott sei alles in allem (1 Kor 15,28). Wenn es also einen grundsätzlichen Vorbehalt gegenüber der Religion gibt, dann ist es allein der *eschatologische* Vorbehalt. Dieser bleibt allerdings anzumelden, nicht als ein diesseitig anzuzapfendes Kapital des Jenseits, sondern als die entscheidende Hemmung für die alltägliche Anfechtung, nicht in Verzweiflung umzuschlagen. Die Kirche bedarf in der sonst zermürbend werdenden Suche nach diesem oder jenem Weg der mobilisierenden Erinnerung an Richtung und Ziel des Weges Gottes mit den Menschen.

Wir haben uns den Grund, die Gestalt und die Grenze der Religion als eines theologischen Problems hinsichtlich des Erkenntnisweges der Theologie vor Augen gerückt. Dabei wurde überraschend deutlich – was sich bei Barth übrigens bei allen Fragestellungen der Theologie beobachten läßt –, daß die Religion einen Gang durch die Dogmatik im Kleinen provoziert hat. Sie hat gleichsam die ganze Theologie aufmarschieren lassen, um zu Gehör zu bringen, was es von ihr aus auf ihre Frage zu sagen gibt. Die Theologie hat sich der heute weithin eher zu unbescheiden aufgeworfenen Frage gestellt und zunächst ohne Seitenblick auf das geantwortet, was unbestreitbar von Psychologie, Soziologie und den Religionswissenschaften zu sagen bleibt, indem sie sich von der Frage auf ihre Mitte ansprechen läßt und gleichzeitig umgekehrt erprobt, inwiefern sie von ihrer Mitte aus auch ihrerseits die Frage nach der Religion aufzuwerfen und ernstzunehmen hat. Sie hat dabei in allen Aspekten unterstrichen: Die Religion ist und bleibt eine *Angelegenheit des Menschen*. Sie mag eigenwillig oder gerechtfertigt Gott im Munde führen oder durch ihre Praxis anzuzeigen versuchen, so ist sie doch niemals eine göttliche und somit ‚übermenschliche‘ Angelegenheit. Der Mensch stellt nicht durch die Religion einen Kontakt zu Gott her, sondern es kann nur umgekehrt sein, daß Gott den religiösen Menschen – in Gericht und Gnade – aufsucht. Der sich in der Religion Ausdruck verschaffende Glaube des Menschen kann es von sich aus weder hör- noch sichtbar machen, ob der Mensch nur seinen eigenen Glauben pflegt, mit dem er im Grunde an sich selber glaubt, oder ob er den von Gott durch seinen Geist gewirkten Glauben an Jesus Christus lebt. Die Religion bleibt der *Außenaspekt* des einen wie des anderen Glaubens, denn sie macht niemals *Gottes* Praxis unmittelbar sichtbar, sondern stets allein das vom *Menschen* gestaltete irdisch-geschichtliche Leben, das entweder in der anmaßlichen *Einbildung* Gottes oder unter dem lebendigen *Einwirken* Gottes geführt wird. In das Herz des Menschen läßt sich nicht sehen, auch nicht mit einem von der Religion geschärften Blick. Insofern ist die Religion ein untaugliches Mittel für substantielle theologische Unterscheidungen, zumal diese ohnehin nicht durch die Inspektion menschlicher Herzen zustande kommen. Und so bleiben Theologie und Kirche auch in der Überprüfung ihrer eigenen Gestalt und Praxis auf den *Inhalt* und nicht auf die historische Darstellung und die menschliche Praxis des Glaubens als dem entscheidenden Kriterium verwiesen. Von der Religion aus lassen sich nicht die für Kirche und Theologie wichtigen Fragen stellen, sondern von dem Bekenntnis ihres Glaubens aus wird sich umgekehrt die Religion, an der die Kirche zwangsläufig partizipiert, immer neu in Frage stellen lassen, da sie als Angelegenheit des Menschen in durchaus bevorzugter Weise gefährdet ist, auch der eigenen Selbstdarstellung des Menschen zu dienen.

## 5 Die Kirche in der Welt

Um auf dem Hintergrund der bisherigen Überlegungen das Problem der Kirche in der Welt recht zur Sprache bringen zu können, muß auch nach dem Verhältnis der *Religion* zur *Profanität* gefragt werden. In der Kirche treffen Religion und profane Welt zusammen; sie hat nicht nur Berührung mit beiden, sondern sie läßt sich selbst als ein Teil beider betrachten. Dabei kann nicht die Weltlichkeit das Unterscheidungsmerkmal sein, denn die Religion ist ebenso eine irdische Selbstdarstellungsform wie die Profanität, vielmehr muß theologisch nach der spezifischen Kontur des Welt*bezugs*, den die Kirche über ihre eigenen Mauern hinaus pflegt, gefragt werden. Mit drei – freilich nur umrißhaften – Gedankengängen, die weniger auf eine Ekklesiologie als vielmehr deren systematischen Ort zielen, soll in diese Richtung gefragt werden:
1. Inwiefern wird die Kirche gerade aufgrund der Wahrnehmung ihrer eigenen Religiosität über die eigene Religion in die Welt hinausgewiesen?
2. Welche Konsequenz hat die kritische Wahrnehmung der eigenen Religion für das Verhältnis der Kirche zur Welt?
3. In welchem Verhältnis steht die Sendung der Kirche in die profane Welt zu ihrer eigenen Religion?

## 5.1 Religion und Welt

Zu den zu bedenkenden Konsequenzen aus den theologischen Einsichten über die Religion gehört die Problematisierung der Religion für das Verhältnis der Kirche zur Welt, da sich die Religion nicht über die ihr anhaftende Zwielichtigkeit zwischen gottloser und im Glauben gerechtfertigter Religion erheben kann. Von der Religion sind hier keine Hinweise zu erwarten, zumal sie in der theologischen Perspektive nur als eine *Station* auf einem nicht von ihr festgelegten Weg betrachtet wurde. Dieser theologisch gebotene *Weg* versuchte dem Zeugnis von der Rechtfertigung des Gottlosen in seiner Bedeutung für unsere faktische Frömmigkeit nachzugehen. Um auf diesem Weg auch über eine kritische Betrachtung der Religion hinaus zur Welt und damit zur Frage nach der Bedeutung des Glaubens für unsere konkrete historische Weltlichkeit kommen zu können, gilt es den Schritt zur *Ethik* zu machen. Damit wird dem Weg im Sinne Barths nun keine andere Richtung gegeben oder gar ein völlig neuer Weg avisiert, sondern es geht unter Beibehaltung des Themas und d. h. unter Anerkennung des Vorrangs der Praxis Gottes vor der Praxis des Menschen um „die menschliche Existenzfrage":

Der „Gegenstand der Dogmatik ist und bleibt das Wort Gottes und nichts sonst. Der Gegenstand des Wortes Gottes aber ist die menschliche Existenz, das menschliche Leben, Wollen, Handeln. Durch das Wort Gottes wird dieses in Frage gestellt, d. h. nach seiner Richtigkeit gefragt, aber auch in Richtigkeit gebracht. ... Die Wirklichkeit, die sie etwa als den Menschen nicht angehende, ihn nicht in Anspruch nehmende, ihn nicht zur Verantwortung ziehende, ihn nicht zurecht bringende und insofern: als theoretische Wirklichkeit anschauen und darstellen wollte, würde bei allem möglichen Reichtum ihres Wesens und bei aller möglicher Tiefe ihrer Betrachtung auf keinen Fall die Wirklichkeit des Wortes Gottes sein. Die Dogmatik kann gar nicht anders: sie muß auch Ethik sein. Ihre Dialektik und ihre ganze Haltung muß eine ‚existentielle', d. h. sie muß, weil auf das Wort Gottes, darum auch auf die menschliche Existenz bezogen sein" (KD I/2, 887f).

Der hier angezeigte unauflösliche Zusammenhang zwischen Dogmatik und Ethik bleibt für Barths gesamte theologische Arbeit bestimmend. Es geht wohlgemerkt nicht um eine Gebotsauslegung oder den ethischen Reflex oder die vom Menschen nun zu ziehenden ethischen Konsequenzen aus der Dogmatik, sondern streng um die existentielle Dimension der Dogmatik selbst, und zwar aller ihrer Themen. Das Religionsproblem hat sich uns theologisch mit der Frage nach der

Rechtfertigung des Gottlosen im Zusammenhang mit der Versöhnungslehre aufgeschlüsselt. Indem wir nach der weltlichen, der menschlichen Seite des Glaubens gefragt haben, wurden die beiden Seiten der Religion für uns erkennbar. Der existentielle Gehalt dieser Erkenntnis tritt noch deutlicher hervor, wenn nun noch ein Schritt auf diesem Weg weiter gegangen wird, wobei dann schnell erkennbar wird, daß sich in der Religion nicht die Weltlichkeit und die Menschlichkeit der Kirche erschöpft bzw. erschöpfen darf. Gerade im Horizont der theologischen Bestimmungen der Religion stellt sich die Frage nach der rechten Gestalt des christlichen Lebens, die uns nun auf die *Versöhnungsethik* lenkt.

Die Versöhnungsethik erörtert das Tun des geheiligten Menschen und setzt damit konsequent den mit der Rede von der ‚wahren Religion' aufgenommenen Gedanken fort. Barth stellt das christliche Leben unter den Leitbegriff der Anrufung Gottes. Wird da um die Heiligung des Namen Gottes gebetet, so geschieht das im Wissen „um das geschehene Anheben und um die noch ausstehende Vollendung der Selbstbekundung Gottes".[162] Wenn Barth das ‚geschehene Anheben' von der ‚noch ausstehenden Vollendung' unterscheidet, so ist damit nicht etwa die Unterscheidung von Kirche und Welt angezeigt, so als sei Gott der Kirche bereits bekannt, während er der Welt noch unbekannt sei. Vielmehr unterstreicht Barth in beide Richtungen: Das Bekanntsein Gottes ist in der Kirche keineswegs ungebrochen, und das Unbekanntsein Gottes ist in der Welt keineswegs prinzipiell. Für Barth ist kein Mensch „ontologisch gottlos" (KD IV/1, 534). Er rechnet mit einer ontologischen Offenheit des Menschen für Gott, die eben auch der Religion noch vorausläuft. Auch der verkehrte Mensch steht noch in einem Verhältnis zu Gott – ein christologisch im Grunde unausweichlicher Gedanke.[163] Diese Offenheit ist gerade nicht die religiöse Disposition des Menschen, vielmehr steht diese ihr – wenn man überhaupt eine solche annimmt – nur entgegen.

Für Barth stellt sich also im Horizont des Bekanntseins und des Unbekanntseins Gottes im Rahmen seiner Versöhnungsethik noch einmal neu die Frage nach der Religion, denn die Religion setzt sich mit ihrem Wissen um Gott in Szene, sei dies nun die christliche Religion, eine andere ‚Weltreligion' oder auch die sich selbst zur Religion ge-

---

[162] *K. Barth*, Das christliche Leben (s. Anm. 136), 180.
[163] Vgl. auch *W. Krötke*, a. a. O., 27f.

wordene Welt, die sich oder auch nur einen Teil von sich zum ‚bekannten Gott‘ erhebt.

Wir werden hier auf die keineswegs trennscharfe Unterscheidungslinie zwischen Welt und Kirche gewiesen, die gerade darin nicht getrennt sind, daß sie beide das Unbekanntsein Gottes religiös überspielen, d. h. „einen positiven Ersatz für das ihr Fehlende"[164] installieren. Dabei zählt Barth die „gar noch unter antireligiösen Protesten unternommene religiöse Auszeichnung, Verehrung und Pflege bestimmter säkularer Werte (wie Macht, Besitz, Bildung, Fortschritt und der gleichen)"[165] mit zu den Religionen. Gerade in der Perspektive auf die Welt erscheint die Kirche darin als ein Stück Welt, daß sie in den unterschiedlichsten Formen Religion gestaltet. Damit sind die beiden noch zu gehenden Schritte der Untersuchung angezeigt: Zum einen gilt es, die Welt im Lichte ihrer faktischen Religiosität zu betrachten, d. h. religionskritisch unter Einschluß der Kirche; zum anderen muß die Kirche auch jenseits ihrer unausräumbaren Religiosität die weltliche Welt, d. h. die wirklich profane Welt als die gerade ihr gebotene Überbietung der Religion entdecken lernen.

## 5.2 Die Religionen der Welt – die Welt der Religion

Der Willkürakt der *Religionen* – und wir beziehen die Kirche ausdrücklich mit ein – liegt nicht etwa in dieser oder jener Geschäftigkeit, sondern in der *Domestizierung* Gottes, d. h. in dem Versuch, Gott „in ihren natürlichen und geistigen Gesichtskreis und Machtkreis unterzubringen"[166]. Das Anstößige der Religion ist ihre Positivität, ihr mehr oder weniger esoterisch behaupteter Gottes*besitz*, denn sie leugnet das bleibende Unbekanntsein Gottes und bezeugt daher nicht den gebotenen Gehorsam zu dem der Vaterunserbitte „Geheiligt werde dein Name!" entsprechenden Imperativ, den ganzen Eifer in die Bezeugung des Wortes Gottes zu stellen. Die Versuchung der *Welt* geht noch darüber hinaus, indem sie gleich nach Gott greift in dem Versuch der *Nostrifikation* Gottes, d. h. „der Versuch der Welt, ihre Sache zur Sache *Gottes* zu erheben und umgekehrt: die Sache Gottes ihrer *eigenen* Sache zu unterwerfen und dienlich zu machen"[167]. Dabei werden nun auch die Grenzen der Religion noch überschritten:

---

[164] *K. Barth*, Das christliche Leben, 212.
[165] Ebd.
[166] Ebd., 213.
[167] Ebd., 214.

„Sie [die Welt] integriert jetzt sich selbst Gott, oder sie integriert Gott sich selbst. . . . Sie will es also nicht wie im Atheismus gegen ihn und auch nicht wie in der Religion nur beiläufig, sondern in letzter Konsequenz und mit geradezu fanatischem Ernst und Eifer *mit* Gott machen. Sie meint nämlich, gerade mit ihm unendlich viel besser, wirksamer und triumphaler Welt sein zu können als gegen ihn oder nur beiläufig und teilweise mit ihm. Sie meint sogar, ihres Wollens und Wirkens in Politik, Wirtschaft, Rechtsgestaltung und Sozialordnung, in Arbeit und Genuß, im Frieden und im Krieg, in Bildung und Erziehung, in Wissenschaft und Kunst erst dann wirklich froh und gewiß sein zu können, wenn sie das Alles in der Verklärung und Würde des Vorzeichens: Gott will es! Gott wirkt es! begreifen und ins Werk setzen kann. Sie hält ihre Verfügungsfreiheit erst damit für gesichert, daß Gott ihr zum *Weltgott*, sie selbst sich zur *Gotteswelt* wird, wenn sie gerade darin, daß sie fromm ist, weltlich und gerade darin, daß sie weltlich ist, fromm sein darf."[168]

Die in der Religion immerhin noch gespürte Ahnung einer Spannung zwischen Gott und Welt ist völlig aufgehoben; Gott wird zu einer Angelegenheit der menschlichen Geschichte, in der er sich freilich nicht überall, sondern an jeweils herauszuhebenden Ereignissen oder Konstellationen zeige.[169] Gott wird damit zu einem Instrument sowohl der Apologetik als auch der Aggression, und unsere irdisch-geschichtliche Praxis wird zum Vollzug des göttlichen Willens hochstilisiert.[170] Die hier gesehene Gefahr schätzt Barth höher ein als die von seiten der Wahlverwandten Religion und Atheismus (wobei Barth keineswegs ausschließt, daß die Welt in der Nostrifikation Gottes von der Kirche noch überboten werden kann!). Beispiele dazu durchziehen die ganze Geschichte, und unsere Gegenwart bietet ebenfalls ausreichend drastisches Anschauungsmaterial.

Die Nostrifikation Gottes in der Welt hat mit der Domestizierung Gottes in der Religion gemeinsam, daß beide mit scheinbar aufzeigbaren Positivitäten von der Wahrheitsfrage ablenken, an der die Lebendigkeit der Kirche hängt, und sich damit auf Partikularisierungen einlassen, indem sie innerweltlichen *relativen* Unterschieden den Namen Gottes beilegen und damit den Anschein von *absoluten* und heilsrelevanten Unterscheidungen erwecken. Sie legen von sich aus fest, worin Gott seinen Namen heiligen möge, und stehen damit im krassen Gegensatz zu der bezeichneten Vaterunserbitte. Jede positivistische Feststellung von ‚gut‘ und ‚eigentlich‘ oder ‚echt‘ schließt ein

[168] Ebd., 215.
[169] Vgl. dazu *M. Weinrich*, Der Katze die Schelle umhängen (s. Anm. 1), 144–159.
[170] Vgl. etwa *R. Reagan*, Ich vertraue auf Gott, hrsg. von *D. R. Shepherd*, Uhldingen 1985.

Urteil über ‚böse‘, ‚uneigentlich‘ oder ‚unecht‘ mit ein und ordnet von einem vermeintlich überlegenen Wissen aus eigenwillig und anmaßlich die Welt. Eine solchermaßen partikularisierende Weltsicht ist das Fundament für geistig-seelische Apartheid und apokalyptischen Manichäismus jeder Art und damit der Nährboden für die sich häufig gern in religiöser Berufung auf Gott verhüllenden Destruktionskräfte der Welt.

Doch ihren Gipfel erreicht die Unmöglichkeit der Religion noch nicht in der Anstößigkeit ihrer unangefochtenen Gottesbekanntschaft. Er liegt – und da wird dann auch die ethische Dimension besonders deutlich – in der mit der Verkennung Gottes zusammengehenden Verkennung des Mitmenschen, der eben nicht als das dem Menschen von Gott zur Seite gestellte unentbehrliche Mitsubjekt gekannt wird, sondern als der, zu dem man eine so oder so bestimmte Beziehung haben kann oder auch nicht, ja der sogar als ein Feind vor Augen gestellt werden kann, der schließlich zum beliebigen Objekt willkürlicher Bestimmungen wird. Das Verhältnis zum Mitmenschen bleibt eben ein *mögliches* und kein wesentliches, nötiges, unentbehrliches.

„Daß sie es so zwiespältig miteinander halten können und tatsächlich dauernd halten, daß der Mensch dem Menschen zwar wichtig, daß er ihm Nächster, Freund, Helfer, aber jeden Augenblick auch gleichgültig, Fernster, Feind, Verderber, daß er ihm ebensogut Wolf wie Mensch sein kann und tatsächlich wird, darin offenbart sich die Ambivalenz seines Verhältnisses zu Gott. Und darin ereignet sich die Lästerung seines Namens gräulicher, handgreiflicher, unzweideutiger als in Allem, was sich die Welt an wildem Atheismus, an vermaledeiter Abgötterei oder an toller Selbstvergottung leisten mag. Darin potenziert und konzentriert, darin charakterisiert sich das Alles, indem es darin praktisch, alltägliches Ereignis der Weltgeschichte im Großen, Kleinen und Kleinsten wird. ... Will man wissen, was es mit der Bitte: ‚Geheiligt werde dein Name‘ und mit dem uns gebotenen Eifer um die Ehre Gottes zunächst im Blick auf die Welt eigentlich und letztlich auf sich habe, dann sammelt man seine Aufmerksamkeit am besten auf diesen einen Punkt: auf die böse Tatsache, daß wir Menschen, deren Gott sich doch in Jesus Christus in höchstem Erbarmen samt und sonders angenommen hat, einander ebensowohl Alles wie Nichts, ebensowohl Mitmenschen wie Wölfe sein können und wirklich sind. Da, in diesem wüsten Widerspruch wird der heilige Name Gottes in der Welt entscheidend und aufs höchste entheiligt.“ [171]

[171] *K. Barth*, Das christliche Leben, 218f.

Es ist die positive Überspielung faktischer Finsternis, die immer neu versuchte Beseitigung des ärgerlichen ‚simul' von Licht und Finsternis, bekannt und unbekannt, gerecht und sündig, ja man kann wohl ergänzen: von Glauben und Tun, die im Horizont der Ethik noch einmal jeden positiv-positionellen Umgang mit der Religion und den Religionen verbietet. Wir kommen hier nun auch deutlich an den Rand der Brauchbarkeit des Religionsbegriffs, den Barth ja niemals ohne ein gewisses Zögern benutzt hat – in einem Brief an Herbert Kubly (16.7.63) schreibt Barth „‚religion' (I hate the word!)".[172] Es ist aber nicht allein die unausräumbare Mißverstehbarkeit, die hier zögern läßt (zumal selbst die Religionswissenschaftler längst vor dem Dschungel von Definitionsversuchen kapituliert haben),[173] sondern mehr die großmütige Bereitschaft, sich mit dieser Mißverstehbarkeit nicht nur abzufinden, sondern sie gar tragen und schützen zu wollen.[174] Das Spektrum der Koalitionsmöglichkeiten von Religion – und sie tritt in ihrer Unselbständigkeit eben niemals ohne eine eingegangene Koalition auf – kann man sich gar nicht breit genug vorstellen. Religion an sich gibt es nicht. Der Begriff suggeriert eine brauchbare Verständigungsmöglichkeit, die aber faktisch so lange eine Illusion bleibt, wie man glaubt, sich über die Religion allein ins Benehmen setzen zu können.

Wenn Barth sich nun gerade in seinem Zögern auch entschieden dem Religionsbegriff zuwendet, so liegt ihm einerseits daran, die Kirche an ihre eigenen Fluchtversuchungen zu erinnern, und andererseits daran, der Kirche eben ihren Platz in der Welt zuzuweisen. Religion ist die unmittelbar weltperspektivische Erschließung des christlichen Lebens, einschließlich seiner faktischen Religiosität, an dem es sich unmißverständlich sowohl als ein Stück Welt präsentiert, an dem aber zugleich zur Bewährung steht, daß es zwar *in* der Welt, aber nicht *aus* der Welt und ihren zweifellos gesetzlichen Bedingungen lebt. Es geht nicht um die Spannung von sichtbar und unsichtbar – diese wird im Blick auf die Kirche eher leichtfertig zu hoch einge-

---

[172] *K. Barth*, Briefe 1961–1968. Karl Barth Gesamtausgabe, Zürich 1975, 161.

[173] Vgl. u. a. *C. Colpe*, Religion und Religionswissenschaft, in: Taschenlexikon Religion und Theologie, hrsg. von *E. Fahlbusch*, Bd. 4, 238–243; vgl. auch *H.-J. Kraus*, Systematische Theologie im Kontext biblischer Geschichte und Eschatologie, Neukirchen 1983, 79–81.

[174] Das gilt auch für kritisch abgefaßte Religionsbegriffe, wie sie etwa von der Religionspädagogik benutzt werden; vgl. *M. Weinrich*, Religion zwischen Apologie und Ideologie, in: Theologia Practica 14 (1979), 251–264.

schätzt[175] –, sondern um die Spannung von Glauben und Leben, bzw. Glauben und Existenz. Die Grenze, auf die wir hier stoßen, wird als eine Grenze *in* der Welt sichtbar. Und es bleibt zu fragen, ob die Religion mit ihren durchaus problematischen Unterscheidungen von Kirche und Welt nicht gleichzeitig der geschickte Versuch einer Unterscheidung von Glauben und Leben ist. Es wird deutlich, daß Theologie und Kirche die Welt nicht nur als den eher bedeutungslosen, jedenfalls nur im Blick auf die eigenen Möglichkeiten wahrzunehmenden Ort der Religion zu bedenken haben, sondern sie müssen die Welt vor allem als den konkreten Bestimmungsort des christlichen Lebens in den Blick bekommen. Damit wird die Welt zum exponierten Orientierungshorizont für die Kirche, nicht allein aus diakonischer oder missionarischer Sorge um die Welt, sondern vor allem um ihrer selbst willen, d. h. nicht allein aus der Stärke des eigenen Selbst heraus, das seine Kräfte in die Welt ergießt, sondern ebenso um der Schwäche und Gefährdung des eigenen Selbst willen, das sich eben nicht durch Selbstfindung finden läßt.

### 5.3 Kirche: Christliches Leben als weltliches Leben in der Anrufung

Christliches Leben geht nicht in Religion auf, ebenso wie in der Kirche, die als solche niemals unsichtbar ist, nicht alles sichtbar wird, was sie als Kirche bestimmt. Auch die wahre Religion im oben skizzierten Sinne bleibt offenkundig eine unzureichende Beschreibung des christlichen Lebens. Zwar hat Barths Begriff der ‚wahren Religion‘ bei aller Ungelenkigkeit, die ihm zweifellos eignet,[176] seine bleibende Bedeutung, indem er einerseits den Menschen mit seinen Möglichkeiten auch im Glauben nicht vom Erdboden abhebt und vorschnell aus der ihn umgebenden Welt der Religionen als gleichsam unberührbar entläßt und andererseits daran erinnert, daß die menschliche Subjektivität darin ernst genommen wird, daß ihr verheißen bleibt, Reflex des Offenbarungshandelns Gottes zu sein. Doch das

---

[175] Es ist eher die religiös konstruierte Kirche, die eine unsichtbare Kirche ohne „konkrete Zumutungen" sein will; vgl. *K. Barth*, Die Not der evangelischen Kirche, 103. Immer wieder betont Barth, daß die Kirche stets auch sichtbare Kirche ist; vgl. u. a. *K. Barth*, Die Kirche und die Kirchen, 218f; *Ders.,* Dogmatik im Grundriß, Stuttgart 1947, 189; Credo, München 1935, 127.

[176] *H.-J. Kraus* fragt, ob die ‚wahre Religion‘ noch zu Recht als Religion bezeichnet wird; vgl. Systematische Theologie (s. Anm. 173), 87.

christliche Leben konzentriert sich nicht allein auf die menschliche Entsprechung, auf die Antwort, auf die Gestalt. Zwar kann dieses Plus gegenüber der Religion, auf das ich nun noch hinweisen will, nur in möglichst pünktlicher menschlicher Entsprechung, nur als umweglose Antwort und nur in irdisch-geschichtlicher Gestalt zur Darstellung kommen, aber es geht insofern nicht darin auf, als christliches Leben nicht nur im Hinweis, sondern vor allem von der Gegenwart des lebendigen Gottes, nicht nur im Zeugnis, sondern auch von der Selbstbezeugung Gottes, nicht nur in der Antwort, sondern eben auch von der Anrede Gottes lebt, ja nicht nur in der Verkündigung, sondern von dem Verkündeten selbst. Die Subjektivität des Prädikats hat ihr Lebensmoment selbst in der Unterstellung reinster Wahrhaftigkeit nicht in sich, sondern bleibt angewiesen auf die lebendige Wahrheit des Subjekts Gott. In diesem Sinne bleibt für Barth jedes christliche Zeugnis, jede Verkündigung und jedes Bekenntnis ein eher forsches Wagnis, auf das sich die christliche Gemeinde nur in dem Vertrauen einlassen kann, daß es im Grunde nicht auf sie, sondern auf Gottes gegenwärtiges Wirken ankommt, das im übrigen auch nicht auf die Vermittlung durch die Gemeinde angewiesen ist. In diesem Vertrauen, das wir Glauben zu nennen gewohnt sind, wird christliches Leben zum Leben in der Anrufung, das sich so, wie sich die Dogmatik im ersten Gebot als ihrem lebendigen Axiom entzündet, in der immer wieder zu sprechenden und zu lebenden Bitte des Vaterunser vollzieht: „Geheiligt werde Dein Name!“ Mit dieser Bitte betet die christliche Gemeinde eben darin für sich selbst, daß sie nicht um ihrer selbst willen bittet. Und so lebt die Kirche auch nur so sich selbst, wenn sie nicht um ihrer selbst willen lebt und deshalb das Problem der Religion auch wieder nicht zu ernst nehmen sollte, so unausräumbar und verhängnisvoll es sich auch gezeigt hat.

Zwar ist gerade das Gebet an und für sich ein besonders exponiertes Phänomen von Religion,[177] aber gerade deshalb kann es als zentrales Bestimmungsmoment des christlichen Lebens zum qualifizierten Paradigma für den bedachten Problemzusammenhang werden, weil es nicht von sich aus den Bereich der Religion hinter sich läßt. Indem das Gebet Gott um die Heiligung seines Namens anruft, vollzieht es in dem begrenzt möglichen Rahmen praktische Religionskritik als eine

---

[177] Vgl. *K. Barth*, Der heilige Geist und das christliche Leben, in: *K. Barth – H. Barth*, Zur Lehre vom heiligen Geist (Beiheft Nr. 1 v. Zwischen den Zeiten), München 1930, 39–105, 105.

Aufgabe der Versöhnungsethik. Diese Form der Religionskritik bewahrt den Kritiker vor der Hybris der Selbstzurechnung seines Einspruchs und richtet damit eine Warnung gegenüber der eigenwilligen Möglichkeit religiöser Selbstkritik auf.[178] Wirklich „betend hat noch nie ein Mensch sich selbst zu rechtfertigen versucht" (KD II/2, 840). Das Gebet ist insofern der besondere Ausdruck des christlichen Lebens, als es in vorzüglicher Weise anzeigt, daß weder der einzelne noch die Gemeinde oder die Kirche sich des Glaubens sicher sein können, denn sie leben nicht vom Geist*besitz*, sondern von dem immer neuen Kommen des Geistes, über den die Kirche eben keine Verfügung hat. Und so besteht die Existenz der Kirche wesentlich in der Bitte um den heiligen Geist; allein *diese Bitte* ist es, die die Kirche vor der Welt auszeichnet. Darin liegt die besondere Bestimmung der Kirche, daß sie nicht nachläßt, um den Geist zu bitten „in dem Ernst, mit dem unwürdige Menschen bitten um Gottes unaussprechliche Gabe, also wie um etwas, das man, indem man es empfängt, immer wieder erbitten muß, wie man, indem man atmend lebt, immer neu atmen muß: ‚Veni creator spiritus'."[179]

So sehr Barth immer wieder daran erinnert, daß christliche Existenz im Gebet wurzelt, so unnachgiebig hebt er hervor, daß christliche Existenz nicht im Gebet aufgeht.[180] Gerade in der Bitte um die Heiligung des Namens Gottes als dem Bestimmungshorizont des christlichen Lebens steckt wie nirgends sonst die Frage nach dem rechten *Tun*, denn die Heiligung besteht in der Übereinstimmung mit dem Willen Gottes. In der Bitte um Heiligung verbirgt sich die Frage nach dem Willen Gottes und somit auch die Frage nach dem rechten Tun in einer Welt, in der sich niemand durch die Berufung auf einen besonderen Vorzug Gott gegenüber bereits ins Recht und die anderen ins Unrecht gestellt wissen darf.

Christliches Leben vollzieht sich wenn auch nicht religionslos,[181] so aber doch im Wettstreit mit der Welt um Menschlichkeit, Weltlichkeit und Profanität, denn gerade im Hören auf das Wort Gottes sind der christlichen Gemeinde der Mensch und die Welt nicht fremd. Vielmehr weiß sie besonders um ihre Gefährdungen und Versuchun-

---

[178] Vgl. dazu *O. Herlyn*, a. a. O., 123 ff.

[179] *K. Barth*, Die christliche Dogmatik im Entwurf, 459.

[180] Vgl. dazu die Kritik von *H.-J. Kraus* an O. Herlyn in: Theologische Religionskritik, Neukirchen 1982, 48 f.

[181] Den Schlußfolgerungen, die *J. M. Lochman*, a. a. O., 608 f, mit Bonhoeffer aus Barth ziehen will, kann ich nicht folgen; s. o. Anm. 108.

gen, so daß sie sogar „*profaner* als die übrige sie umgebende Welt [sein kann] … Die Kirche würde vielleicht wieder verfolgt werden, wenn sie es der Welt wieder klarer machen könnte, daß sie sich darin von ihr unterscheidet, daß sie ihre Götter ignorieren muß."[182] Hier rückt nun der Begriff der *Profanität* mit einem deutlichen Akzent in das Zentrum christlicher Existenz und damit auch der Existenz der Kirche. Ebenso wie die Religion betrachtet Barth auch die Profanität nicht an sich, sondern im spezifischen Fragehorizont der Theologie. So wie sich die Religion nicht einfach durch den Hinweis auf einen allgemeinen Religionsbegriff bestimmen ließ, so kann es hinsichtlich der Profanität auch nicht genügen, einfach auf das allgemeine säkuläre Selbstbewußtsein der Welt zu verweisen, d. h. die Kirche kann sich ihre Weltlichkeit nicht vorbehaltlos von der Welt abgucken, wenn sie nicht der bürgerlichen Zwei-Reiche-Lehre von Religion und Welt verfallen will. War im Blick auf die *Religion* herauszustellen, daß sie in theologischer Perspektive nicht ihrem Anschein gemäß Gott, sondern den *Menschen* in den Mittelpunkt der Aufmerksamkeit stellt, so gilt für die *Profanität* umgekehrt – und das ist ebenso überraschend –, daß sie ihren entscheidenden Halt in *Gott* findet: Bei der Bestimmung der Profanität geht es um *Gott*! Die Erkenntnis der Weltlichkeit der Welt liegt in der Erkenntnis der Gottheit Gottes beschlossen. ‚Der Mensch in der Profanität‘[183] ist der Mensch, der die Welt Welt sein läßt, der in Wahrnehmung ihrer Geschöpflichkeit allen Sakralisierungen und Sakramentalisierungen widerspricht und damit allem Pathos entgegentritt, mit dem der Mensch sich selbst oder irgendwelche Kräfte und Mächte dieser Welt zu göttlichen oder auch nur halbgöttlichen Wesen verklärt.

Der Mensch schafft sich mythische Reservate bzw. Aggregate in den unterschiedlichsten Bereichen, so auch in Politik, Wissenschaft, Wirtschaft und sogenannter nationaler Identität. Und so zählt Barth bereits 1931 neben dem Kommunismus und dem Faschismus auch den Amerikanismus mit seinen „Göttern Gesundheit und Behaglichkeit" zu den götzendienerischen Weltanschauungen, der „in helläugigem Egoismus, verbunden mit einer brillianten Technik gesalbt mit einer primitiven, aber unverwüstlich optimistischen Moralität" seine Gläu-

[182] *K. Barth*, Offenbarung, Kirche, Theologie (s. Anm. 113), 153.
[183] So lautet der Titel eines Buches von *W. Kamlah*, Stuttgart 1949, das allerdings in eine völlig andere Richtung weist.

bigen „jenseits aller Reflexion"[184] an sich bindet. Barth hebt nicht allgemein abstrakt auf eine von anonymen Göttern beherrschte Welt ab, sondern nennt auch Götter, die „Fragen an das Christentum" stellen und denen die Gemeinde zu antworten hat.[185] Der Begriff der Profanität steht bei Barth gegen die sich selbst mißverstehende Welt. Er verweist auf einen ganz und gar nicht selbstverständlichen Zustand und ist in diesem Sinne ein höchst kritischer Begriff. Als solcher zielt er auf eine konsequente Entmythologisierung und Entsakralisierung der Welt, aber auch auf eine Entsakramentalisierung der *Kirche*, die in ihrer irdisch-geschichtlichen Gestalt eben auch keine göttlich installierte Heilsvermittlerin ist, sondern die menschliche Darstellung unserer unüberwindbaren *Verlegenheit* angesichts der freien Gnade Gottes. Gerade in ihrer Verlegenheit ist die Kirche in die Welt hineingestellt, um auch sie an ihre Vorläufigkeit und Verlegenheit zu erinnern; nicht mit erhobenem Zeigefinger, sondern in solidarischer Wahrnehmung ihrer eigenen Weltlichkeit, in der sie sich nicht vor den Göttern bzw. Götzen dieser Welt verbeugt.

„Aber man übersehe nicht: gerade in dieser Unterscheidung ist sie weltlicher als die Welt, humanistischer als die Humanisten, näher als sie bei dem eigentlichen Sinn der menschlichen Tragödie-Komödie, die als Versuch des Menschen, sich selber zu helfen, nur dann echt sein könnte, wenn sie sich unter Verzicht auf allen religiösen Pomp und Anspruch innerhalb ihrer natürlichen Grenzen halten würde. Das Geheimnis der Welt ist doch die Nicht-Existenz ihrer Götter. Und es kostet der Welt Tränen und Blut genug, daß sie dieses Geheimnis immer wieder leugnen und die Natur und die Geschichte mit Göttern bevölkern möchte; der Grund ihrer Unruhe ist ihre Weigerung, sich zu ihrer Profanität zu bekennen. Die Kirche weiß um dieses Geheimnis der Welt. Sie darf sich durch keine Vorwürfe und Anklagen darin irre machen lassen. Gerade damit hält sie der Welt Treue."[186]

Es bleibt zur Geltung zu bringen, daß Gott es in der Kirche auf die Welt abgesehen hat.[187] Von ihr sind keine religiösen Leistungen zu erbringen, vielmehr bezeugt das christliche Leben, daß Jesus Christus

[184] *K. Barth*, Fragen an das Christentum, in: Theologische Fragen und Antworten. Gesammelte Vorträge III, Zollikon 1957, 93–99, 94.

[185] Vgl. *K. Barth*, Die theologische Voraussetzung kirchlicher Gestaltung, 242.

[186] *K. Barth*, Offenbarung, Kirche, Theologie, 153 f.

[187] In diesem Sinn schlägt *O. Herlyn* vor, die Linie einer religionskritischen Theologie mit dem Barthschen Begriff der ‚qualifizierten Weltlichkeit' auszuziehen, durch den angezeigt bleibe, daß sie „gerade nicht einem Ausweichen vor, sondern einem sachlich zutiefst legitimen Anspruch auf das Säkulare entspränge, wenn es stimmt, daß Gott es wirklich ‚auf die Welt abgesehen' hat." A. a. O., 125.

– wie es die 2. Barmer These formuliert – „Gottes kräftiger Anspruch auf unser ganzes Leben" ist. Sowohl in der vertikalen (Anrufung Gottes) als auch in der horizontalen (Solidarität mit der Welt) Sicht ist „die Bestimmung des christlichen Lebens durch Christus ... eine totale Bestimmung".[188]

Deshalb ist die Kirche kein Ausweg aus der Welt, sondern Einweisung in die Welt. Auch hier werden keine Partikularisierungen und Privatisierungen zugelassen, – dort, wo sie dennoch stattfinden, stehen sie im Widerspruch zur Menschwerdung Gottes in Jesus Christus.[189] Gerade in ihrer Profanität, in der die christliche Gemeinde ‚allein auf die Gnade setzt' (1 Petr 1,13), entspricht sie dem universalen Anspruch Gottes auf die Welt. In diesem allen Partikularisierungen absagenden Sinne kann es dann bei Barth auch heißen, daß sich die „Kirche ... nicht im geringsten für Religion" interessiere, sondern allein für die Stimme Gottes.[190] Die wahrzunehmende Spannung ist nicht zwischen Kirche und Welt, sondern zwischen Evangelium und Kirche zu suchen, während Kirche und Welt untrennbar, bisweilen sogar ununterscheidbar nebeneinander stehen.

Eben in der Welt geht es der Kirche – in einer Formulierung Otto Webers – um „das Nachsprechen und *Kundmachen* der freien *Gnade*".[191] Es liegt in der Perspektive des Gedankens der ‚wahren Religion', daß sie über das hinausgeht, was gemeinhin als religiös gilt. Das christliche Leben entdeckt für seine Gestaltung um der Welt willen auch den Gottesdienst säkularer Praxis. Es ist nicht das Individuum, dem die bevorzugte Aufmerksamkeit der Kirche gilt und dessen Schutz schließlich die Kirche selbst zu schützen geeignet erachtet wird, sondern indem es um Gottes Ehre geht, geht es ums Ganze, dem die Kirche im günstigsten Fall vorausläuft – und in diesem Sinne vorläufig ist –, und diesem Ganzen haben die Kirche und auch das Individuum zu dienen.

Die Gemeinde ist sich gerade „als wahrhaft Heilige ... nicht zu gut und zu vornehm ..., in großer Profanität ‚in die Hölle' zu gehen" (KD IV/3, 886). Es ist nicht möglich, im Rahmen der Theologie Barths nun einen gangbaren Weg zu konturieren, auf dem dann die Kirche durch die Welt eilen könnte; so viel steht allerdings fest, daß

[188] *K. Barth*, Gotteserkenntnis und Gottesdienst (s. Anm. 105), 154.
[189] Vgl. ebd., 144, 151 ff.
[190] Vgl. ebd., 175.
[191] *O. Weber*, Kirche und Welt, in: Antwort (FS z. 70. Geb. v. K. Barth), Zürich 1956, 217–236, 236.

jeder Weg durch die Welt und d. h. auch durch die Kultur usw. führt,[192] um dort den möglichst unkenntlich gehaltenen Göttern die Störung des Gottes vom ersten Gebot anzusagen. Eine *Richtung* läßt sich zudem anzeigen; sie zielt auf die der Menschlichkeit Gottes entsprechende Menschlichkeit des Menschen. Der Christ „wird ... sich den anderen Weltmenschen darin am auffallendsten als Nonkonformist, als Eiferer um die Ehre Gottes, darin am bemerkenswertesten als Zeuge dessen darstellen, was er (selber ein Weltmensch, unter den Anderen seiner Art) zu vertreten hat, daß er ihnen das Bild eines seltsam *menschlichen* Menschen bietet."[193]

Das weltliche Leben der Christen kann sie schnell zu ἄθεοί machen – jedenfalls stehen die Christen den Atheisten näher als den Frommen, die sich an ihre Religion klammern[194] –, denn sie *haben* keinen Gott, wie die Welt Götter zu haben pflegt, sondern *erwarten* ihn ständig und bitten niemals ganz unangefochten vom Pantheon der Welt: „Geheiligt werde dein Name!"

[192] Vgl. *K. Barth*, Die Kirche und die Kultur, 373, 381, 386. Wenn *E. Hübner* Barth mit der Frage nach praktischer Kirchengestaltung konfrontiert und dann auf Bestimmungsdefizite stößt, so mag das seinen Grund auch darin haben, daß Hübner etwas anderes von Barth will als Barth seinerseits selbst geben wollte. So kommt Hübner zwangsläufig zu eher spärlichen Beobachtungen bei Barth (ob sein recht starrer Fragemechanismus unabhängig von Barth überhaupt ergiebig ist, mag an dieser Stelle dahingestellt bleiben); vgl. Theologie und Empirie der Kirche. Prolegomena zur Praktischen Theologie, Neukirchen 1985.

[193] *K. Barth*, Das christliche Leben, 346.

[194] Vgl. *K. Barth*, Gotteserkenntnis und Gottesdienst nach reformatorischer Lehre, Zollikon 1938, 55, 123.